古典文獻研究輯刊

三七編

潘美月・杜潔祥 主編

第 24 冊

陳祥道《論語全解》、周宗建《論語商》點校

鍾雲瑞、尹勇力 點校

國家圖書館出版品預行編目資料

陳祥道《論語全解》、周宗建《論語商》點校／鍾雲瑞、尹
勇力　點校 -- 初版 -- 新北市：花木蘭文化事業有限公司，
2023〔民112〕
目 10+226 面；19×26 公分
（古典文獻研究輯刊 三七編；第 24 冊）
ISBN 978-626-344-487-4（精裝）
1.CST：論語 2.CST：注釋 3.CST：研究考訂
011.08　　　　　　　　　　　　　　　　112010524

ISBN-978-626-344-487-4

9 786263 444874

古典文獻研究輯刊
三七編　第二四冊　　　　　　　ISBN：978-626-344-487-4

陳祥道《論語全解》、周宗建《論語商》點校

作　　者　鍾雲瑞、尹勇力（點校）
主　　編　潘美月、杜潔祥
總 編 輯　杜潔祥
副總編輯　楊嘉樂
編輯主任　許郁翎
編　　輯　張雅淋、潘玟靜　美術編輯　陳逸婷
出　　版　花木蘭文化事業有限公司
發 行 人　高小娟
聯絡地址　235 新北市中和區中安街七二號十三樓
　　　　　電話：02-2923-1455／傳真：02-2923-1452
網　　址　http://www.huamulan.tw 信箱 service@huamulans.com
印　　刷　普羅文化出版廣告事業
初　　版　2023 年 9 月
定　　價　三七編 58 冊（精裝）新台幣 150,000 元　　版權所有・請勿翻印

陳祥道《論語全解》、周宗建《論語商》點校

鍾雲瑞、尹勇力　點校

作者簡介

　　鍾雲瑞，男，1990年生，山東壽光人。山東理工大學文學與新聞傳播學院副教授，碩士生導師，山東省高校青年創新團隊帶頭人。山東大學儒學高等研究院中國古典文獻學博士，師從許嘉璐先生、杜澤遜教授。主持國家社科基金項目、教育部人文社科青年項目、全國高校古委會項目。發表核心期刊論文5篇，出版專著一部，整理古籍十餘部。

　　尹勇力，男，1999年生，山東淄博人。山東理工大學文學與新聞傳播學院碩士研究生，研究方向為古代文學。

提　要

　　陳祥道《論語全解》作為詮釋《論語》的專門著作，解釋經文引據諸經，儒家典籍多在引證範圍之內，佐證闡釋，旁引曲證，頗有見地。陳祥道關注道家經典，引用老莊之說解釋《論語》，藉以揭示《論語》蘊含的價值理念。陳祥道承襲王安石的注疏精神，掙脫漢學章句的束縛，以簡潔的筆法訓釋經義，注重闡發聖賢經典著作中蘊含的性命之理和道德之意。《論語全解》不關注名物訓詁，重在微言大義，抉發其中的性命學問。《論語全解》融會全書，通經明義；博採群經，以禮釋經；兼採群書，尤重老莊，是荊公學派《論語》學研究的集大成之作，是《論語》學由漢學轉向宋學的標誌性成果之一。

　　明代的《論語》學研究，基本上是在朱熹《論語集注》的籠罩下進行的。永樂年間，胡廣等人奉敕撰修《四書大全》，其中《論語大全》二十卷，該書理論貢獻雖少，但影響很大，圍繞它產生了系列科舉著述。明代儒學派別頗多，諸如崇仁學派、白沙學派、河東學派、陽明學派等，各派推出了各具特色的著述，如王肯堂《論語義府》、呂柟《四書因問》、周宗建《論語商》。他們補充發揮，質疑反駁，有學術轉向的蛻變，也有廓清迷霧的異議。《論語商》二卷，是周宗建授徒湖州時與諸生講論而成。其學沿襲王陽明姚江末派，頗近於禪，在明代《論語》學研究領域旨趣特殊，反映了明代《論語》研究的一個側面。

本書為山東省高等學校青年創新團隊「出土文獻與中國早期文化研究創新團隊」（編號：2022RW059）階段性成果。

目

次

論語全解

〔宋〕陳祥道　著

鍾雲瑞　尹勇力　點校

點校說明

　　陳祥道，字用之，一字佑之，北宋福建閩清（今福州閩清縣）人。少有壯志，擅長禮學。英宗治平四年（1067）進京趕考，以禮學研究文章投拜王安石門下，得到荆公賞識。進士及第後，歷任國子監直講、太學博士、秘書省正字。著有《儀禮注解》三十二卷、《禮記講義》二十四卷、《周禮纂圖》二十卷、《論語全解》十卷。其中《論語全解》是荆公新學派詮釋《論語》的代表作，呈現出該學派的《論語》學思想和特點。

　　《論語全解》作為詮釋《論語》的專門著作，解釋經文引據諸經，儒家典籍多在引證範圍之內，如《為政》篇「君子周而不比，小人比而不周」，陳祥道謂：「《書》言『自周有終』，《詩》云『行歸于周，周爰咨諏』，皆君子之道也。《詩》曰『洽比其鄰』，皆小人之道也。然周亦有小人之周，比亦有君子之比。《左傳》曰『是為比周』，原思曰『比周而友』，小人之周也。《易》之『顯比』，《周官》『比閭』，君子之比也。」此段文字先後引用了《書》《詩》《左傳》《易》《周官》的經文，用以佐證闡釋，旁引曲證，頗有見地。除此之外，陳祥道關注道家經典，引用老莊之說解釋《論語》，藉以揭示《論語》蘊含的價值理念。通過援引《老子》《莊子》，融通儒道，審視儒家學說。例如《學而》篇「主忠信，無友不如己者」，陳氏引用《莊子·天運》「中無主則不止，外無正則不行」，詮釋「主忠信」的實際內涵，與道家宣講的「道」相結合而言。對於義理闡發與章句訓詁之間的關係，陳祥道承襲王安石的注疏精神，掙脫漢學章句的束縛，以簡潔的筆法訓釋經義，注重闡發聖賢經典著作中蘊含的性命之理和道德之意。因此，《論語全解》一書不關注名物訓詁，重在微言大義，抉發其中的性命學問。陳祥道《論語全解》融會全書，

通經明義；博採群經，以禮釋經；兼採群書，尤重老莊，是荊公學派《論語》學研究的集大成之作，是《論語》學由漢學轉向宋學的標誌性成果之一。

　　此次整理以清乾隆《文淵閣四庫全書》本為底本，以清武英殿本《論語注疏》對校經文，從文義、引文出處等方面核對校正，凡底本中的訛、脫、倒、衍，皆出校記，異體字、避諱字皆徑改回本字，不再出校。限於學識，書中的錯誤在所難免，還請方家批評指正。

鍾雲瑞

二〇二三年元旦於山東理工大學尚文苑

文淵閣四庫全書提要

臣等謹案：

《論語全解》十卷，宋陳祥道撰。祥道字用之，福州人，元祐中為太常博士、秘書省正字，李廌《師友談記》載其本末甚詳。晁公武《讀書志》云：「王介甫《論語注》，子雱《口義》，其徒陳用之解。紹聖後皆行於場屋，為當時所重。」又引或人言，謂：「用之書乃鄒浩所著，託之用之。」考《宋史·藝文志》，別有鄒浩《論語解義》十卷，則浩所著原自為一書，並未託之祥道，疑或人所言為誤。舊本祥道自序之，首題「門人章粹校勘」，而每卷皆標曰「重廣陳用之真本入經論語全解」，未詳其義，豈爾時嘗以是本為經義通用之書，故云然耶？祥道長於《三禮》之學，所作《禮書》，世多稱其精博，故詮釋《論語》，亦於禮制最為明晰。如解「躬自厚而薄責於人」章，則引《鄉飲酒》之義以明之；解「師冕見」章，則引《禮》「待瞽者如老者」之義以明之。雖未必盡合經意，而旁引曲證，頗為有見。又如「臧文仲居蔡」章，則云「冀多良馬稱驥，瀘水之黑稱盧，蔡出寶龜稱蔡」；於「《關雎》之亂」章，則云「治污謂之污，治弊謂之弊，治荒謂之荒，治亂謂之亂」。此類或不免創立別解，而連類引申，亦多有裨於義訓。惟其學術本宗信王氏，故往往雜據莊子之說以作證佐，殊非解經之體。然其間徵引詳覈，可取者多，固不容以一眚掩也。乾隆四十二年八月恭校上。

總纂官臣紀昀、臣陸錫熊、臣孫士毅

總校官臣陸費墀

論語全解原序

　　言理則謂之論，言義則謂之議。莊子曰：「六合之外，聖人存而勿論；六合之內，聖人論而不議。《春秋》經世，先王之志也，聖人議而勿辨。」蓋夫論則及理耳，所虧者道；議則及義耳，所虧者理。聖人豈不欲廢去應問，體道以自冥哉？道無問無應，不發一言，不與萬物同。患此，特畸人耳，非聖人之所尚。然則孔子雖欲忘言，豈可得哉？不得已而言理，以答學者之問而已，夫是之謂「論語」。然而王者之跡熄，聖人雖言理以答學者之問，猶未可以已也，故其言義則存乎《春秋》，言理則存乎《論語》。而《春秋》之作，是是以勸善，非非以懲惡，善惡之判，猶在權衡之上，輕重或差，予奪弗明，其賞不足以為榮，其罰不足以為辱矣，不得不議。若夫《論語》之言，則答學者之問而已，何事乎此？嘗謂希微者道，易簡者理。君子以理明道，以義明理，言至於義，去道遠矣。孔子之世，師道既明，異端未起，由辨議無間而作，故聖人之答問，言理而足矣。平居之時，弟子在側，各言其志，聖人察其所安，得其才性之病處，仁孝之言隨分而應，不必屢告而詳說之。大抵君子之教人，欲其思得之。孔子之於弟子，不憤則不啟，不悱則不發，有所罕言，有所不語，其歸則曰「忠恕仁義」而已。一隅之舉，兩端之叩，近而遠，約而詳，思得之，則會其所固有者矣。弟子之列，有聞一而知二者，有聞一而知十者；問《詩》而知禮，問伯夷而知夫子；小以成小，大以成大；我告之約，彼得之詳，以至於是歟。不足之冉求，不悅之季路，聞理而不得叛，卒為賢者，則後世之學士、大夫，豈宜置諸口耳之間哉？《論語》之後，子思之《中庸》，孟子之七篇，尤得其詳。然而孟子之世，許子之言盈天下，孟子思欲拒詖說，放淫辭，不得已而有辨焉。難疑問答，不直則道不見，故

其為言，尤詳於《論語》。雖然，聖人之言，或論或辨，非立異也，時焉而已矣。陳祥道序。

論語全解卷一

學而第一

子曰：「學而時習之，不亦說乎？有朋自遠方來，不亦樂乎？人不知而不慍，不亦君子乎？」

學所以窮理，教所以通物。學而時習之，則於理有所見，故悅；有朋自遠方來，則於物有所通，故樂。於理有所見，於物有所通，宜為人知而不知，宜慍而不慍，然後謂之君子。悅、樂，智之事也；不慍，仁之事也。子夏出見紛華而悅，入聞夫子之道而樂，則悅者有所得於外，樂者有所適於內。朋友之講習，易以為悅；得天下英才而教育之，孟子以為樂，是講習亦此意也。然人之情莫不喜其所同，惡其所異，榮其所達，醜其所窮，則其喜惡榮醜在物而不在我，庸能安於命哉？此孔子所以謂「不知命，無以為君子」，「人不知而不慍」，然後為君子。《易》曰：「不見是而無悶。」子曰：「不見知而不悔。」孟子曰：「人不知，亦囂囂。」故孔子在陳，絃歌不衰；孟子去齊，未嘗不豫，凡以此也。《傳》曰：「蘭不為莫服而不芳，舟不為莫乘而不浮，君子不為莫知而慍。」彼子路之慍見，子貢之色作，豈知是哉？

有子曰：「其為人也孝弟，而好犯上者，鮮矣；不好犯上，而好作亂者，未之有也。

犯上者常始於不順，作亂者常始於犯上。孝弟則順矣，故好犯上者鮮；不好犯上則順之至，故好作亂者未之有也。有子不曰「不犯上」而曰「不好犯上」者，不犯上在跡，不好犯上在心。心之所不好，則跡之所不為可知。《詩序》

以「無犯非禮」不及「無思犯禮」之深，則「不犯上」不及「不好犯上」之為至也。

君子務本，本立而道生。孝弟也者，其為仁之本與？」

孝弟出於性，而道又出於孝弟。人莫不有孝弟之良心，而道常不存者，以其務末不務本也。言本立而道生，又言孝弟仁之本，蓋仁者，人也，合而言之，道也。《禮記》言「中者，天下之大本」，繼之以「和者，天下之達道」；《詩序》言《葛覃》「后妃之本」，繼之以「化天下以婦道」。其所謂本者雖殊，其本立而道生，則一也。孟子以事親為仁之實，有子則以孝弟為仁之本者，孟子執同以為異，有子合異以為同故也。古之立言者，類多如此。孟子言「堯、舜之道，孝弟而已」，《禮記》則言「孝近王，弟近霸」；孔子言「人而不仁，如禮樂何」，《禮記》則「義近禮，仁近樂」。

子曰：「巧言令色，鮮矣仁。」

訥者無巧言，木者無令色。木與訥，務本者也，故近仁；巧言令色，務末者也，故鮮矣仁。《禮》稱「辭欲巧」，《詩》「美令儀」，巧、令者何也？子曰：「有其本而輔以末，則庶乎其可；若事其末而忘其本，則不可。」

曾子曰：「吾日三省吾身：為人謀而不忠乎？與朋友交而不信乎？傳不習乎？」

謀貴忠，言貴信，傳貴習。謀交傳者施諸人，忠信習者存諸己。先忠信而後習，與《易》言「忠信進德」繼之以「修辭立其誠」，《禮》言「尊德性」而繼之以「道問學」同意。季文子三思，則思其所未然者也。曾子之三省，則省其所已然者也。《傳》曰：「君子三省乎身，則智明而行無過。」此之謂歟？孟子曰：「事孰為大？事親為大。守孰為大？守身為大。」曾子三省其身，可謂善守身矣。

子曰：「道千乘之國，敬事而信，節用而愛人，使民以時。」

敬則無所苟，信則無所誕，節用則不傷財，愛人則不害民，使民以時則不奪其力。蓋不能敬事，則不能立信；不能節用，則無以愛人。故言敬事而繼之以信，言節用而繼之以愛人。成王誥康叔以「汝亦罔不克敬典，乃由裕民」，則敬事而信，所謂「敬典」也；節用而愛人，使民以時，所謂「裕民」也。示之以敬，則民不慢；示之以信，則民不疑；示之以愛，則民不離，然後從而使之，且使之也又以時，人孰以為厲己哉？言人又言民者，人有十等，民則特其

賤者而已。愛則兼乎貴賤，故言人；使之則特其賤者，故言民。《詩》曰「宜民宜人」，《傳》曰「和其民人」，與此同意。《周官・縣師》、《質人》、《朝士》，所謂「人民」，則異於是矣。千乘之國，百里之國也。《禮記》曰「封周公於曲阜，地方七百里，革車千乘」者，革車千乘，自百里言之；地方七百里，兼附庸言之。

子曰：「弟子入則孝，出則弟，謹而信，泛愛眾，而親仁。行有餘力，則以學文。」

入則孝於父兄，出則弟於長上；庸行之謹，庸言之信；泛愛眾而有容，親仁而有擇，凡此尊德性者也。尊德性而後可以道問學，故曰「行有餘力，則以學文」。蓋「弓調然後可以求中，馬服然後可以求良，士信愨然後可以求智能」。若夫不知出此，而以學文為先，此古人所以譏其「聖讀庸行」「鳳鳴鷟翰」也。《禮》曰：「忠信之人，可以學禮。」

子夏曰：「賢賢易色。事父母，能竭其力。事君，能致其身。與朋友交，言而有信。雖曰未學，吾必謂之學矣。」

彼善而我善之，謂之善善；彼賢而我賢之，謂之賢賢。易色，智也；事父母能竭其力，孝也；事君能致其身，忠也；與朋友交，言而有信，信也。有是四者，則其質美矣，故「雖曰未學，吾必謂之學矣」。由是觀之，朽木糞土之質，雖博學多聞，君子謂之未學可也。

子曰：「君子不重則不威，學則不固。主忠信，無友不如己者；過則勿憚改。」

言重則有法，行重則有德，貌重則有威。蓋重足以畏人而不詘於人，足以役物而不役於物。不詘於人，故有威；不役於物，故學固。昔顏氏子視聽言動無非禮，則重矣；得一善則拳拳服膺而不失之，則固矣。莊子云：「中無主則不正，外無正則不行。」主忠信，則有主於內；無友不如己，則有正於外也。重以固其學，友以輔其德，可謂善學矣。然過而憚改，則不足以成君子之道，故終之以「過則勿憚改」也。《易》之要終於補過之無咎，孔子之憂終於不善不能改，與此意同。

曾子曰：「慎終追遠，民德歸厚矣。」

《孝經》曰：「擗踊哭泣，哀以送之，卜其宅兆，而安厝之。」慎終者也；「為之宗廟，以鬼享之。春秋祭祀，以時思之。」追遠者也。於終慎之，則生

可知；於遠追之，則近可知。此民德所以歸厚矣。《詩序》有云「民德歸厚一」者，一者，民之行；厚者，民之性，則民性即民德。「歸厚一」者，以行齊行也；「民德歸厚」者，以性化性也。慎終追遠，民德歸厚，豈非以性化性哉？

子禽問於子貢曰：「夫子至於是邦也，必聞其政。求之與？抑與之與？」子貢曰：「夫子溫、良、恭、儉、讓以得之。夫子之求之也，其諸異乎人之求之與？」

《禮》曰：「溫良者，仁之本。」又曰：「恭儉以求役仁，信讓以求役禮。」則溫、良、恭、儉、讓者，仁與禮而已。仁者愛人，愛人則人常愛之；有禮者敬人，敬人則人常敬之。此夫子之至於是邦，必聞其政也。然夫子之道，其體無方，其用無體，豈特溫、良、恭、儉、讓而已哉？蓋釋其所有而致人之所以來者，如斯而已。若夫哀公、季康子問之於魯，景公問之於齊，葉公問之於楚，凡此皆未嘗求之，而彼自以其政來問，則夫子之所求，求諸己而已。

子曰：「父在，觀其志；父沒，觀其行。三年無改於父之道，可謂孝矣。」

父在觀其志，將以承之也；父沒觀其行，將以行之也。三年無改，過乎此而改之可也。莊子不改父之臣與父之政，孔子以為難能，謂其過三年而不改故也。《禮》曰：「孝子之身終，終身也者，非終父母之身，終其身也。是故父母之所愛，愛之；父母之所敬，敬之。至於犬馬盡然，況於人乎？」此孝子所以改父之道，不忍為也。然父之道為可行也，雖終身無改可也；以為不可行也，三年無改，可乎？曰：「古之人君，有三年之喪，皆以其國聽於冢宰。雖父之道為不可行，吾猶不與改也。」彼魯隱公於其可改而不改，以至成先公之邪志；秦襄公於其不可改而改之，以至忘先君之舉，皆不足以語此。

有子曰：「禮之用，和為貴。先王之道，斯為美，小大由之。有所不行，知和而和，不以禮節之，亦不可行也。」

敬者，禮之體；和者，禮之用。一之於敬則離，故「用和為貴」；一之於和則流，故「小大由之」。「有所不行，知和而和」，非「小大由之」者也。然「不以禮節之」，亦不可行也。《禮》曰：「夫敬以和，何事不行？」《傳》曰：「敬與和，相反而相成。」

有子曰：「信近於義，言可復也。恭近於禮，遠恥辱也。

言必信則遠義，行太巽則遠禮。君子無遠義之信，然後言可復；無遠禮之恭，然後遠恥辱。晉文公伐原退舍，則言可復；尾生之信，非可復也。孔子敬

所不敬，則遠恥辱；陳質之恭，非遠恥辱也。恥由中出，辱自外至。《論語》有言恥而不及辱，此兼言之者，以其恭近禮，而待己侍人之道備故也。

因不失其親，亦可宗也。」

不因人而人因之，其德崇；德崇，則人之所宗也。莫之因而因人者，其德卑；德卑，非人之所宗也。雖然，因人而不失其所親，則所聞者正言，所見者正行，亦可宗也。《易·比》之初六，擇有孚者比之，所謂「因不失其親」也；「終來有它，吉」，所謂「亦可宗也」。

子曰：「君子食無求飽，居無求安，敏於事而慎於言，就有道而正焉，可謂好學也已。」

「食無求飽，居無求安」，不以小體害大體；「敏於事而慎於言」，不以所言勝所為，此資諸己者也。「就有道而正焉」，資諸人者也。古之有道者，所飽在德不在食，所安在仁不在居，進其茇菽，有稻粱之味；庇其蓬屋，若廣廈之蔭。終身自適，不知榮辱之在我也，在彼也。君子以飽食安居為戒，此學者所宜知也。《易》曰：「君子將有為也，將有行也。」行則所行者也，事則所為者也。言君子敏於事，又言君子欲敏於行，則敏於行，成德之君子也；敏於事，務學之君子也。《傳》曰：「行成而先，事成而後。」

子貢曰：「貧而無諂，富而無驕，何如？」子曰：「可也。未若貧而樂，富而好禮者也。」子貢曰：「《詩》云：『如切如磋，如琢如磨。』其斯之謂與？」子曰：「賜也，始可與言《詩》已矣，告諸往而知來者。」

諂失之卑，驕失之亢，二者非本於自然，而常出於或使。故貧而諂，不若無諂；富而驕，不若無驕。然無諂則能守而已，未若樂；無驕則能恭而已，未若好禮。此所以有其質者，不可不成之以學也。治骨與角謂之切磋，治玉與石謂之琢磨。切磋則以彼利器，修此而成器，故譬之道學；琢磨則以謂見不善，改此而成善，故譬之自修。道學，所謂「見賢思齊」者也；自修，所謂「見不賢而內自省」也。自切磋至於琢磨，然後器可用；自道學至於自修，然後道可成。故先切磋，後琢磨；先道學，後自修也。《禮》曰：「玉不琢，不成器；人不學，不知道。」荀卿曰：「『如切如磋，如琢如磨』，謂學問也。」蓋別而言之，切磋非自修，琢磨非道學；合而言之，皆學問而已。此以富而無驕，未若好禮，以好禮然後不驕，何也？無驕者，質也；好禮者，文也。美質者，待文而後成，故無驕未若好禮；非美質者，待文而後治，故好禮而後不驕。

子曰：「不患人之不己知，患不知人也。」

人之於己，知不為益，不知不為損，故不患不知，以在外故也。己之於人，知則為智，不知則為不智，故患不知人，以在我故也。子曰「不患無位，患所以立」，亦此意歟？

為政第二

子曰：「為政以德，譬如北辰，居其所而眾星共之。」

天運無窮，三光迭耀，其中正而不移者，北辰而已。故天之樞則北辰，為政者取譬焉。北者，道之復於無。無者，無為者也。辰者，居中而正乎四時者也。無為而正乎四時，則無為而無不為矣。為政以德，亦若此也。蓋政以德，然後善；以正，然後行。《書》曰：「德惟善政。」政以德，然後善也。孔子曰：「子帥以正，孰敢不正？」以正而後行也。孔子之時，為政者不然，故譬稱以明之。《家語》曰：「德者，政之始。」

子曰：「《詩》三百，一言以蔽之，曰『思無邪』。」

無邪者，天之道；思無邪者，人之道。《詩》言性情而束之於法度，其言雖多，一言可以蔽之者，思無邪而已。觀變《風》變《雅》作於王道陵夷之後，猶止乎禮義，則《詩》之思無邪者，於此可見矣。孟子曰：「博學而詳說之，將以反說約也。」揚子曰：「多聞守之以約。」「《詩》三百，一言以蔽之」者，說約故也。然說約者，猶事乎善言，為詩者不說則忘言矣。蓋言者，君子所以教人；忘言者，君子所以自處。

子曰：「道之以政，齊之以刑，民免而無恥。道之以德，齊之以禮，有恥且格。」

道之以政，則非以德；道之以德，非無政也。齊之以刑，則非有禮；齊之以禮，非無刑也。民免而無恥，《禮》所謂「民有遯心」也；有恥且格，《禮》所謂「民有格心」也。民可使觀德，不可使觀刑。觀德則純，觀刑則亂。則道之以政，以至於民免而無恥者，觀刑則亂也；道之以德，以至於有恥且格者，觀德則純也。《書》云「帝德罔愆」，繼之以「不犯於有司」，此道之以德，而有恥且格者也。《傳》曰「法出而奸生，令下而詐起」，此道之以政，民免而無恥者也。

子曰：「吾十有五而志於學，三十而立，四十而不惑，五十而知天命，六十而耳順，七十而從心所欲，不踰矩。」

志學至立，為學日益而窮理者也；不惑至耳順，為道日損而盡性者也。然心不踰矩，損之又損而至於命者也。孔子曰：「興於詩，立於禮，成於樂。」又曰：「可與共學，未可與適道；可與適道，未可與立；可與立，未可與權。」則十五志於學，興於詩，而可與共學者也；三十而立，立於禮，而可與立者也；成於樂，而可與權者也。惟七十從心，然後能之耳。然耳順則用耳而已，非所謂視聽不用耳目；從心則有心而已，非所謂廢心而用形。孔子之言不及是者，姑以與人同也。孔子嘗曰：「吾六十有九，未聞大道。」則七十從心者，聞大道故也。莊子曰：「莊猖狂妄行，自蹈乎大方。」則不踰者也，蹈大方故也。

孟懿子問孝。子曰：「無違。」樊遲御，子告之曰：「孟孫問孝於我，我對曰『無違』。」樊遲曰：「何謂也？」子曰：「生，事之以禮；死，葬之以禮，祭之以禮。」

孟武伯問孝。子曰：「父母，唯其疾之憂。」

子游問孝。子曰：「今之孝者，是謂能養。至於犬馬，皆能有養。不敬，何以別乎？」

子夏問孝。子曰：「色難。有事，弟子服其勞；有酒食，先生饌，曾是以為孝乎？」

四子問孝，夫子告懿子以無違，教之以不失禮也；告武伯以父母唯其疾之憂，教之以不辱親也；告子游以不敬何別，教之以敬親也；告子夏以色難，教之以愛親也。其問則同，而告之不同，凡各救其失而已。《謚法》曰：「溫柔賢善曰懿，剛強直理曰武。」溫柔賢善，則於禮有所不立，故教之以不失禮；剛強直理，則於行有所不慎，故教之以不辱親。子游之性近於偷懦，則或失於不敬，故教之以敬；子夏之性近於悅外，則或失於不愛，故教之以愛。不失禮則易，而不辱親難；不辱親則易，而敬親難；敬親則易，而愛親難，故於色然後言難也。《禮》曰：「養可能也，敬為難；敬可能也，安為難。」亦此意歟？

子曰：「吾與回言終日，不違，如愚。退而省其私，亦足以發，回也不愚。」

道無問，問無應，故無始以無窮謂之不知為深，黃帝以無為謂之不知為真，此孔子以顏回之如愚為不愚，皆所以貴其不知之知、不言之言也。回於孔子則如愚，於其私則不愚者，道相邇者可以意會，而道相遠者必以言傳也。老子曰「我若愚人兮」，又曰「盛德容貌若愚」，顏子其近之矣。

子曰：「視其所以，觀其所由，察其所安，人焉廋哉？人焉廋哉？」

所以，其所行為者也；所由，其所趨向者也；所安，其所安止者也。見之之謂視，達視之謂觀，詳視之謂察。其所由難知於所以，而非視所能盡，故觀；所安難知於所由，而非觀所能悉，故察。顏淵用之則行，舍之則藏，其所以也；願無伐善，無施勞，其所由也；三月不違，陋巷不改，其所安也。古之觀人者，其精或致於九德，其粗或止於九驗，或觀之眸子，或得之眉睫，其所觀雖殊，要不過是三者而已。

子曰：「溫故而知新，可以為師矣。」

溫故則月無忘其所能，知新則日知其所亡，如此則學不厭矣。學不厭，然後誨不倦，故曰「可以為師」。蓋師者，人之模範，而學者之賢不肖繫焉。故記問之學不足為，而小知之師不足貴，惟溫故而知新者，然後可也。《記》曰：「既知教之所由興，又知教之所由廢，然後可以為人師。」又曰：「能博喻，然後能為師。」非夫溫故而知新者，孰與此哉？然「溫故而知新，可以為師」，與「溫故知新，敦厚崇禮」者有間矣。

子曰：「君子不器。」

大道不器，故君子亦不器。君子之道，能柔能剛，能圓能方，流之斯為川，塞之斯為淵；升則雲行，潛則雨施，豈滯於一隅，適於一用，而為人之所器者？若夫子貢之瑚璉，管仲之器小，則於君子有所不足，此聖人所以不欲碌碌如玉、落落如石。顏子之言孔子「瞻前忽後」，則孔子之道固不器矣。子貢譬之以「宮牆」，豈為知孔子者哉？揚子曰：「君子不械。」

子貢問君子。子曰：「先行其言而後從之。」

至言去言，至為去為，則凡言者，風波也；為者，實喪也，又況言浮於行者哉。此孔子所以告子貢以先行而後言也。《禮》曰：「君子約言，小人先言。」

子曰：「君子周而不比，小人比而不周。」

忠信者善周復，故周；阿黨者多缺露，故比。君子忠信而已，故周而不比；小人阿黨而已，故比而不周。大凡言君子道全、小人道缺者，此也。《書》言「自周有終」，《詩》云「行歸于周」、「周爰咨諏」，皆君子之道也。《詩》曰「洽比其鄰」，皆小人之道也。然周亦有小人之周，比亦有君子之比。《左傳》曰「是為比周」，原思曰「比周而友」，小人之周也。《易》之「顯比」，《周官》「比閭」，君子之比也。

子曰：「學而不思則罔，思而不學則殆。」

思由中出，學自外入。學而不思，則內無自得之明，故不信而罔；思而不學，則外無多識之益，故不安而殆。子曰：「博學之，慎思之。」荀子曰：「誦數以貫之，思索以通之。」揚雄曰：「學以聚之，思以精之。」是思以學而後得，學以思而後精，二者謂其可偏廢乎哉？蓋罔者，不信之器，相沿失誤，而《詩》有「羅罟」之喻，此不思所以謂之罔也。

子曰：「攻乎異端，斯害也已。」

天下之物，有本有末。本出於一，端立於兩。出於一則為同，立於兩則為異，故凡非先王之教者，皆曰「異端」也。子夏曰：「雖小道，必有可觀者焉，致遠恐泥。」以有可觀，故有攻之者；以其致遠恐泥，故斯害也已。董仲舒曰：「諸不在六藝之科、孔子之術者，皆絕其道，勿使進。」此之謂知本者也。

子曰：「由，誨女知之乎？知之為知之，不知為不知，是知也。」

由於德則鮮知，於正名則不知，於人未能事而欲事鬼，於生未能知而欲知死，則其以不知為知，蓋不少矣，孔子所以誨之也。知之為知之，不知為不知，外不自以誣，內不自以欺，則以不知為知者，非誣且欺乎？老子之言，至於「知不知」；孔子之言，止於「知之為知之」，老子所言者道，孔子所言者教也。

子張學干祿。子曰：「多聞闕疑，慎言其餘，則寡尤；多見闕殆，慎行其餘，則寡悔。言寡尤，行寡悔，祿在其中矣。」

言出於所聞，行出於所見。言以宣道，故極高明；行以行己，故道中庸。言極高明，則寡口過，故於人則寡尤；行道中庸，則寡怨惡，故於己則寡悔。如此則有得祿之理，故曰「祿在其中」。詩人以「履」為「祿」，與此意同。蓋君子求己，小人求人。「修天爵以要人爵」，求諸人者也。子張學干祿，則學求諸人。孔子語之以言行，求諸己而已。孔子於回則賢之，於開則悅之，於點則與之，皆以其有志於學，而無志於仕也。子張之學干祿，豈孔子之所許哉？於富多言「求」，於祿多言「干」，蓋求富則有通於上下，祿者僅干於上而已。合而言之，皆干者也。

哀公問曰：「何為則民服？」孔子對曰：「舉直錯諸枉，則民服；舉枉錯諸直，則民不服。」

自道言之，賢者非在所尚；自事言之，賢者不得不舉。老子曰：「不尚賢，

使民不爭。」莊子曰：「舉賢則民相軋。」自道言之也。莊子曰「行事尚賢」，「貴賤履位，仁賢不肖襲情」，自事言之也。孔子之答哀公，則事而已，故曰「舉直錯諸枉，則民服」。蓋民情好直而醜枉，舉枉錯諸直，則拂民之欲，而民莫不怨；舉直錯諸枉，則適民之願，而民莫不服。《詩》云：「樂彼之園，園有樹檀，其下維穀。」以言上賢而下不肖，則人莫不服而樂焉。此舉直錯枉民服之意也。孔子謂樊遲曰：「舉直錯諸枉，能使枉者直。」不特民服而已。告哀公不及此者，即其所問而答之也。

季康子問：「使民敬、忠以勸，如之何？」子曰：「臨之以莊，則敬；孝慈，則忠；舉善而教不能，則勸。」

敬則不苟，忠則不欺，勸則不戒。敬、忠由中出，勸自外入，故康子之問，先敬、忠而後勸。孝，子道也；慈，父道也。孝以率之，則民觀而化；慈以懷之，則民感而化，故忠。舉善而列之以爵祿，教不能而引之以道藝，故勸。《禮》曰：「孝以事君，慈以使眾。」此孝慈所以使民致忠之道也。《書》曰：「人之有猷、有為、有守，汝則念之。不協於極，不罹於咎，皇則受之。」而繼之以「是彝是訓」，此舉善而教不能，所以致勸之道也。臨之以莊，禮也；孝慈，仁也；舉善而教不能，則勸，有是三者，則民不待使而化。康子不知出此，而欲使之化焉，豈知務哉？

或謂孔子曰：「子奚不為政？」子曰：「《書》云：『孝乎惟孝，友于兄弟，施於有政。』是亦為政，奚其為為政？」

或人知為政而不知所以為政，是知有用之用而不知無用之用，故夫子告以「惟孝友于兄弟，是亦為政」也。孝之施於政也，愛敬而已。愛敬盡於事親，而德教刑於四海，則孝之施於政也，豈不難哉？蓋愛敬立，則雖不為政，而與孝同；愛敬不立，則雖為政，而與不為政同。揚子曰：「身立則敬立。」此之謂也。然廣土眾民，雖非君子之所樂，而亦其所欲；中天下而立，定四海之民，雖非君子之所性，而亦其所樂。孔子之不為政，豈得已哉？以其難為或人言，故告不及此。

子曰：「人而無信，不知其可也。大車無輗，小車無軏，其何以行之哉？」

信之在人，猶輗軏之在車。人而無信，雖仁義禮智而不可行；車而無輗軏，雖輪轅輻轑而不可運。此《太玄》所以言「車無輗軏以貴信」也。行以立為體，立以行為用。「民無信不立」者，體也；「人無信，其何以行之哉」，

用也。《易》曰：「乾坤成列，而易立乎其中矣。」又曰：「天地設位，而易行乎其中矣。」體、用之辨也。

子張問：「十世可知也？」子曰：「殷因於夏禮，所損益，可知也；周因於殷禮，所損益，可知也。其或繼周者，雖百世，可知也。」

道之生也，以三而成；其變也，以三而復。故在天有陰有陽，有陰陽之中；在人有文有質，有文質之中。天之消息盈虛雖不同，不過三者之相代而已；人之因革損益雖不一，不過三者之相救而已。此所以由周至於十世，由十世至於百世可知也。今夫一人之身，布指足以知寸，布手足以知尺，舒肘足以知尋，天下之變，若此而已，則百世之因革損益，其難知哉。或問秦以繼周，不待夏禮而治。揚子對以「繼周者如欲太平，捨之而用他道，亦無由至矣」，此之謂也。董仲舒以忠、質、文為三代之道，是離忠、質以為二，而不知忠者乃所以為質也。

子曰：「非其鬼而祭之，諂也。

祀不貴淫，神不享諂。《周官‧太宰》「八則」，「祭祀以馭其神」，太祝命官，則淫祀之禁尚矣。世衰法弛，淫祀滋盛，其大至於五畤，其小及於爰居，以至正祀廢，則夭昏傷命者不為不多，凡此皆謂之罪也。漢谷永譏無福之祀，魏文帝禁非禮之祭，可謂知禮矣。

見義不為，無勇也。」

不見義而不為，君子恕之以不知；見義不為，君子責之以無勇。曾子曰：「自反而不縮，雖褐寬博，吾不惴焉。自反而縮，雖千萬人，吾往矣。」是見不義不可以必為，而見義不可不為也。春秋之時，叔段有不弟之惡，鄭伯可制而不制；黎侯有狄人之患，衛侯可救而不救；田常有弒君之罪，魯侯可討而不討，凡此「見義不為，無勇也」。

論語全解卷二

八佾第三

孔子謂季氏，「八佾舞於庭，是可忍也，孰不可忍也？」

三家者以《雝》徹。子曰：「『相維辟公，天子穆穆』，奚取於三家之堂？」

天下無道，諸侯僭天子，大夫僭諸侯，陪臣僭大夫。大夫不僭諸侯而僭天子，陪臣不僭大夫而僭諸侯。大夫之僭天子，季氏之八佾是也。陪臣之僭諸侯，陽貨之執國命是也。樂之八音，所以擬八風也。佾舞，所以節八音而行八風也。以其節八音而行八風，故自八以下，此天子所以八佾也。季氏之舞八佾，則是樂於是大壞，而民將無所措手足焉，故曰「是可忍也，孰不可忍也」。夫八者，數也；佾者，名也。禮樂之所嚴，在名與數，而大夫且僭之，是忍其所不可忍，則非仁也；以「相維辟公，天子穆穆」之辭，施於三家之堂，則又非智也。八佾，季氏之所獨；《雝》徹，三家之所同，故於八佾言季氏，於《雝》徹言三家。歌者貴聲於上，舞則動容於下。故於《雝》徹言堂，於八佾言庭。《禮記·明堂位》、《祭統》皆言「干戚舞大武，八佾舞大夏」，《公羊》則曰「八佾舞大武」，誤矣。《周禮·樂師》凡國之小事，「帥學士而歌徹」，蓋歌《雝》也。《雝》歌於禘，又用以徹，與《鹿鳴》歌於燕群臣，又用於鄉飲酒同意。

子曰：「人而不仁，如禮何？人而不仁，如樂何？」

《周官》掌禮樂以春官，以明禮樂以仁而立也。孟子言仁之實，而言禮樂以仁為本也。蓋禮者，仁之文；樂者，仁之聲。有仁之實，然後能興禮樂。苟非其人，禮樂豈虛行哉？故顏子不違仁，而孔子告以復禮與《韶》樂。季氏之

不仁，罪其八佾與旅泰山也。《記》曰：「惟君子為能知樂。」孔子曰：「仁者制禮。」

林放問禮之本。子曰：「大哉問！禮，與其奢也，寧儉；喪，與其易也，寧戚。」

儉、戚出於天之性，奢、易出於性之欲。天之性，質而不文；性之欲，薄而不厚，二者皆非中道，故聖人為禮以節之，使之歸縮於中，然後無過不及矣。周道之衰，趨末者眾。林放問禮之本，孔子告以「禮，與其奢也，寧儉；喪，與其易也，寧戚」，正末以本而使之正，矯枉以直而使之中也。孔子於禮樂則欲從先進，於為邦則欲乘殷輅、服周冕，亦此意歟？林放問禮之本，與堯之為君，孔子皆曰「大哉」，蓋禮之本，禮之大者，則天為君之大者故也。

子曰：「夷狄之有君，不如諸夏之亡也。」

禮義存，則雖無君而與有君同；禮義亡，則雖有君而與無君等。賈誼曰：「法立而不犯，令行而不逆。細民向善，大臣至順。故臥赤子於天下之上而安，植遺腹，朝委裘，而天下不亂。」此所謂「夷狄之有君，不如諸夏之亡也」。

季氏旅於泰山。子謂冉有曰：「女弗能救與？」對曰：「不能。」子曰：「嗚呼！曾謂泰山不如林放乎？」

節莫差於僭，僭莫大於祭，故父不祭於支庶之宅，君不祭於臣僕之家，泰山之神可祭於季氏乎？此於明以瀆禮，於幽以瀆神，非冉有不能救，神豈能說耶？夫子故曰：「曾謂泰山不如林放乎？」

子曰：「君子無所爭，必也射乎！揖讓而升，下而飲，其爭也君子。」

君子無所不遜，於仁則不遜；君子無所爭，於射則爭。君子之射，有德以詔之，有禮以節之，有罰以戒之。定其位則有物，課其功則有算。勝者袒決張弓而揖不勝者，不勝者脫拾弛弓而飲於勝者。則求勝者非求服人而害之也，將以養之也；上求中者非求中而怨之也，將以辭養也。養之則德，辭養則禮，君子之事如此。投壺之禮，當飲者跪曰「賜灌」，勝者跪曰「敬養」，與此同意。

子夏問曰：「『巧笑倩兮，美目盼兮，素以為絢兮。』何謂也？」子曰：「繪事後素。」曰：「禮後乎？」子曰：「起予者商也，始可與言《詩》已矣。」

倩、盼，質也。有倩、盼，然後可文之以禮。素，質也。有素質，然後可文之以繪。詩人近取諸身以明義，孔子遠取諸物以明詩，此所以「始可與言《詩》」也。始可與言《詩》，則前此未可與言也。蓋朽木不可雕，糞土之牆不

可枵，故音者宮立而五音行矣，味者甘立而五味和矣，色者白立而五色成矣，安有無其質而有文哉？昔人有反裘而負芻者，將以愛其毛而已，然不知裏弊而毛無所傅，是知其文而不知其質者也。有以南山之竹不操自直，斬而用之，達於犀角，然不知括而羽之，鏃而厲之，然後為能深入，是知其質而不知其文者也。知夫文質兼尚而不失先後之施者，其惟忠信學禮之人而已。然子貢因禮以明《詩》，子夏因《詩》而悟禮，孔子皆曰「始可與言」，於賜不言「起予」，於商言之者，「起予」之言，生於不足故也。孔子以回為「非助我」，而以商為「起予」，則其賢可知矣。

子曰：「夏禮，吾能言之，杞不足徵也；殷禮，吾能言之，宋不足徵也。文獻不足故也，足則吾能徵之矣。」

先王之於二代，欲其人足證，故修其禮物。孔子之時，不修賢德以傳之，孔子所以傷之也。《中庸》於杞言「不足徵」，於宋言「有宋存焉」，蓋亦彼善於此而已。觀春秋瓦屋之會，尊宋公於齊侯之上，杞之來朝，則卑之以子爵，則禮物之存不存可知矣。

子曰：「禘，自既灌而往者，吾不欲觀之矣。」

或問禘之說。子曰：「不知也。知其說者之於天下也，其如示諸斯乎！」指其掌。

祭如在，祭神如神在。子曰：「吾不與祭，如不祭。」

禘之為祭，其文煩而難行，其義多而難知。難行也，故自灌而往者多失於不敬；難知也，故知其說者之於天下如指掌。此孔子所以於禘既灌不欲觀之，於禘之說則曰「不知也」。夫郊社之禮，禘嘗之義，其粗雖寓於形名度數，其精則在於性命道德。明其義者，君也；能其事者，臣也。不明其義，君人不全；不能其事，為臣不全。然則魯之君臣，其不能全也可知矣。所謂「祭如在，祭神如神在」，「吾不與祭，如不祭」，「祭如在」，事死如事生也；「祭神如神在」，事亡如事存也。「吾不與祭，如不祭」，此所以「禘，自既灌，不欲觀之」也。孔子於祭則受福，「祭如在，祭神如神在」故也。

王孫賈問曰：「與其媚於奧，寧媚於灶，何謂也？」子曰：「不然。獲罪於天，無所禱也。」

《易》曰：「匪其彭，无咎。」則不媚奧而媚灶者，非孔子之與為也。其見所不見，敬所不敬，姑以遠害而已。在昔漢馮野王之於石顯，蕭望之之於霍

光，汲黯之於田蚡，猶且不媚，而況不為三子者乎？彼商鞅附景監，朱博附丁傅，谷永附王鳳，其趨炎附勢，凡若是者，不可勝數，則其所存者可知矣。《春秋傳》獲器用曰得，得人曰獲，則得者獲之易，獲者得之難。

子曰：「周監於二代，郁郁乎文哉！吾從周。」

天寒積而成暑，非一日；製作積小而備大，非一代也。周禮率為之制，曲為之防，上有格於皇天，下有極於狸蟲，則文之鬱鬱可知矣，孔子所以欲從之也。《中庸》亦曰：「吾學周禮，今用之，吾從周。」然弊不可以不救，變不可以不通，故有「從先進」之說。則「吾從周」者，為後世言也；「從先進」者，為當世言也。孔子筮得《賁》卦，其色愀然，與「從先進」同意。

子入大廟，每事問。或曰：「孰謂鄹人之子知禮乎？入大廟，每事問。」子聞之，曰：「是禮也。」

《傳》曰：「周公稱太廟，魯公稱世室，群公稱宮。」則太廟，其周公之廟歟？「每事問」，此所謂「在宗廟，便便言，唯謹爾」者也。而或者因以孔子為不知禮，夫又安知孔子所謂「知禮者何以易此」哉？《傳》曰：「禮之數可陳也，其義難知也。」孔子之於禮，非不知也，然而於每事問者，蓋所謂信言慎也。

子曰：「射不主皮，為力不同科，古之道也。」

水有科，以容其本；斗有科，以受其所酌。凡物自為科，彼此異焉。蓋射之中在巧，其至在力，然一於力，則所觀在力，不在德矣，故曰：「射不主皮，為力不同科，古之道也。」《周官》以「主皮」在和與容之後，《射義》以「志正體直」在持弓矢之先，見「射不尚力」可知矣。周道之衰，射者皆爭於主皮，若魯莊之不出正，養田基之穿楊葉，叔段之善射者，蓋亦多矣。故孔子以「不主皮」為古之道，以救其弊。

子貢欲去告朔之餼羊。子曰：「賜也，爾愛其羊，我愛其禮。」

禮不在玉帛，然非玉帛無以存其文；樂不在鍾鼓，然非鍾鼓無以存其聲；告朔不在餼羊，然非餼羊無以見其禮。故愛羊非所以存其禮，而愛禮不可以不存羊，故曰：「爾愛其羊，我愛其禮。」孔子吉月必朝服而朝，孟子告齊王以「勿毀明堂」，亦此意也。《春秋》文公六年，「閏月，不告朔，猶朝於廟」；十六年，「公不視朔」，蓋告朔告於廟，視朔視其事，則《玉藻》所謂「聽朔」是也。《玉藻》以天子「玄端聽朔於南門之外」，諸侯「皮弁聽朔於太廟」，蓋南

門、路門之外即治朝，而曰「南門之外」者，因閏月闔門言之也。天子告朔於太廟，聽朔於南門之外，諸侯告朔、聽朔一於太廟而已。告朔必祭，而祭必特牲，祭則《祭法》所謂「月祭」是也。特牲，餼羊是也。《春秋》言「朝於廟」，《禮記》曰「聽朔於太廟」，則兼於祖矣。

子曰：「事君盡禮，人以為諂也。」

希意導言謂之諂，莫之顧而進之謂之佞。孔子事君盡禮而人以為諂，疾固而人以為佞，入太廟每事問而人以為不知禮，擊磬於衛而人以為有心，豈非所謂「聖賢逆曳，方正倒植」者哉？夫諂則過，簡則不及。孔子行禮於君，人以為諂；孟子行禮於朝，人以為簡。則方是之時，無道者不可行禮，有道者不得行禮，此所以進退出入無所逃於過與不及之責也。然觀世俗之說，以堯、舜為不德，以周公為不仁智，以章子為不孝，其不見是也，非特孔子已。

定公問：「君使臣，臣事君，如之何？」孔子對曰：「君使臣以禮，臣事君以忠。」

君之於臣不敢慢，故使之以禮；臣之於君不敢欺，故事之以忠。《皇皇者華》，遣之以禮樂，所謂禮也；《四牡》「不遑將母」，所謂忠也。《尚書》曰：「狎侮君子，罔以盡人心；狎侮小人，罔以盡其力。」孟子曰：「君之視臣如手足，則臣視君如腹心；君之視臣如犬馬，則臣視君如國人。」昔豫氏曰：「范中行以眾人畜我，我故以眾人視之；智伯以國士遇我，我故以國士報之。」賈誼曰：「遇之有禮，故群臣自喜；嬰以廉恥，故人矜節行。」君臣之道，施報而已。故先言「君使臣以禮」，後言「臣事君以忠」。

子曰：「《關雎》樂而不淫，哀而不傷。」

后妃之求賢也，既得，則致其樂；未得，則致其哀。《關雎》友之以琴瑟，樂之以鍾鼓，樂而不淫也；求之以寤寐，思之以反側，哀而不傷也。樂者，樂也；不淫色，禮也。哀者，仁也；不傷，性義也。樂而節之以禮，仁而成之以義，此所以為后妃之德也。《詩》先哀思而後樂，《論語》與《詩序》先樂而後哀思。先哀思者，事之序；先樂者，得后妃之心。作詩者敘其事，說詩者逆其心，其理然也。《關雎》樂而不淫，《豳》勤而不怨。季札以二《南》為勤而不怨，以《豳》為樂而不淫，何也？《關雎》樂而不淫，后妃之德而已；勤而不怨，則二《南》之事也。《豳》勤而不怨，則豳民之事而已；樂而不淫，則豳國之風也。

哀公問社於宰我。宰我對曰：「夏后氏以松，殷人以柏，周人以栗，曰使民戰栗。」子聞之曰：「成事不說，遂事不諫，既往不咎。」

民之所祈以遂其生者，社之神也；所治以致其利者，野之性也。觀野之所宜木，則糞土所宜，畿疆所定，林木所出，出於族類所從，易見為難亂。教民稼穡，人事不戾乎神，土性不病乎物，觀其名社與野而符之是耳。故「夏后氏以松，殷人以柏，周人以栗」，其意如此，非若《詩》之柏舟、喬松，《禮》之贊栗，所以託其意也。而宰予對哀公以「戰慄」解之，宰我之對失之遠矣。「成事不說，遂事不諫」，此孔子罪宰我之言也；「既往不咎」，此孔子恕宰我之言也。「成事不說」，言成哀公之事而不為之說；「遂事不諫」，言遂哀公之事而不為之諫。使之闕疑而有問焉，是勿成之也；使之悟非而有改焉，是非遂之也。且宰我之言社，猶仲憲之言明器也，曾子則非仲憲，孔子不咎宰我，何也？仲憲言於曾子，非既往者也；宰我言於哀公，則既往者也。后以言繼體者也，氏以言人歸之也。夏之所以有天下，得之於君；商、周之所以有天下，得之於人。得之於君而嗣帝之位，則幾於天道，故曰「后」；得之於人而天下歸仁，故曰「人」。《詩》「皇皇后帝」，《書》「上天神后」，是天道之繼體者謂之后。《禮記》《孟子》皆曰「仁者，人也」，是人道之全者謂之人。稱氏以明其嗣於上，不稱氏以明其興於下，此夏、商、周之別也。《春秋》或書氏，或書人，以其凡繼世者皆氏，凡微者皆人，其稱氏與夏后同，其稱人與商、周異。

子曰：「管仲之器小哉。」或曰：「管仲儉乎？」曰：「管氏有三歸，官事不攝，焉得儉？」「然則管仲知禮乎？」曰：「邦君樹塞門，管氏亦樹塞門。邦君為兩君之好，有反坫，管氏亦有反坫。管氏而知禮，孰不知禮？」

管仲於內則三歸，於外則具官，盈禮也，非所謂儉；塞門以自蔽，反坫以禮賓，僭禮也，非所謂知禮，此所以為小器也。蓋形而上者謂之道，形而下者謂之器。老子言「大方無隅」，而繼之以「大器晚成」，則方者，道德之所在；器者，功業之所寓也。大人之功業則大，賢人之功業則小焉而已。仲尼託跡於諸侯，以規矩準繩自用，此自治以治人，正己而物正者也，故謂之「大器」。范氏曰「器博者無近用，道長者其功遠」是也。管仲不自治而治人，不自正而正物，烏得為大器哉？孟子曰「功烈如彼其卑」是也。魯之施伯以管仲為天下之大器，管仲之器，對魯臣而言則大，對大人而言則小也。《禮記》《家語》以大夫具官為僭，豈讀《論語》而誤為之說乎？子曰：「中庸之為德，民鮮能久

矣。」《禮記》則以為不能期月守。子曰:「人而無恒,不可以作巫醫。」《禮記》則以為「龜筮猶不能知」也,其誤亦若此歟?

子語魯大師樂,曰:「樂其可知也:始作,翕如也;從之,純如也,皦如也,繹如也,以成。」

凡樂之作,始於一而成於三。至於「繹如也」,謂之一成。反「翕如也」,謂之一變。凡樂之用,始於一而止於九,以致鬼神,以和邦國,以諧萬民,以安賓客,以悅遠人,以作動物。不能「翕如也」以作,「繹如也」以成,則夫遠近幽深,其孰能感之哉?學者不至於從,則不足以語道;作樂不至於從,則不足以語樂。繹如也以成,不至於從,作樂而至於從者也;所欲不踰矩,不至於從,學道而至於從者也。樂之作也,其患在於不相通協。值不相通,值不相協,應而翕如也,相協而不睽,相值而不失。樂之從也,其患在於雜而不純,混而不明,而純,皦如也,則不亂,顧不美哉?及夫世衰樂壞,工師之徒,或去而不存於朝,或存而不知乎樂,摯適齊,干適楚,去而不存於朝者也。孔子之所語者,存而不知乎樂者也。始言「翕如」,而終言「繹如」者若此,亦樂之粗而已。若夫奏之以人,合之以天,其卒無尾,其始無首,則始作「翕如」,不足言也;奏之以陰陽之和,燭之以日月之明,鬼神守其幽,星辰行其紀,則從之「純如」「皦如」,不足言也;奏之以無忌之聲,調之以自然之命,動於無方,居於窈冥,則「繹如」不足言也。孔子之語太師不及是者,以車馬不可以載戾,鍾鼓不可以樂鸚故也。

儀封人請見,曰:「君子之至於斯也,吾未嘗不得見也。」從者見之。出曰:「二三子何患於喪乎?天下之無道也久矣,天將以夫子為木鐸。」

世無以興乎道,道無以興乎世,故道之衰也,斯足患。今也世雖無以興乎道,而夫子之道足以興乎世,故其衰也不足患。木鐸金口而木舌,金口則義,木舌則仁。天將以夫子為木鐸,使之狗仁義之教於天下而已。蓋五百年必有王者興,其間必有名世者。由文王至孔子五百餘歲,以其數則合矣,考其時則可矣,此封人所以言二三子無患於喪也。彼不知孔子,而謂知其不可為而為之者,其可以語此哉!然封人之知孔子者,外也;黨人之知孔子者,內也。外也,故可以為木鐸;內也,故無所成名。

子謂《韶》:「盡美矣,又盡善也。」謂《武》:「盡美矣,未盡善也。」

天下無異道,有異時;聖人無異心,有異跡。故《禮》以堯、舜授受,湯、

武征伐為時，《春秋傳》以揖遜征誅，其義一也。然則《韶》盡美而《武》獨未盡善，豈非美者在心與道，未盡善者在時與跡歟？蓋充實之為美，可欲之謂善。武王之於紂，欲遂其為臣而不得，逃其為君而不能，則其順民心、行天罰者，豈所欲哉？觀賓牟賈以聲淫及商，為非《武》者，則《武》之非欲，從此可知矣。然樂者，道之聲，則有美與善；道之至，則無美與善，故莊子有曰：「天下皆知美之為美，斯惡矣；皆知善之為美，斯不善矣。」

子曰：「居上不寬，為禮不敬，臨喪不哀，吾何以觀之哉？」

里仁第四

子曰：「里仁為美。擇不處仁，焉得知？」

仁人之於里，猶玉之於山，珠之於淵。玉在山則木潤，珠生淵則匡不枯。則里之有仁，猶當知以為美；里之有仁以為美，則自擇而不知處仁者，焉得為智乎？此孟子所以言「術不可不慎」，繼之以「莫之禦而不仁，是不智也」。是是非非之謂智，非是是非之謂愚。不知仁之美而不能利仁，其何以安哉？不曰「為仁」而曰「處仁」者，以仁者人之安宅也，天下之廣居故也。然則孔子言「里仁為美」，以外況內也；孟子言「矢人」，以小況大也。

子曰：「不仁者不可以久處約，不可以長處樂。

仁者不充詘於富貴，故處樂如處約；不隕獲於貧賤，故處約如處樂。不仁者非不可以處約，不可以久處約；非不可以處樂，不可以長處樂。孔子曰：「君子而不仁者有矣夫？未有小人而仁者也。」則不仁雖不足為君子，亦未至於小人。《禮》曰：「小人窮斯濫，富斯驕。」則「窮斯濫」，非特「不可以久處約」也；「富斯驕」，非特「不可以長處樂」也。老子言「天長地久」，言「長生久視」，是長者必久，久不必長也。蓋處樂，人之所易，故言長；處約，人之所難，故言久。《易》言「何可長」「何可久」，亦以長甚於久也。

仁者安仁，知者利仁。」

仁者盡性而靜，故安仁；知者窮理而動，故利仁。然窮理而不已，則至於盡性；利仁而不已，則至於安仁。此《中庸》所以言：「或安而行之，或利而行之，或勉強而行之，及其成功，一也。」《坤》卦始於利貞，終於安貞，利仁與利貞同意。莫非安仁也，有聖人之安仁，有君子之安仁。堯之安仁，聖人之安仁也；仲山甫之安仁，君子之安仁也。孔子曰：「生而知之者，上也；學

而知之者，次也；困而學之，又其次也。」蓋上者安仁，次者利仁，又其次者
強仁。於此不及強仁者，其言主於仁、知故也。

子曰：「惟仁者能好人，能惡人。」

道無喜怒，而喜怒者道之過；德無好惡，而好惡者德之失。失德而後仁，
則仁者不離好惡而能好惡者也。蓋仁者誠足以盡性，明足以盡理，不牽於憎愛
之私，不惑於是非之似。故所好非作好，而天下之所同是；所惡非作惡，而天
下之所同非。此所謂「無欲而好仁，無畏而惡不仁」也。黃帝之伐蚩尤，任力
牧，舜之命九官，去四凶，不過如此。彼愛之欲其生，惡之欲其死，以至好人
所惡，惡人所好，不仁可知也。

子曰：「苟志於仁矣，無惡也。」

「苟志於仁」，則未足乎仁；「無惡」，則可以為善。苟志於仁者，其善可
知也。蓋可欲之謂善，可惡之謂惡。所謂無惡者，以其雖有過失，不在所可惡
也。衛宣公之二子相爭而死，不足以為孝，而《詩》以為不瑕。秦之三臣殉葬
於君，不足以為忠，而《詩》以為良人。以其「苟志於仁，無惡也」，故曰：
「雖歸於惡，志善則有。」

子曰：「富與貴，是人之所欲也，不以其道得之，不處也。貧與賤，是人
之所惡也，不以其道得之，不去也。

富與貴，人之所欲，不以君子之道得之則不處，以其有義也；貧與賤，人
之所惡，不以小人之道得之則不去，以其有命也。君子有可以得富貴之道，以
非得富貴之道而得之，君子不以為榮；小人有可以得貧賤之道，以非得貧賤之
道而得之，君子不以為辱。故非其義，祿之以天下，而伊尹不顧；非其功，位
之以三旌，而屠羊不受。簞瓢陋巷，不足以病顏回；桑樞甕牖，不足以病原思。
凡此，「富貴不能淫，貧賤不能移」者也。彼以隋珠而彈雀，捨靈龜而觀朵頤
者，豈足以知此哉？

君子去仁，惡乎成名？

莊子曰：「不義則不生，不仁則不成。」不成者，實不成於內，名不成於
外也。蓋名之非實，君子之所恥；沒世不稱，君子之所疾，此所以處仁而不去
也。成名，則君子之事；無所成名，則是小人之事。

君子無終食之間違仁，造次必於是，顛沛必於是。」

人之情，於行事之跡，終食造次，或忽於為仁，後顛前沛，或不暇於為

仁。君子則不然，「無終食之間違仁，造次必於是，顛沛必於是」，以其有終身之由，而無須臾之離也。孔子之語顏回以「非禮勿視，非禮勿聽，非禮勿言，非禮勿動」為仁，則造次、顛沛必是者，言、視、聽、動無非禮故也。然則終食不違，食之有祭是也；「顛沛必於是」，林回棄璧，負赤子而趨是也。

子曰：「我未見好仁者，惡不仁者。好仁者，無以尚之；惡不仁者，其為仁矣，不使不仁者加乎其身。有能一日用其力於仁矣乎？我未見力不足者。蓋有之矣，我未之見也。」

見善如不及，好仁者也；見不善如探湯，惡不仁者也。好仁者不求尚人，而人無以尚之；惡不仁者不使加我，以橫逆而已。時人未能如此，子故曰「我未之見」，所以傷之也。又曰「有能一日用其力」，所以勉之也。孟子曰：「五穀者，種之美者也。苟為不熟，不如荑稗。」然則一日為仁，其能熟乎？善誘之而已。

子曰：「人之過也，各於其黨。觀過，斯知仁矣。」

君子之黨，顯黨也；小人之黨，幽黨也。君子之過，過於厚；小人之過，過於薄。過於厚則易辭，過於薄則難辭。觀過，各於其黨，則不以君子之過責小人，不以小人之過待君子，然後仁不仁可知也。然必觀過，然後知仁者與人同功，其仁未可知；與人同過，然後其仁可知也。言「知仁」，不言「知不仁」者，君子樂道人之善，惡言人之惡，患不知不仁故也。其言毀譽，而終之以「如有所譽」；言君子、小人，而終之以「溫而厲」。《詩》之《瞻彼洛矣》，言賞善罰惡，而終之以「福祿」，其立言之意，似與此同。

子曰：「朝聞道，夕死可矣。」

不原始，不足以知生之說；不反終，不足以知死之說。學者期於知生死之說而已，故曰：「朝聞道，夕死可矣。」蓋道非獨以善吾生，亦將以善吾死。君子得道於己，則知古今為一時，生死為一貫，又安往而不適哉？古人有言「德人無累，知命不憂」，又曰「學不羨久生」者，此也。孔子之門人，若子貢之願有所息，子路之問死，皆不知生者也。不知生則不可以知死，豈所問者哉？老子曰「聽之不聞，名曰希」，莊子曰「道不可聞，聞而非也」，此言聞道者，以其非彼聞也，自聞而已矣。莊子嘗曰「道不可致，德不可致」，又曰致道忘有心，足者至，各有所當也。

子曰：「士志於道，而恥惡衣惡食者，未足與議也。」

衣之所飾者外也，食之所養者小也。君子所飾在內不在外，所養在大不在小。食飲簞瓢，不足以憂舜、回；鶉衣縕袍，不足以恥由、夏。食無求飽，孔子之謂好學；服美於人，康王期之以惡終。夫豈溺於口腹之末，而易吾之志哉？蓋君子仁義飽於內，不願人之膏粱；令聞廣譽施諸身，不願人之文繡。以惡衣食為恥者，豈足與議此哉？蓋命厚而德薄，衣食雖美，不足以自矜；德厚而命薄，衣食雖惡，不足以自愧也。《周官》以本俗安萬民，而曰「嬹宮室」「同衣服」，蓋《周官》所言者民，而此所論者士也。

子曰：「君子之於天下也，無適也，無莫也，義之與比。」

人之交也，以勢則易絕，以利則易散，以故則或失其為故，以親則或失其為親。故君子之於人，原以探其所為於卜筮，以占其所為於元永貞。是則比之，非則違之，無可也，無不可也，唯義所在而已。《易‧比》之初六，以陰比陽，而有不自失之吉；六三，以陰比陰，而有匪人之傷。商好與勝己者處，孔子期之以日進；賜好與不勝己者處，孔子期之以日損，以其所比義與不義故也。《傳》曰：「善雖不吾與，吾將強而納。不善雖不吾惡，吾將強而去。」

子曰：「君子懷德，小人懷土；君子懷刑，小人懷惠。」

有德以善俗，有刑以逐惡，君子樂得其道，故懷之。土則利我者也，惠則施我者也，小人樂得其欲，故懷之。治莫尚於德，而刑次之；利莫大於土，而惠次之，故先懷德，後懷刑；先懷土，後懷惠。

子曰：「放於利而行，多怨。」

利者，外物也。求在我，所以寡欲也；求在外，所以多怨也。所謂「多怨」者，不怨己，多怨乎人，人亦怨乎己。

子曰：「能以禮讓為國乎，何有？不能以禮讓為國，如禮何？」

遜以禮為本，禮以遜為用。《孝經》曰：「先之以敬勝而民不爭，道之以禮讓而民和睦。此禮遜為國之先務也。」《禮》曰：「禮之正國，猶繩墨規矩。」又曰：「為國不以禮，猶無耜而耕。」《春秋》以禮為幹，荀卿以為國之命，以「禮之所興，眾之所治；禮之所廢，眾之所亂」故也。方周之興，賤者猶遜路，季女猶循禮；及其衰也，貴者則鞠躅，而孟姜則犯禮。由是觀之，為國以禮遜，其可已乎？《傳》曰：「世之治也，君子尚能而遜其下，小人農力以事其上。是以上下有禮，而讒慝黜遠，由不爭也，謂之懿德。及其亂也，

君子稱其功以加小人，小人伐其技以憑君子。是以上下無禮，亂患並生，由爭善也，謂之昏德。」孔子之言，惟其救昏德之弊而已矣。

子曰：「不患無位，患所以立。不患莫己知，求為可知也。」

求之有道，得之有命，求在外者也。求則得之，捨則失之，求在我者也。在外者不可必，在我者可必，此所以「不患無位，患所以立」也。夫聲無遠而不聞，行無隱而不形；有車者必見其軾，有衣者必見其敝，則有可知之道，而人有不知者乎？此所以「不患莫己知，求為可知也」。莊子曰：「行修於內者，無位而不怍。」「不患無位」之謂也。孟子曰：「人知之亦囂囂，人不知亦囂囂。」「不患莫己知」也。彼未得而患得，既得而患失，與內不足而急於人知，蓋反是矣。然無位則莫己知也，莫己用則不必莫己知，莫己知者必莫己用，故先言「不患無位」，而繼之以「不患莫己知」也。莊子有言曰「德成之謂士」，所以立者，德成之謂歟？

子曰：「參乎！吾道一以貫之。」曾子曰：「唯。」子出，門人問曰：「何謂也？」曾子曰：「夫子之道，忠恕而已矣。」

盡己之謂忠，盡物之謂恕。忠所以進德，而德不止於忠；恕所以求仁，而仁不止於恕。則忠恕者，以之為道，則違道不遠；以之為非道，則非違道不遠。語之以聖人之妙，則未也。孔子之道，無不該也，無不徧也。仁者見之謂之仁，智者見之謂之智。曾子謂「夫子之道，忠恕而已」，其所見者然也。由此推之，則子貢言「夫子溫、良、恭、儉、讓」，亦若是矣。

子曰：「君子喻於義，小人喻於利。」

君子從其大體而樂得其道，其見聞服習無非義也，故曰「喻於義」。小人從其小體而樂得其欲，其見聞服習無非利也，故曰「喻於利」。揚子曰：「眾人曰富貴，夫子曰義。」此之謂也。喻於義者，利存於中；喻於利者，害在於中。此君子所以兩得，而小人所以兩失也。雖然，先王之時，以義為利，能使小人為君子，故《詩》曰「肅肅兔罝，施于中林」。世俗日衰，則以利勝義，使君子為小人，故《詩》曰「如賈三倍，君子是識」。

子曰：「見賢思齊焉，見不賢而內自省也。」

思所以求諸身，省所以察諸己。見賢思齊，則能勉其所不能；見不賢而內自省，則能免其所不善。孔子曰：「三人行，必有我師焉。擇其善者而從之，其不善者而改之。」《禮》曰：「之其所畏敬而辟焉，之其所哀矜而辟焉。」荀

卿曰：「見善，修然必以自存；見不善，愀然必以自省。」皆此意也。孟子曰：
「舜為法於天下，可傳於後世，我猶未免為鄉人，是則可憂。」此「見賢思齊」
者也。子貢曰：「紂之不善，不如是之甚，是以君子惡居下流。」是「見不賢
而內自省」者也。

子曰：「事父母幾諫，見志不從，又敬不違，勞而不怨。」

幾諫，無犯也。又敬不違，勿逆也。勞而不怨，勿怠也。《記》曰：「從命
不忿，微諫不倦，勞而不怨，可謂孝矣。」與此同義。蓋諫者，義也；幾諫者，
仁也。臣之於君，猶貴於諷諫，則子之於親，其可以不幾諫乎？然幾諫不從，
則至於熟諫；熟諫不從，則至於號泣而隨之。幾諫者，人子之心；熟諫者，人
子之所不得已。此孔子所以特言「幾諫」也。舜之怨，君子所以為大孝；《小
弁》之怨，君子以為親親。蓋孝子非怨也，非不怨也，不失其為孝而已。孔子
則曰「勞而不怨」者，以勞而怨，非若舜與《小弁》之怨可比故也。

子曰：「父母在，不遠遊，遊必有方。」

《傳》曰：「孝子曾參不一宿於外。」此所謂「不遠遊」也。《禮》曰：「所
遊必有常，親老出不易方。」此所謂「遊必有方」也。然肇車牛，遠賈用孝，
但遊必有方，雖遠無害也。

子曰：「三年無改於父之道，可謂孝矣。」

所謂道者，非謂無道也，猶可遵行也。蓋父時事雖可遵行，而時有當改者。
今父喪尚在三年之內，於時雖當改，而於心有不忍改，亦孝也。

子曰：「父母之年，不可不知也。一則以喜，一則以懼。」

人子之於親也，生而事之之日，喜與懼半；死而祭之之日，哀與樂半。李
謹曰：「願為人兄，而不願為人弟。為人兄者，事親之日長；為人弟者，事親
之日短。」孝子之心，大抵然也。此孝子之所以愛日也。

子曰：「古者言之不出，恥躬之不逮也。」

子曰：「以約失之者鮮矣。」

聖人縱口之所言，橫意之所行，則無事於約。賢者必思而後言，必擇而後
動，不可以不約。故「多聞闕疑，慎言其餘，則寡尤；多見闕殆，慎行其餘，
則寡悔。」此所謂「以約失之者鮮矣」。《禮》曰：「君子約言。」孟子曰：「孟
施舍不如曾子之守約。」孔子曰：「言不務多，必審其所謂；行不務多，必審
其所為。」周廟銘曰：「無多言，多言多敗；無多事，多事多患。」皆約之謂

也。「言寡尤，行寡悔」，又言「失之者鮮」，蓋寡者必無之辭，鮮者未必無也。

子曰：「君子欲訥於言而敏於行。」

「雍也仁而不佞」，此所謂「訥於言而敏於行」者。若石奮、石建、周仁、張叔，則幾之而已，班固之言過矣。

子曰：「德不孤，必有鄰。」

古人有言曰「罷士無伍」，又曰「善則有鄰」，則無德者孤，有德者不孤也。《易》曰：「敬義立而德不孤。」蓋敬以禮人，義以宜人，禮人者人必禮之，宜人者人必宜之，此德所以不孤也。《比》卦言：「有孚盈缶，終來有它，吉。」《中孚》言：「鳴鶴在陰，其子和之。」荀卿曰：「木蔭則鳥息，醯酸則蚋聚。」此「德不孤，必有鄰」之謂也。古之有德，其上足以格皇天，而皇天輔之，其幽足以通神明，而神明享之，而況於人乎？此舜所以三徙成都，大王之去邠，民歸之如市也。雖然，此特德而已，若夫道，則不可得而親，亦不可得而疏，則使人無保矣。

子游曰：「事君數，斯辱矣；朋友數，斯疏矣。」

疏失人，辱失己。故事君不欲數，數則諂；朋友不欲數，數則瀆。疑於諂者，將以致忠而招辱；疑於瀆者，將以致親而適疎。此孔子所以言「以道事君，不可則止」，「忠告善道，無自辱焉」。《禮》曰：「事君量而後入。」則不數可知矣。

論語全解卷三

公冶長第五

子謂公冶長，「可妻也，雖在縲絏之中，非其罪也。」以其子妻之。子謂南容，「邦有道，不廢；邦無道，免於刑戮。」以其兄之子妻之。

公冶長能為不可罪之行，而不能必免於縲絏；南容有保身之明，而能必免於刑戮，其賢固有間矣。孔子以己子妻長，以兄子妻容，處己子可薄，處兄子不可不厚也。孔子於疾病不禱，周公於君之疾則金縢；孝子於己則含菽繼絮，於親則致滋美，其意亦若是也。《傳》曰：「君子為己不重，為人不輕。」為人且不輕，況於君親乎？聖人之妻人，不必求其才德之備，要其修身慎行，不累其妻孥可也。故於公冶長言「雖在縲絏之中」，於南容言「邦無道，免於刑戮」。《家語》曰：「公冶長能忍恥，南容世清不廢，世濁不污。」

子謂子賤，「君子哉若人！魯無君子者，斯焉取斯？」

「蓬生麻中，不扶自直；白沙在涅，不染自黑。」此不齊在魯，所以取君子之名也，故曰：「魯無君子，斯焉取斯？」不齊於君子，有以父事者，有以兄事者，有以友事者，此其所以取君子之名也。《家語》言不齊之事，「其學益明，骨肉益親，朋友益篤」，孔子嘿然謂之君子者，此也。孔子曰「君子吾不得而見」，又言「魯有君子」，與孟子所謂「春秋無義戰，彼善於此」同意。

子貢問曰：「賜也何如？」子曰：「女，器也。」曰：「何器也？」曰：「瑚璉也。」

《禮》曰：「夏后氏四璉，商六瑚，朝廷之器也。」君子不器，而子貢謂

之瑚璉，則不免於器也。不免於器，而猶為器之珍者，方之君子則不足，比之眾人則有餘。然則不為人之所器者，而後能器人；為人之所器而器人，則非人之所宜。故子貢方人，孔子非之。

或曰：「雍也仁而不佞。」子曰：「焉用佞？禦人以口給，屢憎於人。不知其仁，焉用佞？」

訥則近仁，巧言則鮮仁，給則奪仁。故顏子之如愚，冉雍之不佞，孔子以為仁。宰予之言語，公西華之可與賓客言，孔子不以為仁。蓋仁者愛人，愛人者常愛於人，禦人以口給，屢憎於人，則不仁可知矣。孔子謂雍可使南面為人君，止於仁故也。

子使漆雕開仕。對曰：「吾斯之未能信。」子說。

子曰：「道不行，乘桴浮於海。從我者，其由與？」子路聞之喜。子曰：「由也，好勇過我，無所取材。」

孔子於天下，環車接淅，席不暇暖；於南子、陽貨則見，於佛肸、公山則欲往，嘗謂「苟有用我者，三年有成。如有用我者，吾其為東周乎？」則其汲汲於行道，不為不至矣。然所歷者七十二君，一君無所任用，以至伐木於宋，削跡於衛，圍於陳、蔡，欲避世也，不可得矣，於是有欲居夷浮海之說。子路不知乎此，而欲勇於必行，故曰「好勇過我，無所取材」。以其能勇而不能怯，非所以為成材也。鼓方叔入於河，播鼗武入於漢，少師陽擊磬襄入於海，范蠡之泛湖，管寧之浮海，亦乘桴之意也。

孟武伯問：「子路仁乎？」子曰：「不知也。」又問。子曰：「由也，千乘之國，可使治其賦也，不知其仁也。」「求也何如？」子曰：「求也，千室之邑，百乘之家，可使為之宰也，不知其仁也。」「赤也何如？」子曰：「赤也，束帶立於朝，可使與賓客言也，不知其仁也。」

顏淵、冉雍，得聖人之具體者也，具體則為聖人而足以名仁，故孔子與之仁。由、求與赤，得聖人之一體者也，一體則非成人而不足以名仁，故孔子曰「不知其仁」。有曰：「未知，焉得仁者？」聖人知其為仁也，不欲以不仁名之，故曰「不知其仁」。未知其為仁也，特聞其忠清而已，故曰：「未知，焉得仁？」由於千乘之國，可使治其賦也，則大夫而已；求於千室之邑、百乘之家，可使為之宰，則陪臣而已。然則千乘之國，由也為之，可使有勇；方六七十，如五六十，求也為之，可使足民，則皆諸侯之事。與此不同者，

三子所言者，志也；孔子所論者，材也。

子謂子貢曰：「女與回也孰愈？」對曰：「賜也何敢望回？回也聞一以知十，賜也聞一以知二。」子曰：「弗如也。吾與女弗如也。」

聖人後天地而生，知天地之始；先天地而成，知天地之終，故能以微知明，以一知萬，豈特聞一知十哉？蓋道之所在，有方有隅，有上有下。聞一知十者，知方而已，此顏回所以下於聖人。聞一知二，則不過告往知來而已，此賜所以下於回也。賜雖下於回，與《詩》所謂「人知其一，莫知其它」，莊周所謂「識其一，不識其二」者異矣。孔子嘗以賜為士君子，以回為明君子。蓋士則上達，故可以知二；明則殆於幾，故可以知十也。聖人之與人，常與其自知，而不與其自是。子貢不蔽於自是，而知其弗如，故夫子與之。

宰予晝寢。子曰：「朽木不可雕也，糞土之牆不可杇也。於予與何誅？」子曰：「始吾於人也，聽其言而信其行；今吾於人也，聽其言而觀其行。於予與改是。」

良工能雕木，而不能雕既朽之木；杇者能杇牆，而不能杇糞土之牆；聖人能教人，而不能變不美之質。蓋質幹在於自然，華藻在於人事，所有不可耀，所無不可強，凡在因之而已。此宰予之寢，孔子所以不誅也。蓋宰予足於言而不足於行，故嘗欲短三年之喪，與田常之作亂。短喪則不仁，與亂則不智，則其質之不美可知矣。質之不美，雖不捨晝夜以學先王之道，孔子猶且不與，則晝寢之過，何所責哉？《春秋》責備賢者，而略於不賢，亦此意也。孔子嘗曰：「吾以言取人，失之宰我；以貌取人，失之子羽。」故於宰予則改之，此所謂「於予與改是」也。且君子於人也，不逆詐，不億不信，故「始吾於人，聽其言而信其行」，及宰予之不信，然後以決之疑焉。疑之所生，因彼而已。孔子之門人，若求之自畫，賜之願息，其不能自勉，非特宰予而已。孔子於賜、求則教之，於宰予則何誅者，以其質不同故也。《傳》曰：「皮之不存，毛將安傅？」

子曰：「吾未見剛者。」或對曰：「申棖。」子曰：「棖也欲，焉得剛？」

剛本乎性，欲出乎情。欲不能無求，不能無求則不能無撓也，故曰：「棖也欲，焉得剛？」君子之於欲也，寡之使不勝，窒之使不行，其固不為物傾，其完不為物虧，此老子所謂「自勝者強」，揚子所謂「勝私之克」者也，又奚適不剛哉？湯之奏勇，其來乃自於不邇聲色；文王之赫怒，其來乃自於無然歆

羨。子路之不求，所以能全勇之名；孟子之不動心，所以能全至剛之氣。此皆以直養而無害者也。蓋欲之不行則難矣，而未仁；剛之於仁則近矣，而未至。欲不行，然後能剛，能剛然後近仁，則欲仁不可不剛，欲剛不可以有欲也。然陽處父並植於晉，不可謂之無欲，而人以為剛；趙文子生不交利，可謂之無欲，而人不以為剛者，文子之剛也內，處父之剛也外，君子所貴，剛於內而已。

子貢曰：「我不欲人之加諸我也，吾亦欲無加諸人。」子曰：「賜也，非爾所及也。」

孔子曰「不使不仁者加乎其身」，所謂「我不欲人之加諸我」，又曰「己所不欲，勿施於人」，所謂「吾亦欲無加諸人」也。君子以仁存心，以禮存心。仁者愛人，有禮者敬人。愛而且敬，則我無加諸人矣。然橫逆有時而至，亦所不免也。蓋我無加諸人則易，人無加諸我則難。子貢不能匡人之過，其於是之易者猶或未能，況其難者乎？故曰：「非爾所及也。」

子貢曰：「夫子之文章，可得而聞也；夫子之言性與天道，不可得而聞也。」

夫子之道，出而致廣大則為文章，入而極高明則為性與天道。子貢得其言，故於文章可得而聞；未得其所以言，故於性與天道不可得而聞。蓋性在我者也，未嘗不在天；天道在天者也，未嘗不在我。《禮》曰「天命之謂性」，是在我者，未嘗不在天也；孟子曰「聖人之於天道」，是在天者，未嘗不在我也。顏子殆庶幾者也，故於言無所不悅；子貢非殆庶幾者也，故於其言不可得聞。老子曰「上士聞道，勤而行之」，顏子是也；「中士聞道，若存若亡」，子貢是也。孟子之言性善，自其離於道言之；孔子之言性，自其渾於道言之。故孟子之言，雖告子有所聞；孔子之言，雖子貢有所不得聞。

子路有聞，未之能行，唯恐有聞。

君子有三患：未之聞，患不得聞；既聞之，患不得學；既學之，患不得行。子路勇於必行，其患又過於此，故「有聞未行，唯恐有聞」，而行之不逮也。孔子於其無宿諾則美之，於其兼人則抑之。美之所以長其善，抑之所以救其失。

子貢問曰：「孔文子何以謂之文也？」子曰：「敏而好學，不恥下問，是以謂之文也。」

敬，文之恭也；忠，文之實也；信，文之孚也；義，文之制也；智，文之

興也；勇，文之帥也；教，文之施也；孝，文之本也；惠，文之慈也；讓，文之才也。文之所施不一，故古之為諡者多謂之文。孔子謂「敏而好學」，所以聚之也；「不恥下問」，所以辨之也。好學則資諸己，下問則資諸人，此所以謂之文也。然此可以為文而已，其於文王、周公之文，固有間矣。

子謂子產，「有君子之道四焉：其行己也恭，其事上也敬，其養民也惠，其使民也義。」

子產遜不失禮，所謂「行己也恭」；事君無二心，苟利社稷，死生以之，所謂「事上也敬」；濟人以乘輿，殖民以田疇，所謂「養民也惠」；擇能使之，所謂「使民也義」。行己恭，然後移之於君則敬；養民惠，然後使民則義，得其序也。君子之道固多矣，子產有是四者而已。四者之中，尤長於惠，故又命之以惠人。

子曰：「晏平仲善與人交，久而敬之。」

交，患於不久；久，患其不敬。晏平仲久而敬之，此所以為賢大夫。觀平仲之與越石父交，延而賓之，久敬可知矣。此曾子所以言晏子可謂「知禮」。《詩》之「故舊不遺」，《周官》之「敬故」，皆「久而敬之」之謂也。彼耳、餘之凶終，蕭、朱之隙末，其於平仲之交，不亦遠乎？此林回喻之以「甘醴」，桓譚譬之以「闤闠」，朱穆所以有「比周」之論，劉峻所以有「五交」之歎也。

子曰：「臧文仲居蔡，山節藻梲，何如其知也？」

冀多良馬，天下命良馬者因謂之驥。瀘水之黑，天下命黑者因謂之盧。蔡之出龜，天下命龜者皆謂之蔡。漆雕憑曰：「臧氏有守龜曰蔡，文仲三年為一兆。」臧氏之居蔡，始於文仲故也。《禮》曰：「諸侯以龜為寶，家不寶龜。」「山節藻梲」，文仲之居蔡，有僭於天子之廟飾，非所謂知，而夫子非之曰「何如其知也」。管仲山節藻梲，君子以為濫，與此同也。古之作服者，繪山於衣，所以象仁之靜；繡藻於裳，所以象德之潔。侯伯之章猶不及山，大夫之章猶不及藻，又況可施於文仲之節梲乎？孔子於文仲言不知，於武仲言知，則文仲之於武仲，固有間矣。顏淵問二者孰賢，子曰：「武仲賢哉！」

子張問曰：「令尹子文三仕為令尹，無喜色；三已之，無慍色。舊令尹之政，必以告新令尹。何如？」子曰：「忠矣。」曰：「仁矣乎？」曰：「未知，焉得仁？」「崔子弒齊君，陳文子有馬十乘，棄而違之。至於他邦，則曰：『猶

吾大夫崔子也。』違之。之一邦，則又曰：『猶吾大夫崔子也。』違之。何如？」
子曰：「清矣。」曰：「仁矣乎？」曰：「未知，焉得仁？」

　　進退在君不在己，故三仕三已，無喜慍之色，此忠於君者也。待人以誠
不以欺，故舊政必告，此忠於人者也。不顧十乘之富，不恤大夫之位，無崔
子之亂則就之，有崔子之亂則違之，此清其身者也。忠足以盡己，未足以成
己；清足以避亂，未足以救亂，故皆曰：「未知，焉得仁？」比干之忠，伯夷
之清，孔子皆以為仁，何耶？比干之忠，所以戒萬世之為君；伯夷之清，所
以戒萬世之為臣。其所忠、清與二子同，其所以忠、清與二子異。令尹子文
之無喜慍，蓋出於或使；公孫敖之無喜慍，則出於自然。出於自然，猶孟子
之言不動心也；出於或使，猶告子之不動心也。《傳》曰：「卿違，從大夫之
位。」又曰：「凡諸侯之大夫違，告於諸侯。」蓋大夫去其位曰違。

　　季文子三思而後行。子聞之，曰：「再，斯可矣。」

　　文子於國則忠，於家則儉，其逐紀太子以不忠孝，責韓穿以非信義，內
無衣帛之妾，外無食粟之馬，金玉非所藏，寶器非所重，魯君以為社稷之臣，
而存亡之所繫，則其所舉固寡過矣，然猶三思而後行，故孔子言「再，斯可
矣」。古之人，其謹身有至於三省，其慎言有至於三復，則三思而後行，不為
過矣。蓋有文子之質，再斯可矣；無文子之質，非三思則不可。孔子於三思
則抑之，於率爾而對則責之，因人而為之教也。文子嘗曰「備豫不虞」，三思
可知矣。

　　**子曰：「甯武子，邦有道則知，邦無道則愚。其知可及也，其愚不可及
也。」**

　　君子之仕也，邦有道，其言足以興；邦無道，其默足以容。故《坤》之
六三，居下卦之上，則曰「知光大」；六四，居二陰之間，則曰「括囊」；《卷
阿》之什，則曰「來游來歌」；《抑》之章，則曰「靡哲不愚」。「武子，邦有
道則知，無道則愚」，蓋得諸此而過之者也。南容，邦有道不廢，邦無道免於
刑戮而已；史魚，邦有道如矢，邦無道亦如矢而已；伯玉，邦有道則仕，邦
無道則卷懷而已。子游曰：「吾友張也，為難能也。」曾子曰：「孟莊子不改
父之臣與父之政，為難能也。」然則不可及者，其難能之謂歟？顏子之如愚，
甯武子之愚，有以異乎？曰：「如愚可也，不可及不可也。」「不可及」，非中
道也，此顏、甯之愚所以不同。

子在陳，曰：「歸與！歸與！吾黨之小子狂簡，斐然成章，不知所以裁之。」

狂者能為而不能已，其成章也失之過；簡者能略而不能詳，其成章也失之不及。孔子在陳，欲與中道者不可得，故思魯之狂簡者，裁之使歸於中也。《詩》言「有斐君子」，《記》言「且其斐色」，則斐者，文之散也；東南為文，西南為章，則章者，文之成也。此言「狂簡」，孟子言「狂狷」者，「簡」言其所學，「狷」言其所守。所守在行，故以「狷」言之；所學在言行，故以「簡」言之。

子曰：「伯夷、叔齊不念舊惡，怨是用希。」

求在外者不可必，故放於利而行，所以多怨。求諸己者可必，故求仁得仁，怨是用希。蓋仁人不藏怒，不宿怨，則所謂舊惡者，在彼而已，我何加損焉？此所以不念也。怨是用希，則不能無怨，又曰「何怨」者，以怨出於不怨，雖曰無怨可也。回不思舊怨，雍不錄舊罪，孔子皆與之，亦「求仁得仁」之謂與？

子曰：「孰謂微生高直？或乞醯焉，乞諸其鄰而與之。」

君子之於天下，外不可失人以存己，內不可失己以為人。與其失己以為人，孰若不為人以存己？高之乞醯，為人可也，為己則非直也。強無以為有，非安命者也。今夫君子之於言，知則為知，不知為不知，內不以自誣，外不以欺人。言尚如此，況於行乎？此高之所以不足取也。《洪範》之三德，「平康正直」，《皋陶》之九德，「直而溫」，《詩》曰「邦之司直」，《易》曰「直其正也」，孔子曰「人之生也直」，「三代直道而行」，孟子曰「不直則道不見」，道之所貴，直而已矣。

子曰：「巧言、令色、足恭，左丘明恥之，丘亦恥之。匿怨而友其人，左丘明恥之，丘亦恥之。」

巧言、令色、足恭，非務本者也，不足於仁；匿怨而友其人，非質直者也，不足於義，故「左丘明恥之，丘亦恥之」。聖人之於人，有所異，亦有其所同。其得地而君之，則與伯夷、伊尹同；用舍行藏，則與顏回同。則其所恥，與左丘明同也宜矣。

顏淵、季路侍，子曰：「盍各言爾志？」子路曰：「願車馬，衣輕裘，與朋友共，敝之而無憾。」顏淵曰：「願無伐善，無施勞。」子路曰：「願聞子之志。」

子曰：「老者安之，朋友信之，少者懷之。」

重財輕義，人之常情。子路願乘肥馬，衣輕裘，與朋友共，敝之而無憾，義者之志也。謙則不伐善，愛則不施勞。顏回願無伐善，無施勞，仁者之志也。老幼安懷於己者，恕也；朋友信於己者，忠也。孔子言「老者安之，朋友信之，少者懷之」，聖人之志也。賢人之志則入而成己，聖人之志則出而成物。以輕裘肥馬敝而無憾，所以成己之義；伐善施勞之不為，所以成己之仁。老幼之所安懷，朋友之所信，然後成物之道盡。充子路之義，然後至於顏子之仁；充顏子之仁，然後至於孔子之聖。蓋物足以累己，非學者之道也。言侍則先顏子，言志則先子路，豈子路之對亦率爾乎？

子曰：「已矣乎，吾未見能見其過而內自訟者也。」

陰陽有時而愆，日月有時而食，川谷有時而竭。天地之大，猶且不免於過，況於人乎？要在改過而已。改過始於見過，不見其過而不知自訟者，君子所不責；見其過而不自訟者，君子必責之。蓋見其過而不自訟，非好學為己者也。孔子之教，將無所施焉，故曰「已矣乎」。昔申徒嘉有曰：「自狀其過，以不當亡者眾；不狀其過，以不當存者寡。」則自狀者不知自訟，自訟者斯不自狀矣。

子曰：「十室之邑，必有忠信如丘者焉，不如丘之好學也。」

十步之內，必有茂草；十室之邑，必有忠信。忠信則德性能尊，尊德性而道問學，則廣大可致，高明可極，其亦何所不至哉？時人之德性如孔子者，蓋有之矣，然不如孔子之好學，此所以愚益愚，聖益聖也。孔子嘗曰：「知之者不如好之者，好之者不如樂之者。」孔子固樂矣，而言好學，何也？蓋好之者不必樂，樂之者必不好。孔子於道則樂，於學則好，故曰「樂以忘憂」，又言「好古，敏以求之也」。顏淵之好學而不改其樂，殆庶幾於此。

雍也第六

子曰：「雍也可使南面。」仲弓問子桑伯子。子曰：「可也簡。」仲弓曰：「居敬而行簡，以臨其民，不亦可乎？居簡而行簡，無乃太簡乎？」子曰：「雍之言然。」

孔子於冉求則曰「百乘之家，可使為之宰」，於子路則曰「千乘之國，可使治其賦」，於仲弓則「可使南面」，是冉求可以仕大夫，而亦可以仕諸侯；子路可以仕諸侯，而亦可以為諸侯；仲弓可以為諸侯矣，語之以王者之佐則

未也，惟顏子可以當之。仲弓問伯子，孔子答之以其人可也，然失之簡。仲
弓曰：「居敬而行簡，以臨其民，不亦可乎？居簡而行簡，無乃太簡乎？」蓋
人主執要則百事詳，叢脞則百事墮，則簡者，先王之所尚也。然內之所居者
敬，外之所行者簡，則在下者有所從；內之所居者簡，外之所行者亦簡，則
在下者無所從。子桑所為，無乃太簡，而孔子以雍之言為然，則其行可使南
面矣。在《易》之《坤》言「君子敬以直內」，繼之以「不習無不利」。敬以
直內，居敬也；不習無不利，行簡也。春秋時有公孫子桑，意伯子即其人歟？

哀公問：「弟子孰為好學？」孔子對曰：「有顏回者好學，不遷怒，不貳
過，不幸短命死矣。今也則亡，未聞好學者也。」

思屬土，怒屬水，水可以勝土，故怒可以勝思。不遷怒，則犯而不校者也；
不貳過，則知不善未嘗復行者也。蓋能懲忿，然後能不遷怒；能窒欲，然後能
不貳過。不遷怒，不貳過，則能修性矣，故孔子謂之好學。然不遷怒，則所怒
以類而已，未至於出怒不怒；不貳過，則無祇悔而已，未至於敦復無悔，此所
以止於「殆庶幾也」。列子之論死生，則曰：「由生而亡，不幸也。」揚子之論
壽，則曰：「人以其仁。」顏子之短命雖曰不幸，然以其仁則無害其為壽也。
蓋不遷怒，不貳過，盡性也；不改其樂，知命也。顏子未至五十而知天命，蓋
知命必以五十者，非若謂五十而猶不知天命則不可也。

子華使於齊，冉子為其母請粟。子曰：「與之釜。」請益。曰：「與之庾。」
冉子與之粟五秉。子曰：「赤之適齊也，乘肥馬，衣輕裘。吾聞之也，君子
周急不繼富。」原思為之宰，與之粟九百，辭。子曰：「毋，以與爾鄰里鄉
黨乎？」

可以與，可以無與，無與可也，與傷惠；可以取，可以無取，無取可也，
取傷廉。子華之富，非可多與也，多與則為傷惠；原思之宰，非可無取也，取
之則非傷廉。此孔子所以不許冉有之請，而止原思之辭也。昔人有歸四布，君
子不以為廉；有以賻布頒兄弟之貧者，君子以為善。則不歸四布，義也；頒兄
弟，仁也。孔子止思之辭，是亦仁義而已矣。

子謂仲弓曰：「犁牛之子騂且角，雖欲勿用，山川其舍諸？」

卿大夫之子不修禮義，則歸之庶人。庶人之子非不賤也，能修禮義，則
可進為大夫。然愚知貴賤，其可以類言哉？故孔子謂仲弓曰：「犁牛之子騂且
角。」大可以祀天，小可以祀廟。孔子獨以山川為言者，蓋諸侯之禮得祭山

川之在境內者，而仲弓之才可使南面，故以山川言之。《周官》陽祀用騂牲毛之，陰祀用黝牲毛之，陰祀、陽祀各以其色牲毛之。然山川之祀不特以騂，以騂，舉其盛者而已。

子曰：「回也，其心三月不違仁，其餘則日月至焉而已矣。」

仁在天則為尊爵，在人則為安宅。其為器重，而舉者莫能勝；其為道遠，而行者莫能至。以顏子之不違仁，猶不過三月而已，則夫人之為仁，不亦難乎？孔子之於回，蓋其所試者然也。其後告之以克己復禮，而請事斯語，則其不違也，蓋將終身焉，不特三月而已。「其餘則日月至焉」者，所謂不能期月守也。由、求之徒，孔子皆曰「不知其仁」，以此而已。

季康子問：「仲由可使從政也與？」子曰：「由也果，於從政乎何有？」曰：「賜也可使從政也與？」曰：「賜也達，於從政乎何有？」曰：「求也可使從政也與？」曰：「求也藝，於從政乎何有？」

能勇而不能怯，果也；聞一知二，達也；可以足民，藝也。果幾於義，達與藝幾於智，為政使人器之而已。故雖才之不備，而有可施於政者，皆所不棄也。然達而不果，不足以有行；果而不藝，不足以有能。三者雖不同，然皆可以從政。猶樝、梨、橘、柚，其味相反，而皆可於口。康子誠能兼用之，則魯國不亦庶幾乎？然此具臣而已，語以大臣之事則未也。三者之序，藝不及果，果不及達。此先果後達者，即康子所問而告之也。夫才者，言之實；言者，才之文。善於言語者，必善於政事；善於政事者，未必善於言語，則其政事可知矣。是亦不在政事之列，無害其可使從政也。

季氏使閔子騫為費宰。閔子騫曰：「善為我辭焉！如有復我者，則吾必在汶上矣。」

「邦有道，危言危行；邦無道，危行言孫」故也。「善雖不吾與，吾將強而為；不善雖不吾惡，吾將強而去。」「如有復我者，則吾必在汶上矣」，強而去可也。《家語》有子騫為費宰問政之事，則子騫為費宰矣。蓋子騫不願為費宰者，志也；終為費宰者，不得已也。

伯牛有疾，子問之，自牖執其手，曰：「亡之，命矣夫！斯人也而有斯疾也！斯人也而有斯疾也！」

由生而生者，常也；由生而死者，不幸也；由死而生者，幸也。顏淵之死，孔子曰「不幸短命死矣」；伯牛有疾，孔子曰「亡之，命矣夫！斯人也而有斯

疾也」，皆以其由生而亡者也。揚子曰：「命，不可避者也。」顏氏之子，冉氏之孫，以其無避也，此所謂順受其正也。《禮》曰：「始反而亡焉，失之矣。」則死與亡固不同。孔子於顏子曰「死」，於冉牛曰「亡」者，以死對亡則異，通言之則一也。「死矣」者，已然之辭；「亡之」者，未然之辭。

子曰：「賢哉，回也！一簞食，一瓢飲，在陋巷，人不堪其憂，回也不改其樂。賢哉，回也！」

天下之所重，君子之所輕；天下之所憂，君子之所樂。故衣朱懷金，不能重顏子之輕；簞瓢陋巷，不能憂顏子之樂。此所以「明明在上，百官牛羊」，舜也；「闇闇在下，畎畝簞瓢」，亦舜也。然則回之樂，人樂也；子之樂以忘憂，天樂也。人樂者，能樂而樂也；天樂者，又無能樂也。始終言「賢哉回也」，與《泰伯》篇「禹無間然」章，《易》「其唯聖人乎」，皆兩稱之同意。

冉求曰：「非不說子之道，力不足也。」子曰：「力不足者，中道而廢。今女畫。」

志有餘而力不足，中道廢者也；力有餘而志不足，自畫者也。中道而廢者，君子之所惜；自畫者，君子之所惡。求之畫而自以為力不足，則其不智甚矣。揚子曰：「百川學海而至於海，丘陵學山而不至於山。」則勤而不已者，無所不至；惰而自畫者，無所能至也。《書》曰：「為山九仞，功虧一簣。」孟子言：「掘井九軔而不及泉，猶為棄井。」皆自畫之謂也。

子謂子夏曰：「女為君子儒，無為小人儒。」

古之儒者，一而已矣。《周官》「儒以道得民」，則凡以非道得民者，皆非儒也。後世澆漓，而道術將為天下裂，於是有君子之儒，有小人之儒。君子之儒惟務本，小人之儒在趨末。子夏之為己，止於文學；其為人，止於灑埽應對進退，此趨末者也。故孔子戒之曰：「女為君子儒，無為小人儒。」荀卿言：「有俗儒，有雅儒，有大儒。」揚子又言：「有真儒。」真儒以性言，大儒以業言；雅儒似君子，俗儒似小人。

子游為武城宰。子曰：「女得人焉耳乎？」曰：「有澹臺滅明者，行不由徑，非公事，未嘗至於偃之室也。」

以天下與人易，為天下得人難，則賢者，百福之宗，神明之主，而為政者其可以不得之乎？子賤之治單父，其於賢也，有以父事者，有以兄事者，有以友事者，而孔子歎美之，則子游為宰而問之以得人，固其所也。滅明行

不由徑，無邪也；非公不至，無私也。《羔羊》之正直，如是而已。此《家語》所以言滅明公正無私也。荀卿曰：「出於其門，入於公門，歸於其家，無有私事。」滅明之謂也。《傳》曰「滅明有君子之容，而不勝其貌」者，責賢者備故也。

子曰：「孟之反不伐，奔而殿，將入門，策其馬，曰：『非敢後也，馬不進也。』」

《書》於矜言能，於伐言功。能在內者也，功在外者也。自伐則喪厥功，自矜則喪其能。伐譬則賊也，矜譬則殘也。故《老子》於「自伐」言「無功」，「自矜」言「不長」而已。春秋之時，師敗而奔，惟恐其不全；在師而有功者，惟恐其不彰。之反於齊之戰也，殿軍而不奔，策馬而不進，人之所難也，故夫子取之。

子曰：「不有祝鮀之佞，而有宋朝之美，難乎免於今之世矣。」

佞則不美，美則不佞矣。天下有道，悅美而惡佞；天下無道，悅佞而惡美，故曰：不有鮀佞與朝美，難免今世矣。《春秋》所謂宋公子朝，非孔子所謂「宋朝」者也。夫子於治宗廟則取之，於佞則非之。非之者，直拒之，所以立本；取之者，節取之，所以趨時。

子曰：「誰能出不由戶？何莫由斯道也？」

人之啟處雖不同，所出者戶而已；萬物散殊雖不一，所由者道而已。眾人無異於萬物，則由之而不知；君子異於眾人，則由而知之。蓋戶者，出入之所自者也。此言由道，故云「誰能出不由戶」。揚子言學道，故云：「惡由入？曰孔氏。」孔氏者，戶也。

子曰：「質勝文則野，文勝質則史。文質彬彬，然後君子。」

野非君子之所在，故曠於禮而不知文；史則官書之所繫，故專於文而不知本，二者皆非中道而已。俗之好質者則曰：「質而已，何以文為？」好文者則以文滅質，以博溺心，此孔子所以言「質勝文則野，文勝質則史。文質彬彬，然後君子」也。孔子曰：「義以為質，禮以行之。」「彬彬」之謂也。彬從林，質也；從彡，文也。揚子曰：「華無實則史，實無華則野，華實副則禮。」又曰：「事勝辭則史，辭勝事則賦，事辭稱則經。」然君子之彬彬，豈特施於禮樂間哉？野非君子所尚，而孔子欲從先進者，姑以救弊云耳。

子曰：「人之生也直，罔之生也幸而免。」

君子以由生而生為常，以由生而亡為不幸；小人以由死而死為常，由死而生為幸。「人之生也直」，由生而生也；「罔之生也幸而免」，由死而生也。蓋直，本有生之道，雖不幸而死，君子以為猶生；罔，原有死之道，雖幸而免，君子以為猶死。是以回、牛之死，不足謂之夭；盜跖之永，不足謂之壽。

子曰：「知之者不如好之者，好之者不如樂之者。」

知之者，為學日益而窮理者也，興於詩者能之；好之者，為道日損而盡性者也，立於禮者能之；樂之者，損之又損而將以至於命者也，成於樂者能之。《表記》之言仁，強仁不若利仁，利仁不若安仁；《中庸》之言明善不若誠善，誠善不若至誠，亦若此而已。莫非知也，有生而知之，有學而知之，有困而知之。聖人則生而知之，賢人則學而知之，下於賢人則困而知之。莫非好也，有好之淺者，有好之深者。就有道而正焉，日知其所亡，月無忘其所能，此其淺者也。顏子之好學，孔子之好古，此其深者也。莫非樂也，有人樂，有天樂。顏子不改其樂，人樂也；孔子樂以忘憂，天樂也。

子曰：「中人以上，可以語上也；中人以下，不可以語上也。」

天下有均善之性，無均美之才，故「中人以上，可以語上；中人以下，不可以語上」。老子曰：「上士聞道，勤而行之」，可以語上者也；「中士聞道，若有若亡」，可以語上下者也；「下士聞道，大笑之」，不可以語上者也。中人以上，譬則火也，其性趨上；中人以下，譬則水也，其性趨下。於其趨上也，而語之以下，則不仁；於其趨下也，而語之以上，則不智。故孔子之於門人，不以語回者告由，不以語由者告求，凡皆因其材而已，此所謂「不陵節而施之」者也。人之生雖參差不齊，其大致不過此三品而已。

樊遲問知。子曰：「務民之義，敬鬼神而遠之，可謂知矣。」問仁。曰：「仁者先難而後獲，可謂仁矣。」

務民之利，而害在其中焉。務民之利，非特其利不可以必得也，失義而得害。然則務民義，孔子以為知，不亦宜乎？有己之義，有民之義。仕則不稼，佃則不漁。《詩》云：「采葑采菲，無以下體。」觴酒豆肉，則辭而受惡；衽席之上，辭而坐下；朝廷之位，辭而就賤。同爵則尚齒，同齒則尚長。若此之類，所謂己之義也。耕者讓畔，行者讓路；壯者代老，少者事長；窮乏相周，患難相救。《詩》云：「雨我公田，遂及我私。」若此之類，所謂民之義也。上之所

好，下必有甚焉者。樊遲好利，務為鬼神之事者也。聖人慾其務己之義，則教之曰「上好義，則民莫敢不服」。知己之務，然後可以率民，則教之曰「務民之義」。以義為務，則不失矣。「敬鬼神而遠之」者，敬則致生之，遠則致死之也，凡此所謂「知」也。其為器重，舉之莫能勝；其為道遠，行之莫能至。言之則訒，為之則難，凡此所謂「仁」也。問知一也，一告之以務民之義；敬鬼神而遠之，又告之以知人。問仁一也，一告之以先難而後獲，又告之以愛人。與夫「居處恭，執事敬，與人忠」，何也？義、敬與獲，在己者也；知人、愛人，在彼者也。務其在己者，然後能其在彼，事之序也。智之敬，則敬鬼神而遠；仁之敬，則居處、執事恭敬而已，無所不敬也。其「與人忠」，不特愛之而已。問仁則先難而後獲，問崇德則先事後得者，對事而言，故曰「得」；對難而言，故曰「獲」。而得，兼於事者也，故於崇德言「先事」；仁，愛人者也，故於仁言「先難」。

　　子曰：「知者樂水，仁者樂山。知者動，仁者靜。知者樂，仁者壽。」

　　應物而利之者，水也；附而育焉者，山也。知者樂水，故動；仁者樂山，故靜。是動則利仁者也，靜則安仁者也。動則見理，故樂；靜則得性，故壽。然動者非不靜也，靜者非不動也，知者非不壽也。然知者之壽，不若仁者之盛，仁者壽，則樂不足以言之也。哀公問曰：「知者壽？」而孔子對之以「人有三死：飲食不節，勞逸過度，疾共殺之；居下位而上誣其君，嗜欲無厭，刑共殺之；以少犯眾，以弱侮強，兵共殺之」。知士仁人，動靜以義，喜怒以時，無害其性，欲得壽焉，何不可乎？是知者亦非不壽也。樂水樂山言其情，動靜言其用，樂壽言其功。蓋惟有情斯有用，有用斯有功，辭之序也。

　　子曰：「齊一變，至於魯；魯一變，至於道。」

　　春秋之時，成霸功者莫如齊，秉周禮者莫如魯。由齊之尚功而變之，則至於魯；由魯之好禮而變之，則至於王道。齊譬則《召南》也，魯譬則《周南》也，道譬則《雅》也。由魯變而至於道，則無齊、魯之異政；由《周》變而至於《雅》，則無《周》《召》之殊。猶之百川至海，知有海而不知有百川；四時成歲，知有歲而不知有四時也。文王能變《周》《召》以至於《雅》，孔子未能變齊、魯以至於道。孔子欲變齊、魯以歸於道，孟子欲逃楊、墨以歸於儒，則孔子之時異於文王之時，孟子之時又有異於孔子之時矣。

子曰：「觚不觚，觚哉！觚哉！」

有觚之實，然後有觚之名。有觚之名，而無觚之實，則「觚不觚」矣，尚得謂之觚哉？《詩》有「南箕北斗」之喻，揚子雲有「象龍」之論，凡皆譏其有名無實者也。孔子之時，實不稱名者多矣，故其歎如此。

宰我問曰：「仁者，雖告之曰『井有仁焉』，其從之也？」子曰：「何為其然也？君子可逝也，不可陷也；可欺也，不可罔也。」

君子以誠待物而不逆詐，故可欺；以明燭理而無所蔽，故不可罔。蓋欺者以偽為真，罔者以無為有。以偽為真，則有可信之端；以無為有，則直罔於人而已。故象之偽喜，舜不疑其偽；校人之烹魚，子產不疑其不捨，是以有可信之端也。放齊以朱為啟明，堯以為嚚訟；共工以驩兜為有功，堯以為靜言庸違，是直罔於人者也。宰我問：「井有人焉，其從之也？」孔子曰：「何為其然也？君子可逝也，不可陷也；可欺也，不可罔也。」「可逝也，不可陷也」，故井無人；「可欺也，不可罔也」，故知井無人。孟子曰：「君子可欺以其方，難罔以非其道。」

子曰：「君子博學於文，約之以禮，亦可以弗畔矣。」

博學於文，則無不該；約之以禮，則有所執。無不該，則所知者詳；有所執，則所趨者中，斯亦可以弗畔矣。畔者有見乎四旁之地，弗畔則趨中，可知矣。約之以禮，可以弗畔，則成於樂者斯不畔矣，此所謂一貫也。顏淵曰：「博我以文，約我以禮。」回於道亦可云弗畔矣，故稱其殆庶幾，揚子稱其「未達一間」耳。

子見南子，子路不說。夫子矢之曰：「予所否者，天厭之！天厭之！」

《易》以《大有》遏惡揚善為命，以《否》之內小人、外君子為匪人。然則君子小人、進退消長，皆天命也。君子之於天命，知之故能畏之，畏之故能順之。君子見所不見，順天命也。順天者存而逆之，天所厭。故於子路不悅，而矢以「予所否者，天厭之，天厭之」。然則孔子之於公山弗擾，子路不悅，而告之以人事，於此告之以天命者，蓋見南子者，在天不在己也；之公山弗擾者，在己不在天也。夫子之見南子，與《睽》之初六同意。

子曰：「中庸之為德也，其至矣乎！民鮮久矣。」

莫非德也，有高明之至德，有中庸之至德。莊子「至德之世」，高明之至德也；《周禮》之「至德為道本」，中庸之至德也。《禮》曰：「中者，天下之大

本。」莊子曰：「庸者，用也；用者，通也。」則中者，至德之體；庸者，至德之用也。君子以高明者，人之所難勉；中庸者，人之所易行。故不以其所難勉者強之使行，而以其所易行者同之於民，將人人能之。夫所謂「民鮮久矣」，由上失其道，非一日也。

子貢曰：「如有博施於民而能濟眾，何如？可謂仁乎？」子曰：「何事於仁，必也聖乎！堯、舜其猶病諸。夫仁者，己欲立而立人，己欲達而達人。能近取譬，可謂仁之方也已。」

非神而化之，使民宜之，不足以博施濟眾；非以百姓之心為心，不足以安百姓。博施濟眾，修己以安百姓者，天下之至難。堯、舜者，天下之至聖，以天下之至聖，猶病天下之至難，則下於堯、舜者，其可易言哉！《書》曰：「安民則惠，惟帝其難之。」老子曰「多異必多難」，是以聖人猶難之，皆此意也。《素問》曰：「神用無方謂之聖。」惟無方，故所施者博，而所濟者眾。若仁，則有方矣。又曰：「己欲立而立人，己欲達而達人。能近取譬，可謂仁之方也已。」蓋立則不廢，達則不窮。自立自達而忘乎人，則入乎楊，而非所謂「兼愛」；立人達人而忘乎己，則入乎墨，而非所謂「自愛」。故欲立欲達者，仁之自愛也；立人達人者，仁之兼愛也。《傳》曰：「獨貴獨富，君子恥之。」此之謂也。彼危人而自安，害人而自富者，豈知此哉？

論語全解卷四

述而第七

子曰：「述而不作，信而好古，竊比於我老彭。」

道德之原出於天，而其說始於古。老子之言道德，躬因之而已，故曰「述而不作，信而好古」。老子之言，有言古之善為士者，有言古之為道德者，有言古之所謂曲則全者，有言執古之道以御今者，則「述而不作，信而好古」可知矣。信則有之也，好則不特知之而已，故孔子比焉。聖人之於人，將自明之，則自尊而卑之，所以信其言於後世。孔子之「竊比於我老彭」，尊之，所以信其言也。孔子祖述堯、舜，憲章文、武，「述而不作」之謂也。好古，敏以求之，「信而好古」之謂也。蓋聖人達而在上，則帝王天子之德而有所作；窮而在下，則玄聖素王之道而不敢作。不敢作，則信而好古而已；有所作，則不特自信，而又人信；不特好古，而又稽而行之也。然孔子之作《春秋》，其事則述，其書則作，故其言曰：「其事則齊桓、晉文，其文則史，其義則丘竊取之矣。」與夫不知而作者多矣。諸子之學，有不知無位而作之者，有不知無德而作之者，又有不知先王之法既已致隆，而或苟作之者，皆在所棄焉。孟子曰：「孔子作《春秋》，而亂臣賊子懼。」蓋唐虞、成周未有懼之者，此聖人所以有作也。彭之言行，於傳無道，豈古之彭祖者乎？

子曰：「默而識之，學而不厭，誨人不倦，何有於我哉？」

默而識之，德也；學而不厭，知也；誨人不倦，仁也。時之人道聽而途說，皆德之棄，非所謂「默而識之」也。或畫焉，或願息焉，非所謂「學而

不厭」也。或先傳而後倦，非所謂「誨人不倦」也，故特自成而已。蓋學在己，故言厭、誨；在人，故言倦。叔向曰：「求善不厭，施舍不倦。」楊子曰：「事不厭，教不倦。」合而言之，則厭與倦皆在己而已，故曰「我學不厭，而教不倦」。

子曰：「德之不修，學之不講，聞義不能徙，不善不能改，是吾憂也。」

德在內者也，不修則不充；學在外者也，不講則不明。聞義不能徙，則善不備；不善不能改，則行不完，皆孔子所憂者也。然樂而不憂，所以處己；憂而不樂，所以與人同。樂以忘憂，處己者也；樂天知命，憂之不與人同者也。德之修，然後能講學；學之講，然後能徙義。德之修，學之講，未能無不善，改之而已。孔子言「君子不重則不威，學則不固，主忠信」，而終之以「過則勿憚改」，與此全意。

子之燕居，申申如也，夭夭如也。

人之情，矜慎於行禮之際，其不失禮也易；優游於無事之際，其不失禮也難。「子之燕居，申申如也，夭夭如也」，非夫盛德之至，孰與此哉？申申，言肆而不曲；夭夭，言不以老壯自居。於子之燕居，縱言肆，猶至於禮而不屈也；居不容，不以老壯自居也。肆而不屈則直，不以老壯自居則和，所謂「居不容」「燕居告溫溫」，知「夭夭」之謂也。《禮記》有言「仲尼燕居」，有言「孔子閒居」，蓋退朝曰燕居，燕曰閒。

子曰：「甚矣吾衰也！久矣吾不復夢見周公。」

形接為事，神遇為夢。事見於有為，夢出於有思。孔子之盛時，嘗欲有大勳勞於天下，而思周公之所為，故夢見之。及其衰也，知時命不我與，而不復思周公所為，故不復夢見之。高宗之夢傅說，文王之夢臧丈人，其出於有思亦如此。莊周曰「古之真人不夢」，何也？真人以性言，聖人以德言。性則入而冥道，故無夢；德則出而經世，故有夢。

子曰：「志於道，據於德，依於仁，游於藝。」

揚子之言道、德、仁，則合異以為同，故曰：道、德、仁，人得之，以人之天也。老子之言道、德、仁，則散同以為異，故曰「失道而后德，失德而後仁」，其實一也。蓋道則無體，故志之而已；德則有體，故可據。據德所以立己，依仁所以行己。禮，體此者也；義，宜此者也；智，知此者也；信，誠此者也。言道、德、仁，則義、智、信舉矣。道、德、仁，君子之務本；

藝，則君子之餘事。《周官》司徒教萬民以六德六行，然後繼之以六藝；師氏教國子以三德三行，然後保氏教之以六藝，則藝豈君子所先哉？特游之而已。《少儀》曰：「士依於德，游於藝。」何謂「依於仁」？曰：德之所愛者，仁也；其所以制者，義也。愛則近於厚，制則近於薄。君子處其厚，故依於仁，不依於義。此所以在此無惡，在彼無射也。今夫己之子與兄之子，均在所愛也，孔子則以其子妻公冶長，以兄之子妻南容，此依於仁而施於親親者也。己之與人，均在所責也，孔子則躬自厚而薄責於人，此依乎仁而施乎人者也。君臣之分，道合則從，不合則去。孔子於魯，不欲苟去，必欲以微罪行；孟子於齊，不欲速行，必至三宿，然後出晝，此依乎仁而施乎君者也。然則君子之於仁，奚所處而不依哉？此所以「造次必於是，顛沛必於是」也。然此言「依於仁」，《禮記》言「依於德」，仁即是德故也；此言「志於道」，孟子言「志於仁」者，仁即是道故也。

子曰：「自行束脩以上，吾未嘗無誨焉。」

孟子曰：「君子之所以教之者，有如時雨化之者，有成德者，有達財者，有答問者，有私淑艾者。」則行束脩，淑艾者也。自私淑以上，未嘗無誨，則四者可知矣。君子之於人，常患其所不學，而不倦其所教；其於教也，常恕其所不足，而不嚴其科。故潔己以進者，孔子未嘗不與；以是心至者，孟子未嘗不受。則行束脩以上，豈或遺之哉？然孔子不見孺悲，孟子不見滕更，非不教也，不屑之教也。束脩與《禮記》《穀梁》所謂「束脩之問」者，意似同。

子曰：「不憤不啟，不悱不發。舉一隅不以三隅反，則不復也。」

憤在氣，悱在心。氣不憤，不能誠心問，故不啟；心不悱，不能誠心辨，故不發。啟之發之，則舉一隅，不以三隅反，則不復，此又惡其不思也。蓋啟所以開之，發所以示之，不以三隅反則不復，欲其思而自得也。蓋君子之於人，能道之以善，而不能使之自得；猶夫匠之於人，能與之規矩，而不能使之巧。故性與天道，子貢所不得聞；鬼神與死，子路所不得聞，豈非不以三隅反則不復哉？《禮記》曰：「開而不達則思。」孟子：「中道而立，能者從之。」此之謂也。然此言學者之道而已，「鄙夫問於我，叩兩端而竭焉。」

子食於有喪者之側，未嘗飽也。子於是日哭，則不歌。

天之道，陰陽不同時，則當喪而飽者，逆道也。人之理，哀樂不同日，則哭日而歌者，逆理也。行弔之日，不飲酒食肉，況食之飽乎？鄰有喪，舂

不相；里有殯，巷不歌，況哭之日歌乎？《禮》曰：「哭日不歌，弔於人，是日不樂。」又曰：「饑而廢事，非禮也。飽而忘哀，非禮也。」孔子所以未嘗飽與不歌者，執禮故也。古之人哀樂歌哭同日者，惟祭而已，故《禮記》曰：「祭之日，哀與樂半。」《周禮》女巫曰：「邦之大烖，歌哭而請。」

子謂顏淵曰：「用之則行，舍之則藏，惟我與爾有是夫。」子路曰：「子行三軍，則誰與？」子曰：「暴虎馮河，死而無悔者，吾不與也。必也臨事而懼，好謀而成者也。」

學不至於不惑，不可以語去就之義；行不至於不惑，不可以言廢興之命。故用之則行，舍之則藏，惟孔子能之。蓋君子藏器於身，待時而動，用舍不累於一身，其流止不失其為淵，其所謂「明明在上，亦山雌也；闇闇在下，亦山雌也」，夫豈以盛行之通，窮居之塞，而為之加損榮醜哉？此所以為孔、顏也。子路以孔子稱顏回，故問之曰：「子行三軍，則誰與？」孔子答之以「暴虎馮河，死而無悔者」，所以戒其勇也；「必也臨事而懼，好謀而成者」，所以教其怯也。子路聞乘桴浮於海則喜，非所謂「臨事而懼」；有父兄在，聞斯行之，非所謂「好謀而成」，此所以無所取材也。《兵法》曰：「勇之為將，乃萬分之一。」又曰：「謀者違害而就利。」則行三軍者，其可懼哉？孟施舍量敵而後進，慮勝而後會，「臨事而懼」者也。方叔元老克壯，其猶「好謀而成」者也。

子曰：「富而可求也，雖執鞭之士，吾亦為之。如不可求，從吾所好。」

富在天，所好在己。在天者，不可以求；在己者，可以自樂，故曰：「富而可求，雖執鞭之士，吾亦為之。如不可求，從吾所好。」執鞭之士，其位則卑，其職則賤，《周官》條狼氏之類也。孔子之欲富，豈如是之甚哉？以為在天者不可以求，凡以與民同患而已。然言富而不及貴者，以其為利所在故也。

子之所慎：齋，戰，疾。

「齋必有明衣布」，「齋必變食」，慎齋也。曰「不教民戰，是謂棄之」，必也，「臨事而懼，好謀而成者」，慎戰也。康子饋藥，曰「丘未達，不敢嘗」，慎疾也。慎齋，故祭則受福；慎戰，故戰則克；慎疾，則命受其正。慎齋，所以仁鬼神；慎戰，所以仁民；慎疾，所以仁己。此先齋、戰而後疾，《禮記》言祭、戰而不及疾者，仁己之事，雖聖人所慎，亦非其所先也。聖人之所慎，非止此三者而已，特舉其重故也。

子在齊聞《韶》，三月不知肉味，曰：「不圖為樂之至於斯也。」

有盡美，然後知天下之謂美者，斯不美矣；有盡善，然後知天下之謂善者，斯不善矣。《韶》之為樂盡善，孔子聞之，故將忘天下之為美善者，又況肉味哉？魏侯聽古樂，惟欲臥；齊宣王不好先王之樂，此真「樂鸒以鍾鼓，載饋以車馬」也，豈知孔子樂《韶》之意哉？司馬遷曰：「聞《韶》，三月學之。」然孔子之樂《韶》器尚矣，其在齊則感其仁聲而已，非學也。

冉有曰：「夫子為衛君乎？」子貢曰：「諾，吾將問之。」入，曰：「伯夷、叔齊，何人也？」曰：「古之賢人也。」曰：「怨乎？」曰：「求仁而得仁，又何怨？」出，曰：「夫子不為也。」

聖人之行有浮於言，而言未嘗不顧於行，故觀其所言，足以知其所為。此子貢所以問夷、齊之事，而知其所以不為衛君也。蓋兄弟之讓則仁，父子之爭則不仁。孔子善夷、齊之仁，而惡衛君之不仁，此所以知其不為也。子貢疑孔子之為衛君，孟子則謂智足以知聖人。子貢之知，出類拔萃而已，至於不為衛君，則不知也。孔子以夷、齊為賢人，孟子以夷、齊為聖人者，以伯夷為聖，即能化而言也；以夷、齊為賢，以明己之集大成者，亦賢而已。此孔子不居聖之意也。

子曰：「飯蔬食飲水，曲肱而枕之，樂亦在其中矣。不義而富且貴，於我如浮雲。」

貧與賤，人之所惡，不以其道得之，不去也，故「飯蔬飲水，曲肱而枕，樂亦在其中」。富與貴，人之所欲，不以其道得之，不處也，故「不義富貴，於我如浮雲」。

子曰：「加我數年，五十以學《易》，可以無大過矣。」

神無方也，非精義則不可入；《易》無體也，非知命不可以學。聖人入而為天之所為，故無過；出而為人之所為，則不能無過。孔子五十而學《易》，則為天之所為，故可以無大過矣。可以無大過，則於過之小者有所不免。蓋七十而從心，然後無過矣，《易》曰「敦復無悔」是也。聖人之於《易》，必以五十而後學，然必雲五十者，制行以人，不以己也。

子所雅言，《詩》、《書》、執禮，皆雅言也。

不言《詩》《書》，則無以教人；不言禮，則無以明分。故子所雅言者，《詩》《書》也；執而不敢議者，禮也。言《詩》《書》而不及《樂》與《春

秋》《易》者，蓋德不全者，不可道之以《樂》；志不定者，不可發之以《春秋》；不知命者，不可申之以《易》也。子罕言利與命與仁，亦猶是也。孔子之於言，有所雅言，有所不言，有所罕言，其趣雖不同，亦各適其理而已。

葉公問孔子於子路，子路不對。子曰：「女奚不曰：其為人也，發憤忘食，樂以忘憂，不知老之將至云爾。」

子曰：「我非生而知之者，好古，敏以求之者也。」

葉公問孔子於子路，子路不對，非不知對，不足對也。蓋曰以孔子之道對葉公，是語蛙以海，樂雞以《韶》，適滋以惑也。孔子曰：「女奚不曰：發憤忘食，樂以忘憂，不知老之將至？」蓋曰奚不俯其言而對之以此也。孔子之於道，非學也，非不學也。以為非學，則「吾非生而知之，好古，敏以求之」；以為非不學，則「我非多學而識之，予一以貫之」。非學也，所以學人異；非不學也，所以學人同。

子不語怪、力、亂、神。

直言曰言，論難曰語。怪、力、亂、神，非不言也，不語於人而已。不語怪、力，則所語者常與德也；不語亂、神，則所語者治與人也。怪之為害不若力，力之為害不若亂。怪、力、亂，人之所為，故先之；神，則非人之所為，故後之。楊子曰：「神又茫茫，聖人曼云。」則不語神之謂也。李宪曰：「力不由理為怪、力，神不由正為亂、神。」誤矣。

子曰：「三人行，必有我師焉。擇其善者而從之，其不善者而改之。」

善者，吾師也；不善者，亦吾師也。師其不善，所以自修，此所以「三人行，必有我師」也。若夫師其善而不師其不善，則內無以自省，外無以自觀，其欲至於君子，難矣。然則不善之師，其可忽哉？老子以強梁為教父，釋氏以邪盜之類為人師，亦此意也。

子曰：「天生德於予，桓魋其如予何？」

孔子於桓魋之暴，則曰「天生德於予」，於匡則曰「天之未喪斯文」，蓋德所以足乎己，而君子之所獨；文所以化於人，而天下之所同。故於桓魋則危疑而已，故稱在己者而歸之於命；於匡有死之道，故稱在人者而歸之於時。以明桓魋不能害天之命，匡人不能易天之時也。紂曰：「我生不有命在天？」王莽曰：「天生德於予，漢兵其如予何？」奚德哉？

子曰：「二三子以我為隱乎？吾無隱乎爾。吾無行而不與二三子者，是丘也。」

孔子之誨人，其不倦，仁也；其無隱，忠也。不倦，與先傳後倦者異矣；無隱，與教人不盡其才者異矣。惟其開而不達，引而不發，不以三隅反則不復，再三瀆則不告，此弟子所以疑其隱也。

子以四教：文、行、忠、信。

忠、信，所以成終始也。學由中出，故以文為餘事；教自外入，故以文為先務。《乾》九三，先之以忠信進德，所以成始；孔子之四教，後之以忠信，所以成終。

子曰：「聖人，吾不得而見之矣；得見君子者，斯可矣。」子曰：「善人，吾不得而見之矣；得見有恆者，斯可矣。亡而為有，虛而為盈，約而為泰，難乎有恆矣。」

有常者，能常而已，非可欲者也，故不足於善人。善人，能為可欲而已，非充實者也，故不足於君子。君子，充實而已，非大而化之者也，故不足於聖人。有常，可與共學者也；善人，可與適道者也；君子，可與立者也；聖人，可與權者也。聖人不可得，則思君子；善人不可得，則思有常。《詩》之《子衿》，先子衿而繼之以子佩；《素冠》，先素冠而繼之以素韡；《褰裳》，先他人而繼之以他士，凡皆思其次者而已，亦此意也。孔子曰：「不得中行而與之，必也狂狷乎？」孟子以琴張、曾皙、牧皮為狂，以不屑不潔之士為狷，則狂可以為善，狷者有恆而已。若夫「亡而為有，虛而為盈，約而為泰，難乎有恆矣」，此《易》所謂「不恒其德」也。蓋虛非亡也，特未盈而已；約非虛也，特約之而已。亡而為有，甚於虛而為盈；虛而為盈，甚於約而為泰，其序如此。

子釣而不綱，弋不射宿。

釣與弋，君子與人同；不綱、不射宿，君子與人異。君子於物，愛之弗仁。其愛之也，不綱、不射宿；其弗仁也，不免於釣、弋。孔子窮而在下，其不忍如此；使達而在上，則其仁可知也。春秋時，有干戈相尋，屠城滅國，舉無噍類，況有釣而不綱者乎？有以乘人之阨，掩人不備而襲之，況有弋不射宿者乎？

子曰：「蓋有不知而作之者，我無是也。多聞，擇其善者而從之；多見而識之，知之次也。」

君子之於學也，遠則聞而知之，近則見而知之。多聞，患於不能擇，能擇則知所從；多見，患於不能識，能識則知所辨，此特知之而已，「吾道一以貫之」，則知之上也。孔子曰：「生而知之者，上也；學而知之者，次也。」則知之次者，學者之事也。曾子、子貢皆聞一貫於孔子，曾子能唯而不能辨，子貢知聽而不知問，則知之上者，聖人之事也。然此未離乎知而已，乃若離一以至於無始，去知以至於無知，則又聖人之妙也。

互鄉難與言。童子見，門人惑。子曰：「與其進也，不與其退也，唯何甚？人潔己以進，與其潔也，不保其往也。」

聖人不以能病人，而常待之以恕，故潔己以進者在所與；不以智逆物，而常繼之以義，故於往在所不保。與其潔，故子路變服而至則教之；不保其往，故宰予與辭於後則聽之。門人不知，而惑於童子之見，孔子示之以「唯何甚」，則不與其潔者甚於所擇也，保其往者甚於所逆也。孔子不為已甚，故韓愈曰：「言辭之不則，禮貌之不答，雖孔子不得行於互鄉也。」孟子之設科，來者不拒，庾則不得，亦此意與？「與其潔」，則所謂污者斯不與矣；「不保其往」，則親於其身，為不善者斯拒之矣。

子曰：「仁遠乎哉？我欲仁，斯仁至矣。」

陳司敗問：「昭公知禮乎？」孔子曰：「知禮。」孔子退，揖巫馬期而進之，曰：「吾聞君子不黨，君子亦黨乎？君取於吳，為同姓，謂之吳孟子。君而知禮，孰不知禮？」巫馬期以告。子曰：「丘也幸，苟有過，人必知之。」

周公之過以親也，孔子之過以君也，過於厚者也。過於厚，以人知之為幸；過於薄，以人不知為幸，故曰：「古之君子，過也，如日月之食，人皆見之；更也，人皆仰之。今之君子，豈徒順之，又從而為之辭。」

子與人歌而善，必使反之，而後和之。

樂者，人情之所不免。君子樂得其道，小人樂得其欲。孔子於《韶》則忘味，於歌之善則和，樂得其道也。

子曰：「文，莫吾猶人也。躬行君子，則吾未之有得。」

行者，君子之務本；文者，君子之餘事。與其行不足而文有餘，不若行有餘而文不足。今吾於文也，不特猶人而已，然躬行君子，未之有得，則是行不

足而文有餘也。蓋時之人，與其文不究其實，而不知其非，故孔子自謂如此，以救其弊。

子曰：「若聖與仁，則吾豈敢？抑為之不厭，誨人不倦，則可謂云爾已矣。」公西華曰：「正唯弟子不能學也。」

聖者，天道之至；仁者，人道之至。語仁之未成名，雖管仲、子產，亦可謂之仁人；語仁之成名，雖孔子，有所不敢。孔子之所不敢，非不敢也，不居之而已。孔子以為不厭、誨不倦為非聖，賜、赤或以為既聖，或以為不能學者，不厭不倦，聖人之所為，而學者之所難也。不曰「學之不厭」而曰「為之不厭」者，蓋曰仁、聖之成名，我不敢居，特為仁、聖之事而已。為仁、聖之事，故學不足以言之。

子疾病，子路請禱。子曰：「有諸？」子路對曰：「有之。誄曰：『禱爾於上下神祇。』」子曰：「丘之禱久矣。」

疾與病合則一，別則異。《周官》疾醫言疾病，獸醫則言病。以人易知，雖疾可見；獸不易察，病而後知，是疾輕於病。子疾病，疾而後至於病。君子於神祇，未疾則禱；眾人於神祇，未疾則不禱，既疾則禱。未疾而禱，禱之以正直；既疾而禱，禱之以祭享。孟子曰：「夭壽不貳，修身以俟之。」所以立命也。禱之以祭享，是貳之也。孔子之疾不禱，無妄之疾，勿藥可也。春秋之時，楚昭王之疾，不禱於河；齊侯之疾，欲誅祝史，賢否可知矣。

子曰：「奢則不孫，儉則固。與其不孫也，寧固。」

奢則僭，故失之不孫；儉則約，故失之固。不孫則其害大，固則其害小。老子於奢則去之，於儉則寶之。管仲之奢，孔子以為不知禮；晏子之儉，曾子以為知禮。此「與其奢也，寧儉；與其不孫也，寧固」，然二者皆非中道。以曹風之奢，魏、晉之儉，皆詩人所刺也。孔子言「寧儉」「寧固」，與「思狂狷」同意。

子曰：「君子坦蕩蕩，小人長戚戚。」

子溫而厲，威而不猛，恭而安。

作德，心逸日休，故坦蕩蕩；作偽，心勞日拙，故長戚戚。君子居易以俟命，大行不加，窮居不損，故有終身之樂，而無一日之憂。小人行險以徼幸，未得則患得，既得則患失，故有終身之憂，而無一旦之樂。此坦蕩蕩、長戚戚所以不同也。「子溫而厲，威而不猛，恭而安」，是亦君子之所謂坦蕩蕩也。蓋

溫而不厲過於柔，威而猛過於剛，恭而不安過於異。子夏曰：「即之溫，聽其言厲。」溫而厲也。《禮》曰「溫而愛」，威而不猛也。子曰「與人恭而有禮」，恭而安也。溫而厲，則處仁以義；威而不猛，則成義以仁；恭而安，則行異以禮。仁而後義，義而後禮，事辭之序也。

泰伯第八

子曰：「泰伯，其可謂至德也已矣。三以天下讓，民無得而稱焉。」

不累於厚利，故三以天下讓；不累於名高，故民無得而稱，此所以為「至德」。太伯之讓則國也，三以天下讓者，以文王之聖有得天下之道故也。《詩》曰「帝作邦作對，自太伯王季」，又曰「文王肇禋，惟周之禎」，則文王有得天下之道也固矣。後世伯夷之遜孤竹，季札之遜吳國，魯隱之遜桓公，宋穆之遜與夷，燕噲之遜子之，韋元成之遜弟勝，東海王強之遜弟陽，鄧彪之遜弟荊，丁鴻之遜弟盛，劉愷之遜弟憲，凡是者多矣。若伯夷、季札，則狥義者也，餘則矯異以取一時之名而已，豈君子之所與哉？然擬於突、忽之兄弟，蒯、輒之父子，其有間矣。

子曰：「恭而無禮則勞，慎而無禮則葸，勇而無禮則亂，直而無禮則絞。君子篤於親，則民興於仁；故舊不遺，則民不偷。」

好勇不好學，其蔽也亂；好直不好學，其蔽也絞。則所謂無禮者，不學之蔽。恭、慎、勇、直，出於德性，而德性本於道學。有是德性，而無禮以節之，故恭則不安而勞，慎則過思而葸，勇則至於悖亂，直則至於絞迫。「脅肩諂笑，病於夏畦」，「恭而無禮則勞」也。「其父攘羊，而子證之」，「直而無禮則絞」也。葸，猶荀卿所謂「諰諰然」也；絞，猶《詩傳》所謂「絢絞」也。《禮》曰：「恭而不中禮謂之給，勇而不中禮謂之逆。」則無禮不特不中禮而已。蓋恭、慎則不及，必跂而進於禮；勇、直則過，必抑而就於禮。禮以仁厚為質而已，故繼之以「君子篤於親，則民興於仁；故舊不遺，則民不偷」。《禮》曰：「親者，毋失其為親；故者，毋失其為故。」《詩》曰：「親親以睦，故舊不遺。」《周官》八政，統馭萬民，一曰親親，二曰敬故。馭以親親，則民莫遺其親；馭以敬故，則民莫慢其故。莫遺其親，則興於仁也；莫慢其故，則不偷矣。後世不知親親，而《角弓》之怨興；不知敬故，而《谷風》之刺作。欲民免於無禮，其可得乎？

曾子有疾，召門弟子曰：「啟予足！啟予手！《詩》曰：『戰戰兢兢，如臨深淵，如履薄冰。』而今而後，吾知免夫，小子！」

父母全而生之，子全而歸之。孔子以不敢毀傷為孝，樂正子以傷足為憂，此曾子所以「戰戰兢兢，如臨深淵，如履薄冰」。蓋賢者之保身，猶之乎諸侯之保國也。故曾子取此詩以明己之孝，《孝經》取此詩以為諸侯之孝也。先啟足而後體者，便於侍疾者故也。《禮》曰：「曾元、曾申坐於足。」

曾子有疾，孟敬子問之。曾子言曰：「鳥之將死，其鳴也哀；人之將死，其言也善。君子所貴乎道者三：動容貌，斯遠暴慢矣；正顏色，斯近信矣；出辭氣，斯遠鄙倍矣。籩豆之事，則有司存。」

道無乎不在，物無乎非道。故默而成之於性命之理，道也；揮而散之於容貌辭氣，亦道也。蓋恭敬達之於容貌，則無暴慢之容貌矣；誠信達之於顏色，則無詐諂之顏色矣；忠順達之於辭氣，則無鄙倍之辭氣矣。於顏色言「近信」，則容貌近禮、辭氣近和可知；於容貌言「遠暴慢」，於辭氣言「遠鄙倍」，則顏色遠誕謾可知。《禮》曰：「禮義之始，在於正容體，齊顏色，順辭令。」又曰：「君子不失足於人，不失色於人，不失口於人。」與此同意。人道，本也；事，末也。末在人，本在仁。君子則事道，有司則事事，故曰：「籩豆之事，則有司存。」此所以告孟敬子也。

曾子曰：「以能問於不能，以多問於寡，有若無，實若虛，犯而不校。昔者吾友嘗從事於斯矣。」

能，言其才；多，言其學。以能問於不能，以多問於寡，其資人者也。有諸己而若無，充實而若虛，其處己者也。以能問於不能，以多問於寡，則學愈博。有若無，實若虛，則德愈充。犯而不校，則恕矣。以能問於不能，至實若虛，不伐善者能之。犯而不校，不遷怒者能之。則曾子所謂吾友者，顏子而已。孔子曰：「以直報怨。」顏子犯而不校者，蓋犯非必怨也。

曾子曰：「可以託六尺之孤，可以寄百里之命，臨大節而不可奪也。君子人與？君子人也。」

託，言其所恃；寄，言其所付。六尺之孤，其責重，故言託；百里之命，其責輕，故言寄。老、莊皆曰：「貴以身為天下，乃可託天下；愛以身為天下，乃可寄天下。」則貴者，不辱其身，而其德尊；愛者，不危其身，而其德殺。於德尊者言託，於德殺者言寄，是託於寄為重，寄於託為輕，通而言之，則一

也。故寓公於《喪服傳》曰「寄公於君」，孟子則曰「託於諸侯」。可以託六尺之孤，仁也；可以寄百里之命，義也；臨大節而不可奪，忠也。苟非君子，孰能與此？

曾子曰：「士不可以不弘毅，任重而道遠。仁以為己任，不亦重乎？死而後已，不亦遠乎？」

士不可以不尚志，不可以不弘毅。弘則張大而有容，毅則致果而有濟。孟子曰：「其為氣也，至大至剛。」蓋人生莫不有剛大之氣，患乎不能尚志以帥之。尚志以帥之，則弘可以致至大，毅可以致至剛，故能任重而道遠。《禮》曰：「仁之為器重，其為道遠，舉者莫能至。」此所以不可不弘毅也。《詩》曰：「惟仲山甫，不侮矜寡，不畏彊禦，德輶如毛。」惟仲山甫舉之，則不侮矜寡，弘也；不畏彊禦，毅也；惟仲山甫舉之，任重也。《記》曰：「斃而已矣。」荀卿曰：「生乎由是道，死乎由是道。」遠之謂也。《坤》言「厚德載物」，《乾》言「自強不息」，則任重者地，道遠者天。道充弘毅至此，則大人之事備。孟子於士尚志，則兼仁義言之，此則言仁不及義者，仁者義之本故也。

子曰：「興於《詩》，立於禮，成於樂。」

學始於言，故興於《詩》；中於行，故立於禮；終於德，故成於樂。禮樂者，成人之事；《詩》者，養蒙之具。孔子之於小子，則曰「何莫學夫《詩》？」於成人，則曰「文之以禮樂」，此《禮》所謂「志之所至，《詩》亦至焉；《詩》之所至，禮亦至焉；禮之所至，樂亦至焉」者也。然「興於《詩》」，非不學禮也，特不可謂之立；「立於禮」，非不知樂也，特不可謂之成。《禮》曰：「十有三年，學樂，誦《詩》，舞《勺》。成童，舞《象》，學射御。二十而冠，始學禮。」《學記》之教人，亦先之以安弦；夔之教冑子，亦先之以樂。於此言「成於樂」，則樂者，學之所終始也。惟其禮樂皆得，謂之有德，然後為修之至矣。荀子曰：「學始於誦《詩》，終於讀《禮》。」是可以與立也。以為學止乎此，則未也。

子曰：「民可使由之，不可使知之。」

聖人制行以人不以己，議道以己不以人。以人不以己，故禮方而卑，所以廣業而其仁顯；以己不以人，故智圓而神，所以崇德而其用藏。顯，故民可使由之；藏，故不可使知之。《易》曰「百姓日用而不知」，孟子曰「終身

由之而不知其道者眾矣」是也。惟其不知，故不可使知之。不可使知之，而必其知，則是以己之所能者病人，以人之所不能者愧人，是雖至於折骨絕筋，亦無益也，此所以有餘不敢盡也。若夫老子所謂「古之善為道者，非以明民」，莊子曰「聖人者，天下之利器，不可以示人」，則進於此矣。

子曰：「好勇疾貧，亂也。人而不仁，疾之已甚，亂也。」

子路好勇矣，然衣敝縕袍而不疾貧，故不為亂。商丘開疾貧矣，然力弱而不好勇，亦不為亂。好勇而不疾貧，則未必為亂；貧而不好勇，則不能為亂，故曰：「好勇疾貧，亂也。」夫鳥窮則搏，獸窮則攫，馬窮則逸，人窮則詐，故於不仁者克核太至，則不肖之心應之，故曰：「人而不仁，疾之已甚，亂也。」蓋不仁者，非不疾之，疾之不可已甚。孔子之不為已甚，老子之言去甚者，此也。疾不仁者，義也；不至於已甚者，智也。《兵法》曰：「寇窮勿追。」亦此意也。

子曰：「如有周公之才之美，使驕且吝，其餘不足觀也已。」

才之美者，莫過於周公；行之醜者，莫甚於驕吝。有周公之才之美，使驕且吝，猶不足觀，又況才美下此者乎？蓋君子以禮存心，故不驕；以仁存心，故不吝。小人以驕滅敬而忘禮，以吝滅愛而忘仁。忘禮與仁，非所謂有德者也，其何以觀之哉？荀卿曰：「弓調，然後求勁；馬服，然後求良。士信慤，然後求智慧；士不信慤，而多智慧，譬之豺狼，不可以身近之。」亦此意也。

子曰：「三年學，不至於穀，不易得也。」

米以不失穀為善，人以不失性為仁。善為仁之體，仁為善之用。孟子以五穀譬仁，則穀者，仁之實也。君子之學，一年則論學取友，七年小成，九年大成。若夫仁，以為己任，死而後已。三年學，其可以至穀哉？此所以樂其自強不息也。莊周曰：「美成在久。」荀卿曰：「真積力久則入。」此之謂也。孔子曰「有能一日用其力於仁」者，蓋謂誘之而已。

子曰：「篤信好學，守死善道，危邦不入，亂邦不居。天下有道則見，無道則隱。

篤信則於道不疑，好學則於道不厭，守死善道則於道不變。學至於此，然後知廢興之有命，去就之有義，故曰：「危邦不入，亂邦不居。天下有道則見，無道則隱。」故君子體龍之潛升以為德，體鳳之顯隱以為行。邦有道，則以道狥身而行；邦無道，則以身狥道而隱。此所謂「當治世而不避其任，遭亂世而

不為苟存」。然有是言也，而言之不必信；有是行也，而行之不必果。故孔子於公山、佛肸之召則欲往，於衛君之亂則欲入，環轍天下，卒老於行而未嘗隱。苟非體常盡變，孰能與此哉？

邦有道，貧且賤焉，恥也；邦無道，富且貴焉，恥也。」

於可仕之時，而無可仕之道，貧且賤焉，恥也；於可退之時，而無必退之志，富且貴焉，恥也。孔子曰：「邦有道，穀，恥也。」孟子曰：「立乎人之本朝，而道不行，恥也。」與「邦無道，富且貴焉，恥也」同一意。

子曰：「不在其位，不謀其政。」

大夫不在其政而謀其政，則謂之犯分；居官不在其政而謀其政，則謂之侵官。此《易》所以言「思不出其位」，而孔子所以言「各司其局」，此「不在其位，不謀其政」也。若夫在天則春、夏、秋、冬，不相易時；在地則東、西、南、北，不相易方；在人則耳、目、口、鼻，不相易用。至於朝廷，不歷位而相與言，不踰階而相揖，大至於天地之理，小至於言語之儀，其定分也猶且不可犯，又況不在其位而謀其政哉。韓之典冠者，加昭侯以衣，非不愛君也，不免越職之誅。晉之將中軍者，將載厲公以車，非不憂君也，不免侵冒之責。故庖人雖廢職，而尸祝者不可以代；御者雖非良，而參乘者不可以呼。此孔子嘗為乘田，則曰「牛羊茁壯長而已」；嘗為委吏，則曰「會計當而已」。曾子不與越寇之事，孟子不以為罪；陽處父易中軍之班，《春秋》以為罪，其以此歟？然則於田常之亂，孔子不在其位而請討；季氏之旅，孔子不在其位而欲救之者，蓋田常之亂，盡人可討；季氏之旅，唯告冉有而已。

子曰：「師摯之始，《關雎》之亂，洋洋乎盈耳哉！」

治污謂之污，治弊謂之弊，治荒謂之荒，治亂謂之亂。《關雎》嘗亂矣，師摯之始，其亂而正之，故「師摯之始，《關雎》之亂，洋洋乎盈耳哉」。《書》曰：「聖謨洋洋。」《禮》曰：「鬼神洋洋乎在其上。」史曰：「洋洋乎美德，役群眾。」則洋洋，盛美之辭。師摯之始，《關雎》之亂，而孔子美之，及其適齊而歎之，則其賢可知矣。

子曰：「狂而不直，侗而不願，悾悾而不信，吾不知之矣。」

狂則進取而無節者也，侗則游移而無守者也，悾則虛中而無實者也。無節而直，無守而願，無實而信。歎未善也，猶出於誠。未善而無誠，則非君子所與也。孔子所以深非，而曰「吾不知之矣」。人之生也，悾侗顓蒙，則悾

而後悃，悃而後狂，於此則先狂而後悃與悾者，蓋狂者，進取善也，狂未以為善也。以其未善而猶不直，則其反常度甚矣。子張色取仁而行違，其狂而不直者與？

子曰：「學如不及，猶恐失之。」

「學如不及，猶恐失之」者，用殆於學，其能有得乎？此文、武所以汲汲，仲尼所以皇皇也。孔子之門人，猶有冉有之自畫，子貢之願息，宰予之晝寢，時之殆於學者多矣，故孔子言此以警之。

子曰：「巍巍乎，舜、禹之有天下也，而不與焉。」

巍巍，言成功之高大也。有天下而不與焉者，如堯之無為而治者也。無為而治者，君子之道，故孟子曰：「君哉，舜也！」孟氏先堯後舜，此先舜、禹而後堯，何也？先堯後舜者，堯、舜先後之序也；先舜、禹而後堯者，以舜、禹之有天下本於堯故也。

子曰：「大哉！堯之為君也。巍巍乎！唯天為大，唯堯則之。蕩蕩乎！民無能名焉。巍巍乎！其有成功也。煥乎！其有文章。」

天任理，人任情。任理則大而公，任情則小而私。堯之為君子，不私其天下，則大而公焉，故曰：「唯天為大，唯堯則之。」《易》曰：「大哉乾元。」《傳》曰：「無為為之謂天。」蓋大而公，然後能無為，則無不為矣。堯之則天，至於「蕩蕩乎！民無能名」，無為也；「巍巍乎！其有成功。煥乎！其有文章」，無不為也。民無能名，故謂之帝；其有成功，故謂之放勳；其有文章，故謂之重華。然堯之則天之大，非美而未大也。則天者，天之合也。舜似堯為美而未大，堯自以為人之不合者，蓋不虐無告，不廢困窮，嘉孺弱而哀婦人，此特堯之緒餘故也。《易》曰：「天垂象，見吉凶，聖人則之。」《詩》曰：「不識不知，順帝之則。」前乎堯者，則其象而已；後乎堯者，順其則而已，故曰：「唯天為大，唯堯則之。」

舜有臣五人而天下治。武王曰：「予有亂臣十人。」子曰：「才難，不其然乎？唐、虞之際，於斯為盛。有婦人焉，九人而已。

以天下與人易，為天下得人難。堯、舜之時，野無遺賢，而舜之治天下者，五人而已。文之時，濟濟多士，武之亂臣，十人而已，故孔子歎其才難也。考之《孟子》，五臣則禹、稷、契、皋陶、伯益是也。考之《書》，則亂臣十人，同心同德是也。《書》稱虢叔，五人之外，周公、太公、召公、畢公

而已。馬融以榮公與焉,非也。子無臣母之義,則所謂婦人者,邑姜而已。馬融以為文母,非也。萇弘曰:「十人同德,周以興。」

三分天下有其二,以服事殷。周之德,其可謂至德也已矣。」

文王有君民之大德,有事君之小心。有君民之大德,故三分天下有其二;有事君之小心,故猶服事殷。如此則不以利累名,不以私累實,其德不可以有加矣,此所以為至德也。不謂文王之至德,而曰周之至德者,以明周之世世修德若文王也。《易》曰「周之盛德」,而此曰「至德」,自其衰世言之,則曰「盛德」;自其以服事殷言之,則曰「至德」。

子曰:「禹,吾無間然矣。菲飲食而致孝乎鬼神,惡衣服而致美乎黻冕,卑宮室而盡力乎溝洫。禹,吾無間然矣。」

厚飲食,美衣服,崇宮室,人之情也。菲而致孝乎鬼神,惡而致美乎黻冕,卑而盡力乎溝洫,所以仁鬼神,仁民也。仁者,盡人道而已。人道盡,則無間矣。《易·乾》元言「大哉」,亨言「大亨」,利言「大利」,《坤》元言「至哉」,柔言「至柔」,靜言「至靜」。堯以德而帝,天道也,故稱「大哉」。文王以業而王,地道也,故稱「至德」。帝道成於堯、舜,王道成於文、武。曰帝王之道而無間者,禹而已,故言禹終之。

論語全解卷五

子罕第九

子罕言利與命與仁。

仁，人道也；命，天道也；利則和同天人之際者也。仁、命，人所難知；利，人所難為。智足以及此，無事於言；智不足以及此，無足以與言，所以罕言也。天之所利，年饑不足博施濟眾，堯、舜猶病，況於人乎？故鮮言之，以利人所難為故也。孔子於利罕言，孟子於利不言，蓋罕言者，利之本；不言者，利之末。

達巷黨人曰：「大哉孔子！博學而無所成名。」子聞之，謂門弟子曰：「吾何執？執御乎？執射乎？吾執御矣。」

顏、閔之徒，或以德行稱，或以政事稱，或以文學稱，或以言語稱，皆其所以成名也。孔子無所不學，而人莫名其所以學；無所不知，而人莫名其所以知，則無所成名也。聖人之於天下，方其人之知我也，則承之以謙，若曰「吾少也賤，故多能鄙事」，「若聖與仁，則吾豈敢」，「君子道者三，我無能焉」，「我於辭命則不能也」；方其人之不知我，則高其言，曰「天生德於予」，「文不在茲乎」，「下學而上達」，「知我者其天乎」，此孔子所以執御而不執射者，以達巷黨人之知我故也。孟子於公孫丑之言既聖則曰「惡是何言」，於距楊、墨，則曰「予欲承三聖」，其抑揚高下，亦若是而已。射與御，皆藝也。古者男子之生，桑弧蓬矢六，以射天地四方，不能者，則辭以負薪之憂。《周官》六藝，先射而後御。《詩》之《叔于田》，先善射而後良御。則射者，古

之所尤重也。孔子於射不敢執，而曰執御者，謙之至也。

子曰：「麻冕，禮也。今也純，儉，吾從眾。拜下，禮也。今拜乎上，泰也。雖違眾，吾從下。」

先王制禮之設，為泰不為儉，為泰不為恭。用可以儉，雖禮有所不行；行在乎恭，雖從有所不從。故眾儉則從儉，眾泰則從禮。從眾者，義也；從禮者，理也。義者，禮之權；理者，禮之經。知禮之經，則考之先王而不謬；知禮之權，則推於當世而可行。三代之所以因革損益者，亦不過如此而已矣。

子絕四：毋意，毋必，毋固，毋我。

聖人之於天下，無適也，無莫也，以誠而已。毋意也，言不必信，行不必果，惟義而已。毋必也，可以止則止，可以仕則仕，趣時而已。毋固也，視人如我，視我如人，非特克己而已。毋我也，莊子曰「於羊棄意」，聖人不必至人無己，此之謂也。雖然，毋意也，有所謂「意」，《易》曰「立象以盡意」是也。毋必也，有所謂「必」，「名之必可言」是也。毋固也，有所謂「固」，「君子固窮」是也。毋我也，有所謂「我」，「以我為隱乎」是也。五行之性，惟火為能毋我，而火於五臟主神。此毋我者，聖人之妙用，故於後言之。毋者，禁止之辭也。孔子之於四者，非無也，特止而不為爾。

子畏於匡，曰：「文王既沒，文不在茲乎？天之將喪斯文也，後死者不得與於斯文也；天之未喪斯文也，匡人其如予何？」

聖人之勇能無懼，如畏於三軍；孟施舍之勇能無懼，而畏於三軍。聖人於內能無懼，於外不能無畏。聖人無懼而畏，如孟施舍同；其所以無懼，與孟施舍異。若孟子不動心，與告子同；其所以不動心，與告子異。老子曰：「人之所畏，不敢不畏。」孟子曰：「五百年必有王者興，其間必有名世者。」由文王至於孔子，以其數則過矣，以其時考之則可矣，故曰：「文王既沒，文不在茲乎？」

太宰問於子貢曰：「夫子聖者與？何其多能也？」子貢曰：「固天縱之將聖，又多能也。」子聞之曰：「太宰知我乎？吾少也賤，故多能鄙事。君子多乎哉？不多也。」牢曰：「子云：『吾不試，故藝。』」

道德者，本也；藝能者，末也。有其本而輔之以末，則不害為君子；若事其末而忘其本，則不免為眾人。周公之多才多藝，與孔子之多能，則多能亦聖人之所不廢，而非其所先也。聖人之於天下，能圓能方，能短能長；流之斯為

川，塞之斯為淵；升則云，潛則淵；仁者見之謂仁，智者見之謂智。太宰見之謂多能，不亦宜乎？

子曰：「吾有知乎哉？無知也。有鄙夫問於我，空空如也。我叩其兩端而竭焉。」

聖人之於人，患其不能學，不倦其所教；患其不能問，不隱其所答。互鄉童子之進，則與之而不拒；鄙夫之問，則叩兩端而竭焉。蓋智及之而誠不至，聖人答之以略；智不及而誠至焉，聖人告之以詳。故於舉一隅不以三隅反者，不竭兩端；於竭兩端者，不舉一隅，此稱物平施也。

子曰：「鳳鳥不至，河不出圖，吾已矣夫！」

子見齊衰者、冕衣裳者與瞽者，見之，雖少，必作；過之，必趨。

君子以仁存心，故見齊衰者則不忍；以禮存心，故見衣裳者則不慢；以誠存心，故見瞽者則不欺。「見之，雖少，必作」，於長者敬之可知矣；「過之，必趨」，於與處者敬之可知矣。見之、過之而未必狎，見齊衰雖褻必以貌，見冕與瞽雖狎必變，夫子居鄉之容也。

顏淵喟然歎曰：「仰之彌高，鑽之彌堅；瞻之在前，忽焉在後。夫子循循然善誘人，博我以文，約我以禮，欲罷不能。既竭吾才，如有所立卓爾。雖欲從之，末由也已。」

仰之彌高，故不可階而升；鑽之彌堅，故不得其門而入。瞻之在前，故隨之不見其後；忽焉在後，故迎之不見其前。「仰之彌高，鑽之彌堅」，聖也；「瞻之在前，忽焉在後」，神也。神與聖，聖人之所獨；文與禮，天下之所同。聖人以所獨者處己，以所同者誘人。「博我以文」，使之窮理；「約我以禮」，使之盡性，此所謂「步亦步，趨亦趨」。「既竭吾才，如有所立卓爾，雖欲從之，末由也已」，此所謂「夫子奔逸絕塵，而瞠乎其後」。揚子曰：「顏子得其行，未得其所以行也。」

子疾病，子路使門人為臣。病閒，曰：「久矣哉，由之行詐也。無臣而為有臣。吾誰欺？欺天乎？且予與其死於臣之手也，無寧死於二三子之手乎？且予縱不得大葬，予死於道路乎？」

子疾病，子路使門人為臣，而孔子以為欺天。夫子之死，門人慾葬以三代之禮，而君子不以為非禮。門人慾厚葬之者，義也；孔子不敢厚葬之，禮也。夫詐則不誠，欺則不忠。不誠則無以行己，不忠則無以事天，故於己言

詐，於天言忠。

子貢曰：「有美玉於斯，韞匵而藏諸？求善賈而沽諸？」子曰：「沽之哉！沽之哉！我待賈者也。」

君子未嘗不欲仕，惡不由道；美玉未嘗不欲沽，惡不待賈。沽之所以行其義，待賈所以珍其道。行其義則不失人，珍其道則不失己。《易》「君子藏器於身，待時而動」，揚子曰「珍其貨而後市」，與此同意。

子欲居九夷。或曰：「陋，如之何？」子曰：「君子居之，何陋之有？」

子曰：「吾自衛反魯，然後樂正，《雅》《頌》各得其所。」

孔子於禮不敢議，執之而已；於樂不敢作，正之而已。季札時，《豳》不居末而次《齊》，《秦》不次《唐》而次《豳》，《魏》不次《齊》而次《秦》，《陳》不次《秦》而次《唐》，《國風》如此，《雅》《頌》可知，孔子所以亟正之。《左傳》哀公十一年，孔子在衛，魯人召之，乃歸，其自衛反魯之時歟？

子曰：「出則事公卿，入則事父兄，喪事不敢不勉，不為酒困，何有於我哉？」

子在川上曰：「逝者如斯夫！不舍晝夜。」

天下之物，無日而不禪，無時而不移，雖天地不能逃其變，舟壑不能固其藏，造化密移，疇覺之哉？此孔子所以有川上之歎也。此即物觀之而已，即理以觀之，則流者未嘗流，逝者未嘗逝。

子曰：「吾未見好德如好色者也。」

子曰：「譬如為山，未成一簣，止，吾止也。譬如平地，雖覆一簣，進，吾往也。」

為譬則學也，地譬則性也。因性以為學，亦猶因地以為山。山幾成而敗，則功雖多而志不足，故曰「吾止也」；為山也，未成而進，則功不多而志有餘，故曰「吾往也」。《書》曰：「為山九仞，功虧一簣。」《春秋傳》曰：「君子惡惡也疾始，而善善也樂終。」為善有始而鮮終，豈君子所樂哉？此孔子所以惡冉求之畫，而與童子之進也。孟子曰：「掘井九軔而不及泉，猶為棄井。」又曰：「仁亦在熟之而已。苟為不熟，不如荑稗。」荀卿曰：「由埒而進，吾與也；由丘而止，吾已矣。自發一矢，不足以為善射；千里之行，一步不至，不足以為善馬。」與此同意。

子曰：「語之而不惰者，其回也與！」

上士聞道，勤而行之；中士聞道，若存若亡。回語之而不惰，勤而行之者也；餘則語之而惰，若存若亡者也。蓋於孔子之言，無所不悅，故能不惰。彼予之晝寢，求之自畫，賜之願息，其能無所不悅哉？夫子所以獨稱回也，於語則不惰，於言則不違。惟不惰，所以能潛心；惟不違，所以能具體。《記》有曰「得一善，則拳拳服膺而勿失之」，不惰之說也。莊子曰：「回坐忘矣。」蓋不違之說也。

子謂顏淵曰：「惜乎！吾見其進也，未見其止也。」

如有所立，其進也，欲罷不能，未見其止也。使回不死而充其庶幾之資，則其為聖也何有？《記》曰：「向道而行，中道而廢，忘身之老也，不知年數之不足也。俛焉日有孳孳，斃而後已。」回之謂歟？

子曰：「苗而不秀者有矣夫！秀而不實者有矣夫！」

《詩》稱「種之黃茂」，而至於「實發實秀」，苗而秀者也。「實發實秀」，至於「實穎實栗」，秀而實者也。古之人以學譬實，以善譬穀，則苗者可欲之善，興之之時也；秀者有諸己之信，立之之時也；實者充實之美，成之之時也。管子曰：「夫方其始也，昫昫乎何其孺子也！其壯也，莊莊乎何其士也！其成也，由由乎何其君子也！」昫昫者，苗也；莊莊者，秀也；由由者，實也。孔子之時，學者多止而不知君子也，苗而不秀者有矣夫！秀而不實者有矣夫！

子曰：「後生可畏，焉知來者之不如今也？四十、五十而無聞焉，斯亦不足畏也已。」

子曰：「年四十而見惡焉，其終也已。」曾子曰：「年三十、四十之間而無藝，則無藝矣；五十而不以善聞，則不聞矣。」

子曰：「法語之言，能無從乎？改之為貴。巽與之言，能無說乎？繹之為貴。說而不繹，從而不改，吾末如之何也已矣。」

人之性，莫不秉彝而好德；人之情，莫不好順而惡逆。以其秉彝而好德，故法語之言不能無從。然物或害之，患不能改，故改之為美。以其好順而惡逆，故巽與之言不能不悅。然不以道，患不能繹，故繹之為貴。昔惠王於孟子之言，亦曰「仁義而已」，是法語之言不能無從而不改。幽王於聽言則對，誦言如醉，是巽與之言不能無悅也。然而不繹，此惠主所以終於不仁，幽王

所以終於無道也。孔子所謂「訓咯人言」，法語之言也。伊尹所謂「有言遜於女志」，巽與之言也。

子曰：「主忠信，毋友不如己者，過則勿憚改。」重出而逸其半。

子曰：「三軍可奪帥也，匹夫不可奪志也。」

三軍之所恃者，帥也；匹夫之可守者，志也。以匹夫視三軍，不若三軍之眾；以帥視志，不若志之固，故曰：「三軍可奪，匹夫不可奪。」蓋見善明，然後用心剛；用心剛，則心之所之者，其銳不可挫，其固不可攻，此所以可親而不可劫，可近而不可迫，可殺而不可辱也。夫以死生之大，猶不得與變，又況窮通之小者乎？故首陽之饑，不能降伯夷之志；齊之卿相，不能動孟子之心。此《儒行》所謂「身可危而志不可奪」。孟子曰：「志，氣之帥也。」氣之帥本諸天，三軍之帥本諸人。本諸人者易奪，本諸天者難奪。此士所以貴尚其志也。《禮》曰：「言有物而行有格也。」是以生則不可奪志，死則不可奪名。

子曰：「衣敝縕袍，與衣狐貉者立，而不恥者，其由也與？『不忮不求，何用不臧？』」子路終身誦之。子曰：「是道也，何足以臧？」

勇或失於忮，貧或失於貪求。勇而不忮，貧而不貪，唯子路能之。蓋懲忿則不忮，窒欲則不求。不忮者可以為仁，而仁不止於不忮；不求者可以為義，而義不止於不求。不忮不求，子路終身誦之，孔子抑之曰：「是道也，何足以臧？」以言是善可以為善，而非成乎善者也。孟子曰：「人能充無欲害人之心，而仁不可勝用；人能充無穿窬之心，而義不可勝用。」是仁義之道，始於不忮不求而已。

子曰：「歲寒，然後知松柏之後雕也。」

歲不寒，不足以知松柏；事不難，不足以見君子。莊子曰：「受命於道，唯松柏獨也。」又曰：「天寒既至，霜露既降，然後知松柏之茂也。」《禮》曰：「若松柏之有心，貫四時而不改柯易葉。」此所以譬君子之操也。老子曰：「六親不和有孝慈，國家昏亂有忠臣。」《傳》曰：「疾風知勁草，亂世識忠臣。」與此同意。

子曰：「知者不惑，仁者不憂，勇者不懼。」

知者自知，不為物蔽，故不惑。仁者自得，不為物役，故不憂。勇者自強，不為物暴，故不懼。知者不惑，亦有時而惑，《易》曰「或躍在淵」是也。仁

者不憂，亦有時而憂，莊子曰「仁人多憂」是也。勇者不懼，亦有時而懼，孔
子曰「臨事而懼」是也。此與《中庸》言「知仁勇者，學之序也」，《憲問篇》
言「仁智勇者，道之序也」，《禮運》言「知仁勇者，用人之序也」，經傳所言
皆先智而後勇。《書》曰：「天乃錫王勇智。」《禮》曰：「以賢勇者興事立功。」
蓋以勇為主故也。

　　子曰：「可與共學，未可與適道；可與適道，未可與立；可與立，未可與
權。」

　　「唐棣之華，偏其反而。豈不爾思？室是遠而。」子曰：「未之思也，夫
何遠之有？」

　　子游、子夏得其學，故可與共學；未得其所以學，故未可與適道。宰我、
子貢得其言，故可與適道；未得其所以言，故未可與立。顏回、閔子得其行，
故可與立；未得其所以行，故未可與權。可與權者，聖人而已。揚子曰：「聖
人固多變也。」「唐棣」則喻權之用，「室」則喻權之道。權者反而後合，故
曰：「唐棣之華，偏其反而。」不知返者，視邇以為遠，故曰：「豈不爾思？
室是遠而。」孔子曰：「未之思也，夫何遠之有？」以言權者，性之所固有，
求諸己而已。

鄉黨第十

　　孔子於鄉黨，恂恂如也，似不能言者。其在宗廟朝廷，便便言，唯謹爾。
　　道與之才，聖人達之以為藝；道與之貌，聖人達之以為儀。前言執射、
執御，聖人之藝也；此言鄉黨之禮，聖人之儀也。然聖人之行禮，不以居家
者施之鄉，不以居鄉者施之朝，故於燕居則申申，於鄉黨則恂恂，於朝廟則
便便，凡皆異之以稱物，同之以平施而已。恂恂，德性之謂也；便便，辨治
之謂也。鄉黨貴德信，則遜而無所辨，故「似不能言」；朝廟貴辨，而不可不
敬，故曰「便便唯謹」。《周禮》司徒教民以孝友睦婣，而繼之以任恤，此鄉
黨貴德信者也。《禮記》言「朝極辨」，此朝廷貴辨治者也。子入太廟，每事
問。《周禮》禁慢朝錯立族談者，孟子謂「朝廷不歷位而相與言」，《禮》曰「在
朝言朝」，此「便便言，唯謹爾」也。《禮》言庶子在宗廟之中，如在外朝之
位。此言夫子在宗廟朝廷，皆「便便言，唯謹爾」者也。宗廟朝廷之禮，一
也。以孔子觀之，「色勃如，足躩如，入君之門則鞠躬如不容，執君之圭則鞠
躬如不勝」，與上大夫言則誾誾，與下大夫言則侃侃，動容周旋，無不中禮，

則禮之為用可知矣。《詩》云:「攝以威儀,威儀孔時。」此之謂歟?

朝,與下大夫言,侃侃如也;與上大夫言,誾誾如也。君在,踧踖如也,與與如也。

侃侃,和也;誾誾,敬也。踧踖,則恭而安;與與,則有相與之意。下交不瀆,故與下大夫言侃侃如;上交不諂,故與上大夫言誾誾如。恭而失相與之意則不親,有相與之意而不恭則不敬。君在,踧踖如也,尊之也;與與如也,親之也。閔子侍側,誾誾如也;冉有、子貢,侃侃如也。閔子以孔子交乎上者侍孔子,冉有、子貢以孔子交乎下者侍孔子,此三子之賢所以不同也。《詩》曰:「執爨踖踖,我黍與與。」則踖踖者,安而不遽;與與者,相與之謂也。

君召使擯,色勃如也,足躩如也。揖所與立,左右手,衣前後,襜如也。趨進,翼如也。賓退,必復命曰:「賓不顧矣。」

朝聘之禮,主有擯,賓有介。公則擯五人,侯、伯四人,子、男三人;公則七介,侯、伯五介,子、男三介。擯有紹擯,有上擯,介有眾介。如此,然後命有所傳,情有所達,而不相瀆也。「君召使擯,色勃如也」,其容不特莊而已;「足躩如也」,其容不特重而已;「揖所與立,左右手,衣前後,襜如也」,其容不特恭而已。孟子稱齊王「勃然變乎色」,《易》以虩虩為之不安,則勃如,色之變也;躩如,足之不定也。夫擯進則揖遜,退則不顧。揖遜者,難進也;不顧者,易退也。聘禮、公食大夫禮,公既拜送,然後言「賓不顧」,皆擯者復命之辭。《周官·掌訝》「詔其位,入復,及退,如之」,退亦入復,所謂「賓退,必復命」也。

入公門,鞠躬如也,如不容。立不中門,行不履閾。過位,色勃如也,足躩如也,其言似不足者。攝齊升堂,鞠躬如也,屏氣似不息者。出,降一等,逞顏色,怡怡如也。沒階,趨進,翼如也。復其位,踧踖如也。

執圭,鞠躬如也,如不勝。上如揖,下如授。勃如戰色,足蹜蹜如有循。

立中門則嫌於自尊,行履閾則嫌於自高。過位,過君之位也。勃如戰色,如戰陣之色也。足蹜蹜如有循,旁緣而有循也。《禮》曰:「士大夫出入君門,由闑右,不履閾。」「立不中門,行不履閾」之謂也。又曰:「執主器,執輕如不克。執玉器,操幣、圭、璧,行不舉足。」「如不勝」之謂也。《玉藻》曰:「執龜玉,舉前曳踵,蹜蹜如也。」《儀禮》曰:「執玉者惟舒武,舉前曳踵。」「足蹜蹜如有循」之謂也。入公門,如升堂,如執圭,故皆曰「鞠躬

如也」。過位，如使擯，故皆曰「色勃如也，足躩如也」。復其位，如君在，故皆曰「踧踖如也」。沒階，趨，亦如君召使擯，故皆曰「趨進，翼如也」。非夫動容周旋、盛德中禮之至者，誰能至此？

享禮，有容色。私覿，愉愉如也。

享，致其禮；私覿，致其情。致其禮則尚敬，致其情則尚和，故「愉愉如也」。《禮記》言：「賓私覿私面，致饔餼，還圭璋。」《周禮·司儀》言：「私面私獻。」《春秋傳》曰：楚公子棄疾見鄭伯，以其良馬私面。則私覿固有獻矣。蓋言享，則知私覿之為獻；言私覿，則知享之為公，互相備也。然使而私覿，則禮也；覿而私覿，則非禮也。故《禮記》曰：「朝覿，大夫之私覿，非禮也。」

君子不以紺緅飾，紅紫不以為褻服。當暑，袗絺綌，必表而出之。

色未及緇為緅，色過於緇為紺。《考工記·鍾氏》五入為緅，是未及緇也。列子曰：「以涅染紺而緅於涅。」是紺過於緅也。火剋金為紅，南方之間色，其義則陽侵陰。水剋火為紫，北方之間色，其義則陰侵陽。君子不以紺，為其近齊服也；不以緅，為其近練服也；不以紅紫為褻服，為其非正色也。不以為飾，則不以為衣可知；不以為褻服，則不以為正服可知。當暑，袗絺綌，不入公門，必表而出之，《詩》所謂「蒙彼縐絺」是也。《曲禮》《玉藻》皆言「袗絺綌，不入公門」，此眾人之禮也。孔子袗絺綌必表而出，非特不入公門而已。

緇衣，羔裘；素衣，麑裘；黃衣，狐裘。

《禮記》曰：「麑裘素衣以裼之，羔裘緇衣以裼之，狐裘黃衣以裼之。」則緇衣羔裘、素衣麑裘、黃衣狐裘者，稱其色以裼之也。羔之色黑，其性則群而有禮；麑之色白，其性則弱而善愛；狐之色黃，其性則黃而多正。緇所以象道，素所以象義。黃在坤，象方物。朝廷者，道與禮之所自出，故於緇衣羔裘為朝服。喪則仁義之盡，故以素衣麑裘為喪服。蠟所以息老物，故以黃衣狐裘為蠟服。此皆色之純者也。然有所不必純，則純者所以相稱，其不純者所以相成，故《記》曰：「狐白裘，錦裼之；狐青裘，玄裼之。」

褻裘長，短右袂，必有寢衣，長一身有半。

天不足西北，故人之右目不如左明；地不滿東南，故人之手足右強。右強則有利於用，故右短袂以便作事。正裘所以行有禮，故不長；褻裘取溫，故長。

狐貉之厚以居。

先王之製衣服，有以成德者，有以稱德者。成德者外成乎內，稱德者外稱乎內。孔子曰：「衰麻苴杖者，志不存乎樂，非耳勿聞，服使然也。黼黻衰冕者，容不褻慢，非性矜莊，服使然也。介胄執戈者，無退懦之氣，非體絕猛，服故也。」此以外成乎內也。莊子曰：「冠圜冠者知天時，履勾履者知地形，緩佩玦者事至而斷。」此以外稱乎內也。狐之性善疑而戒，貉之性善明而靜，居則戒於外而靜於內，故裘必以狐貉，取溫而已，故必厚。《詩》曰：「一之日于貉，取彼狐狸，為公子裘。」豳民以貉為裘，以狐狸為公子裘，是狐裘美於貉矣，故先狐後貉。

去喪，無所不佩。

佩所以致飾，喪則去飾矣，故去而不佩。「去喪，無所不佩」，《禮》曰「君子無故，玉不去身。凡帶必有佩玉，惟喪否」是也。昔石駘仲卒，卜所以為後者，石祁子不沐浴，佩玉而兆。若祁子，可謂知禮矣。然是禮也，非必終喪然也。《禮》曰：「禫而纖，無所不佩。」

非帷裳，必殺之，羔裘玄冠不以弔。

《詩》曰：「漸車帷裳。」則帷裳者，《周禮·巾車》所謂「華蓋」是也。羔裘，朝服也；玄冠，祭服也。季桓子死，魯大夫朝服而弔。孔子曰：「始死，羔裘玄冠者，易之而已。」蓋始死，主人未變服，則羔裘玄冠可也；及小斂，則主人變服，羔裘玄冠以弔，非禮也。子游裼裘而弔，魯子始譏，而後是之。然則曾子之知禮，其知子游之後乎？朝服言裘不言冠，祭服言冠不言裘，互相備也。

吉月，必朝服而朝。

《周禮》言正月之吉，《詩》言二月初吉，朔月謂之吉者，明生之幾故也。魯自文公始廢告朔之禮，孔子吉月猶必朝服而朝，所以存禮也。《周官》設璧羨以起度，孔子不去餼羊以存告朔，孟子不毀明堂以存王政，皆救世之苦心也。孔子吉月之朝，知者以為存禮，不知者以為諂也。

齊，必有明衣，布。齊必變食。

齊所以致精明之德於內，而防其邪物於外，故不御於內，不聽樂，不弔，不賓，不飲酒，不膳葷。喪者、凶者則不見，苟慮、苟動則不聞，然後可交於神明，此所以必有明衣與變食也。謂之明衣，以致其精明之德也。布，以其有

齊素之心也。變食，與《周禮》「王齊日三舉」同意。然此第祭祀之齊，非心齊也。心齊則致虛而已，何物之能累者哉？《士喪禮》亦有明衣，蓋君子齊終之意也。

居必遷坐。

久立傷骨，久行傷筋，久臥傷氣，久坐傷肉，久視傷血。居必遷坐，非久坐也。

食不厭精，膾不厭細。食饐而餲，魚餒而肉敗，不食。色惡，不食。臭惡，不食。失飪，不食。不時，不食。割不正，不食。不得其醬，不食。肉雖多，不使勝食氣。惟酒無量，不及亂。沽酒市脯，不食。不撤薑食，不多食。祭於公，不宿肉。祭肉不出三日。出三日，不食之矣。

飲食所以存生，亦所以害生；所以養形，亦所以累形。為其有以累形，故不恥惡衣惡食；為其有以害生，故食不厭精。夫肉曰敗，魚曰餒，敗則外腐，餒則中潰。色惡，色之變也；臭惡，氣之變也。然臭惡不特氣之變而已，若牛齝、羊羶、犬臊、鳥狸、豕腥、馬螻之類，皆是也。《禮》曰：「天不生，地不養，君子不以為禮，鬼神勿嚮也。」又曰：「五穀不時，穀實未熟，不粥於市。」召信臣曰：「不時之物，有傷於人，不宜以奉供養。」漢之鄧后，亦禁不時之物，此之謂「不時，不食」也。《禮》曰：「骨有貴賤，貴者取貴骨，賤者取賤骨。」此所以「割不正，不食」也。蓋不時不食，不可食也；割不正不食，不安食也。神農氏曰：「醬除墊不煩，薑去臭通神。」不得其醬不食，《禮》所謂魚膾、芥醬、麋腥、醢醬之類是也。不撤薑食，《禮》所謂「飲食必有草木之滋」是也。夫天產養精，所以作陰德；地產養形，所以作陽德。不以作陰德者勝陽德，故曰「肉雖多，不使勝食氣」。惟酒無量，如酌孔取是也；不及亂，不為酒困是也；不多食，節飲食是也。

食不語，寢不言，雖蔬食菜羹，瓜祭，必齊如也。

席不正，不坐。鄉人飲酒，杖者出，斯出矣。

直言曰言，論難曰語。食不語者必不言，寢不言者不必不語。君子不以菲廢禮，故「雖蔬食菜羹，瓜祭，必齊如也」。席之所向非所向，所止非所止，非理也。故「席不正，不坐」。疾行先長，謂之不弟；徐行後長，謂之弟，故「鄉人飲酒，杖者出，斯出矣」。

鄉人儺，朝服而立於阼階。

孝莫大於寧親，寧親莫大於寧神。鄉人儺，則神有所不寧，故朝服立於阼階，所以寧之也。此與《方相氏》《月令》皆曰儺，《郊特牲》則曰禓。禓者，即謂之儺。以狂夫為之，狂則陽過之疾者也。以陽勝陰，則謂之禓；去其為難者，則謂之儺，其實一也。《方相氏》以時儺者，占夢季冬，令始儺，則所謂時儺者，季冬而已。蓋冬者，萬物歸根之時，先王因其歸根之時而為之驅、贈之禮，故占夢季冬，贈吉夢，去惡夢，男巫冬堂贈，則儺於是時也宜矣。《月令》仲春秋皆有儺，非周制也。

問人於他邦，再拜而送之。

康子饋藥，拜而受之，曰：「丘未達，不敢嘗。」

廄焚。子退朝，曰：「傷人乎？」不問馬。

饋藥而不敢嘗，慎疾故也。廄焚，不問馬，重人故也。《傳》曰：國廄焚，子退朝而之火所，鄉人有為火來者。蓋問人曰仁也，拜之者禮也。昔魯桓僖廟災，救火者皆曰顧府。南宮敬叔至，命周人出御書。子服景伯至，命宰人出禮書。公父文伯至，命校人駕乘車。季桓子至，命救化者傷人則止，財可為也，命藏象魏。富父槐至，去表之槀。其所命不同，要急於重人而已，而書次傳命駕車，與顧府者其異乎？夫子之問人不問馬也，蓋亦遠矣。

君賜食，必正席先嘗之。君賜腥，必熟而薦之。君賜生，必畜之。侍食於君，君祭，先飯。疾，君視之，東首，加朝服，拖紳。

君賜食，必正席先嘗之，敬君惠也。君賜腥，必熟而薦之，榮君惠也。君賜生，必畜之，仁君惠也。《禮》曰：「侍食於君子，先飯而後已。」又曰：「侍食於先生，異爵者，後祭先飯。」夫於先生、君子，其敬尚如此，況侍於君側乎？此《禮》所以言「君客之，則先飯，辨嘗羞，飲而俟」也。《禮》曰：「君有疾，飲藥，臣先嘗之。親有疾，飲藥，子先嘗之。」亦嘗食之意也。古者於爨則祭先炊，於田則祭田祖，於樂則祭樂祖，於開龜則祭先卜，於養老則祭先老，於學則祭先聖先師，於馬則祭馬祖先牧，於射則祭侯，於駕則祭車，以至師田有禡，飲食有祭，皆所以不忘本也。君之祭，仁也，而禮存焉。臣之先飯，禮也，而仁存焉。

君命召，不俟駕行矣。

「父命呼，唯而不諾，手執業則投之，食在口則吐之，走而勿趨。」為人

臣者，「資於事父以事君而敬同」，此所以不俟駕也。《詩》云：「顛之倒之，自公召之。」《禮》曰：「在官不視履，在外不俟車。」荀卿曰：「諸侯召，不俟駕而走，禮也。」然當其為臣則可召，當其為師則不可召。可召而不遄往則非禮，不可召而往焉則非義。孔子不俟駕，孟子辭以疾者以此。

入太廟，每事問。重出。

朋友死，無所歸，曰：「於我殯。」

子夏問曰：「客至，無所舍。」夫子曰：「於我乎館。」「客死，無所殯。」夫子曰：「於我乎殯。」「禮與？仁與？」子曰：「仁者制禮。」蓋禮非仁不立，仁非禮不行。生，於我乎館，禮也，而仁存焉；死，於我乎殯，仁也，而禮亦存焉。

朋友之饋，雖車馬，非祭肉，不拜。

車馬雖重，為禮輕；祭肉雖輕，為禮重，故「朋友之賜，雖車馬，非祭肉，不拜」。若夫於君賜車馬，乘以拜；賜衣服，服以拜；賜酒肉之賜，必再拜，則無所不拜矣。

寢不尸，居不容。見齊衰者，雖狎，必變。見冕者與瞽者，雖褻，必以貌。凶服者式之。式負版者。

素相親近者為狎，齊衰者雖與之狎，近，變其色，所以哀有喪也。數相見面者為褻，冕與瞽者雖與之褻，見，必盡其禮，所以致其敬也。凶服者，不但齊衰而已。孔子過泰山側，有婦人哭而哀，式而聽之。式，凶服也。《周官》之法，生齒以上書於版，則版，民數也。孔子式負版者，重民數也。觀司寇之登民數，以王之尊，猶拜而受之；以冢宰之貴，猶式之而已。孔子之式，不亦宜乎？

有盛饌，必變色而作。迅雷風烈，必變。

食至起，則不必變色。有盛饌，則變色而作。孔子曰「主人不以禮，客不敢盡禮。主人既盡禮，客亦不敢不盡禮」者也。《禮》曰：「有疾風、迅雷、甚雨，則必變，雖夜亦必興，服衣冠而坐。」《詩》曰：「敬天之怒，無敢戲豫。敬天之渝，無敢馳驅。」皆恐懼修省之意也。

升車，必正立，執綏。車中不內顧，不疾言，不親指。

升車，執綏，不親指，手不失儀也；不內顧，首不失儀也；不疾言，口不失儀也。《周官·道右》所謂車儀者，此也。然《禮記》言「不廣欬，不妄

指，顧不過轂」，此言「不內顧，不疾言，不親指」者，不廣欬，不必不疾言；不疾言，不特不廣欬而已。不妄指，不必不親指；不親指，不特不妄指而已。顧不過轂，不必不內顧；不內顧，不特不過轂而已。《論語》言孔子為人臣之禮，故其禮特過於嚴；《記》言為人君之事，故其禮不妨於稍寬。

　　色斯舉矣，翔而後集。曰：「山梁雌雉，時哉時哉！」子路共之，三嗅而作。

　　衛靈公望鴈，色不在焉，而我孔子遂行，此所謂「色斯舉矣」。孔子曰：「鳥能擇木，木豈能擇鳥？」此之謂「翔而後集」也。色斯舉矣，易退也；翔而後集，難進也。「色斯舉矣，翔而後集」者，臣之道也，故以雌雉繼焉。雌雉之為物，其別有倫，禮也；其交有時，義也。君子出處以時，去就以道，亦若是焉而已。孔子歎雌雉於山梁，亦此意也。他日，子路共之，三嗅而作，其能識去就之宜也。共，與《周禮》「共舉」之共同。

論語全解卷六

先進第十一

子曰：「先進於禮樂，野人也；後進於禮樂，君子也。如用之，則吾從先進。」

時有先後，禮樂有文質。先進於禮樂，惟其寔而文不足，故曰野人。後進於禮樂，惟其文而已，故曰君子。惟其文，則非躬行者也，故欲從先進以救之，以其矯枉以直，救時以正。孔子筮，得《賁》卦，其色愀然，與此仝意。《論語》之言文質，有曰「從周」「從先進」，有曰「彬彬」。彬彬者，道之中。「從周」「從先進」者，時之中。《洪範》三德，其施於「爕強平康」，亦若是而已。

子曰：「從我於陳、蔡者，皆不及門也。」德行：顏淵、閔子騫、冉伯牛、仲弓。言語：宰我、子貢。政事：冉有、季路。文學：子游、子夏。

子曰：「回也，非助我者也，於吾言無所不說。」

門者，道之微；室者，道之妙。自門以徂堂，入室之理也；由微以至妙，入道之序也。孔子之門，淵、騫之徒從之也久，造之也深，其上有至於在寢，其下有至於升堂，故列之四科。於陳、蔡者，則後其所從，皆不及門，孔子所以憫之也。夫德則成之以行，言則成之以語，政則成之以事，文則成之以學。德行所以行道，言語所以明道，政事則治人而已，文學則道學而已。由仲弓而上，則具體而微者也；由仲弓而下，則得其一體者也。其具體而微則同，其所以具體而微則異，故先顏、閔而後伯牛、仲弓。其得一體則同，而其所以得一體則異，故先言語而後政事、文學。《禮》曰：「或以德進，或以

事舉，或以言揚。」其序與此不同者，學道以言語為優，取人以政事為先也。子張之才與於四友，曾子之孝幾於德行，而四科不稱之者，蓋論四科之時，二子之才未成故也。夫以二子之才未成，猶不列於四科，彼許商以四科論士，王莽以四科取士，不亦偽哉？

子曰：「孝哉，閔子騫！人不間於其父母昆弟之言。」

孝於德為本，於行為大。閔子騫盡孝之道，能和睦而無怨者也，故「人不間於其父母兄弟之言」。曾參之孝，特可語之以和睦無怨而已，故或告其殺人，而母疑之也。《亢倉子》曰：「閔子善事父母，交遊稱其信，鄉黨稱其仁，宗族稱其弟。」德行之人溢於天下，所以「人不間於其父母兄弟之言」也。

南容三復白圭，孔子以其兄之子妻之。

《傳》曰：「一言而非，駟馬勿追；一言而急，駟馬勿及。」故在天有卷舌之星，在周廟有金人之銘。是言者，榮辱之主，禍福之機，不可不慎也。南容誦《詩》，至白圭而三復，可謂能慎矣。此所以「邦無道，免於刑戮」。

季康子問：「弟子孰為好學？」孔子對曰：「有顏回者好學，不幸短命死矣，今也則亡。」

君子之於天下，異之以稱物，同之以平施。與上大夫言，至於闇闇；與下大夫言，則侃侃而已。對君與大夫，可以同之哉？故對哀公則詳，對康子則略。

顏淵死，顏路請子之車以為之槨。子曰：「才不才，亦各言其子也。鯉也死，有棺而無槨。吾不徒行以為之槨。以吾從大夫之後，不可徒行也。」

顏淵死。子曰：「噫！天喪予！天喪予！」

顏淵死，子哭之慟。從者曰：「子慟矣！」曰：「有慟乎？非夫人之為慟而誰為？」

顏淵死，門人慾厚葬之。子曰：「不可。」門人厚葬之。子曰：「回也視予猶父也，予不得視猶子也。非我也，夫二三子也。」

君子之於人，不以義掩恩，不以恩掩義。以義掩恩，君子之所不忍；以恩掩義，君子之所不敢。顏淵死，而子哭之慟者，恩也。顏路請車以槨，而不與之，義也。孟子曰：「不得，不可以為悅；無財，不可以為悅。得之為有財，古之人皆用之。」然則顏淵之貧，非所謂有財；其賤也，非所謂得之。此孔子所以不與之車，而以門人厚葬為不可也。回之死，門人厚葬之，孔子

以為不可。孔子之死，門人以三代之禮葬之，君子不以為非者，蓋有孔子之德，然後可葬以人所不可行之禮。若無其德如孔子，而亦可以為師者，門人厚葬之，則過矣。孔子曰「才不才，亦各言其子」，則與墨翟「愛無差等」異。曰「天喪予」，則與哀公「天祝予，天祝予」同。鯉之死先於顏淵，《史記》以顏淵之死先於鯉，妄矣。

季路問事鬼神。子曰：「未能事人，焉能事鬼？」「敢問死。」曰：「未知生，焉知死？」

善教者不陵節，善學者不躐等。子路問事鬼與知死，躐等也；孔子不告之，不陵節也。蓋盡事人之道則知事鬼，盡知生之理則可以知死。死生之說，鬼神之情狀，非夫原始要終，極物知變，孰與此哉？然子貢問死者之所知而不告，宰予問鬼神之名而告之，其不告與此同，其告與此異者，蓋所告者事鬼之事，不告者事鬼之道也。《易》以知死生先於鬼神，子路之問則先事鬼而後及知死者，蓋問事鬼而不可得，然後及於其次者。

閔子侍側，誾誾如也；子路，行行如也；冉有、子貢，侃侃如也。子樂。「若由也，不得其死然。」

老子曰：「柔弱者生之徒，剛強者死之徒。」周廟之銘曰：「強梁者不得其死，好勝者必遇其敵。」故子路之行行，孔子曰「若由也，不得其死然」。顏淵曰：「力猛於德，而得其死者，鮮矣。」然則子路之與盆成括有以異乎？曰：括不聞道而小有才，有必死之道；由聞道而不能法，有不得其死之道。有必死之道，不免為小人；有不得其死之道，無害為君子。

魯人為長府，閔子騫曰：「仍舊貫，如之何？何必改作？」子曰：「夫人不言，言必有中。」

利不百者不變法，功不十者不易器。魯人為長府，於利則不百，於功則不十，特傷財勞民而已，閔子所以言「仍舊貫，如之何？何必改作」也。「言必有中」，與孔子之言皆中時病者同一意。

子曰：「由之瑟奚為於丘之門？」門人不敬子路。子曰：「由也升堂矣，未入於室也。」

孔子之意，欲子路之進於道也，則抑之；欲門人之知子路也，則又譽之。抑之者，仁也；譽之者，義也。

子貢問：「師與商也孰賢？」子曰：「師也過，商也不及。」曰：「然則師愈與？」子曰：「過猶不及。」

子曰「師也辟」，子游曰「吾友張也，為難能也」，過也。子謂子夏曰「無為小人儒」，子游曰：「子夏之門人小子，當灑掃、應對、進退則可矣，抑末也。本之則無，如之何？」不及也。由世俗言之，則過優於不及；由禮義以觀之，則過猶不及而已。是故賢者過之，不肖者不及，而道之不明一也；智者過之，愚者不及，而道之不行一也。墨翟之「兼愛」，楊朱之「為我」，其於害道一也；單豹之「養內」，張毅之「養外」，其於傷生一也。或失之多，或失之寡，皆學者之弊；或徐而甘，或疾而苦，皆輪人之患。華無實，實無華，皆不足以為禮；事勝辭，辭勝事，皆不足以為經。然則過與不及，豈相遠哉？《禮記》言子夏除喪而見，予之瑟，彈之而不成聲；子張除喪而見，予之瑟，彈之而成聲。夫子夏善哀於已三年之內，子張忘哀於才三年之際，則是商也過，師也不及，與此不同，何也？《孔子家語》《毛氏詩傳》言子夏援琴，衎衎而樂；損援琴，切切而哀。蓋《家語》可信，而《記》可疑。

季氏富於周公，而求也為之聚斂而附益之。子曰：「非吾徒也，小子鳴鼓而攻之可也。」

喻於義者，君子之事；喻於利者，小人之事。冉有學君子之道，而為小人之事，故曰「非吾徒也，小子鳴鼓而攻之可也」。夫隱惡而揚善者，孔子之心；鳴鼓而攻之者，孔子之所不得已也。《易·夬》「揚於王庭」，《周官》「戮而罰之」，皆鳴鼓而攻之之意也。《禮》曰：「百乘之家，不畜聚斂之臣。與其有聚斂之臣，寧有盜臣。」蓋聚斂之臣，倚法以削，而其害大；盜臣取非其有，而其害小。其害大者，孟子以為民賊；其害小者，《周官》以為邦盜而已。由此觀之，則冉求之見惡於孔子宜矣。然對季康子之問從政則取之，此則攻之，何也？君子之於人，不以所短廢所長，亦不以所長蔽所短。其取之者，仁也；其攻之者，義也。孔子不以管仲不知禮為不仁，亦不以管仲之仁為知禮。《春秋》不以僖公之有頌而隱其非，不以《春秋》之有貶而沒其美，亦猶是也。

柴也愚，參也魯，師也辟，由也喭。

子曰：「回也其庶乎，屢空。賜不受命，而貨殖焉，億則屢中。」

愚則不智，魯則不中，喭則不怯。子路使子羔為費宰，孔子以為賊夫人之子，及為成宰，犯人之禾而不庚，此柴之愚也。以子游裼裘而弔為禮，以孔子死欲速朽、喪欲速貧之言為是，此參之魯也。子貢仕於魯，廢著鬻財於齊、魯

之間，此貨殖者也。郯子執玉，高其容仰；定公執玉，卑其容俯。子貢視之，以為皆死焉，此「億則屢中」者也。貨殖不受命，不足為知天，屢中不足為知人。惟回之屢空為庶，以其安命故也。蓋柴、師、參、由蔽於性，求、賜累於物，惟回則不然，此所以為庶也。

子張問善人之道。子曰：「不踐迹，亦不入於室。」
子曰：「論篤是與，君子者乎？色莊者乎？」
所存者在心，所行者在迹。心過於迹，則於君子為有餘；迹過於心，則於善人為不足。蓋善人之道，未能有諸己者也。未能有諸己，則必以心踐迹，然後能入於室。子張禹行舜趨，夷考其行而不掩迹焉，不踐迹者也，故答之以「不踐迹，亦不入於室」。然又曰：「論篤是與，君子者乎？色莊者乎？」謂躬行君子則善矣，色莊則不足於善。論不篤者，以色莊為善人；論篤者，則與君子而已。子張能莊而不能誠，故告之如此。《易》曰：「元者，善之長。」君子體仁，足以長人。是善者，仁之體；仁者，善之用。子張未足於善人，則其難與並為仁也固矣。

子路問：「聞斯行諸？」子曰：「有父兄在，如之何其聞斯行之？」冉有問：「聞斯行諸？」子曰：「聞斯行之。」公西華曰：「由也問『聞斯行諸』，子曰『有父兄在』；求也問『聞斯行諸』，子曰『聞斯行之』。赤也惑，敢問。」子曰：「求也退，故進之；由也兼人，故退之。」
善醫者之於人，補其不足，損其有餘；善教者之於人，長其善，救其失。此所以於「求也退，故進之；由也兼人，故退之」也。為人子者，無私喜，無私怒；出必告，反必面；不有其身，不私財，不私其食饗，不擅於稅入。有父兄在，聞斯行諸，其亦可乎？曰：告於父兄，禮也；聞斯行諸，義也。昔舜之娶，君子以為猶告，則聞斯行諸，君子有時為之矣。《易》曰「過其祖」是也。蓋由之有聞，未之能行，惟恐有聞，故教之以禮，而抑其過。求悅夫子之道，以力不足而自畫，故教之以義，而勉其不及。若夫道無二子之蔽，則行禮以義，守義以禮，惟其當而已。

子畏於匡，顏淵後。子曰：「吾以女為死矣。」曰：「子在，回何敢死？」
弟之於師，猶臣之於君。臣之於君，君在與在，君亡與亡，故回曰：「子在，回何敢死？」《傳》曰：「死者非難，處死者難。」若回，可謂知處死矣。衛君之難，孔子於柴知其來，於由知其死。及匡之難，孔子於回則疑之。何也？

君子之善死，義也；或不免焉，命也。義固可知而不可必，命則難諶而不可知。孔子之於匡，畏所不可不畏；於顏淵也，疑所不可不疑。

季子然問：「仲由、冉求可謂大臣與？」子曰：「吾以子為異之問，曾由與求之問。所謂大臣者，以道事君，不可則止。今由與求也，可謂具臣矣。」曰：「然則從之者與？」子曰：「弑父與君，亦不從也。」

大臣事君以道，具臣事君以才。事君以道，故能致君於堯、舜之隆，措世於禮樂之盛，及其不可，則止而已。事君以才，則智足以傲一官，能足以傲一職，及其不可，則從之而已。仲由足于果不足於藝，冉求足於藝不足于果，季氏旅於泰山而不能救，伐顓臾而不能諫，而又不能致之而去，是備位者也，故曰「具臣」。然弑父與君而從之，則孟子所謂「亂臣」者也。由、求於大臣則不能，於姦臣則不為，故曰「弑父與君，亦不從也」。齊、魯二生，漢召之而不至，且曰「禮樂必百年而後興」，是待天下以不仁也。楊子謂之大臣，過矣。

子路使子羔為費宰。子曰：「賊夫人之子。」子路曰：「有民人焉，有社稷焉，何必讀書，然後為學？」子曰：「是故惡夫佞者。」

聞學而後從政，未聞以政學者也。故先人民、社稷而學之，則事至而辦；後人民、社稷而學之，則菑事煩矣。孔子喜開、點之不願仕，而惡子路以子羔為費宰，則學其可忽哉？夫有才而不聞道，猶足以殺身，則不學而仕者，不能無害，故曰「賊夫人之子」。子產論尹何為邑，亦猶是也。

子路、曾皙、冉有、公西華侍坐。子曰：「以吾一日長乎爾，毋吾以也。居則曰：『不吾知也。』如或知爾，則何以哉？」子路率爾而對曰：「千乘之國，攝乎大國之間，加之以師旅，因之以飢饉，由也為之，比及三年，可使有勇，且知方也。」夫子哂之。「求，爾何如？」對曰：「方六七十，如五六十，求也為之，比及三年，可使足民。如其禮樂，以俟君子。」「赤，爾何如？」對曰：「非曰能之，願學焉。宗廟之事，如會同，端章甫，願為小相焉。」「點，爾何如？」鼓瑟希，鏗爾，舍瑟而作，對曰：「異乎三子者之撰。」子曰：「何傷乎？亦各言其志也。」曰：「暮春者，春服既成，冠者五六人，童子六七人，浴乎沂，風乎舞雩，詠而歸。」夫子喟然歎曰：「吾與點也！」三子者出，曾皙後。曾皙曰：「夫三子者之言何如？」子曰：「亦各言其志也已矣。」曰：「夫子何哂由也？」曰：「為國以禮，其言不讓，是故哂之。」「唯求則非邦

也與？」「安見方六七十，如五六十，而非邦也者？」「唯赤則非邦也與？」
「宗廟會同，非諸侯而何？赤也為之小，孰能為之大？」

　　加以師旅，因以飢饉，則困於力，而救死不暇矣。困於力，則不能勇；救
死不暇，則不知為善。由也，於不知為善者則方之，比及三年，則能拯已困之
民，置之安強之地。故不能勇者斯有勇，不知為善者斯知方，此果之效也。足
民者，治之始；禮樂者，治之終。求雖不足於禮樂，而使足民，此藝之效也。
由能勇而不知遜，求、赤知遜而不知道，若點，可謂知道矣。故有志於學，無
志於仕，而孔子與之也。孔子無君則皇皇，出疆必載質，未嘗不急於仕也。點
無志於仕，孔子與之，可耶？君子之於道，有餘不可以不應，不足不可以不求。
子有餘而急於應，點不足而急於求，此所以為孔子、曾點也。

顏淵第十二

　　顏淵問仁。子曰：「克己復禮為仁。一日克己復禮，天下歸仁焉。為仁由
己，而由人乎哉？」顏淵曰：「請問其目。」子曰：「非禮勿視，非禮勿聽，非
禮勿言，非禮勿動。」顏淵曰：「回雖不敏，請事斯語矣。」

　　己，物之敵也，勝己之私謂之克。禮，性所有也，克己而趨焉謂之復。
蓋不遠之，復令於修身，故復禮本於克己。克己則能仁，復禮則能克。「一日
克己復禮，天下歸仁焉」，則不在久矣。「為仁由己」，則不在外矣。為仁由己，
故不可以不克己。非禮勿視、勿聽、勿言、勿動，故不可以不復禮。孔子曰：
「人而不仁，如禮何？」《禮》曰：「道德仁義，非禮不成。」是禮以仁而後
復，仁以禮而後成。顏淵嘗曰：「約我以禮。」蓋所以成其心也。然克己未至
於無我，復禮未至於中禮，此回所以止於殆庶也。今夫水性無人，火性無我。
無人未離乎有我，而於五藏為精，精則為賢人。無我則不特無人而已，故於
五藏為神，神則為聖人。回之克己，孔子之無我，如此而已。

　　仲弓問仁。子曰：「出門如見大賓，使民如承大祭。己所不欲，勿施於人。
在邦無怨，在家無怨。」仲弓曰：「雍雖不敏，請事斯語矣。」

　　司馬牛問仁。子曰：「仁者，其言也訒。」曰：「其言也訒，斯謂之仁矣
乎？」子曰：「為之難，言之得無訒乎？」

　　《周禮》大祭、中祭、小祭，見於天官之酒正，春官之大司樂。大賓之
禮，大客之儀，見於秋官之行人。則凡祭與客，其禮殺；大祭、大賓，其禮
隆。「出門如見大賓，使民如承大祭」，欽也。「己所不欲，勿施於人」，恕也。

欽則於人無所慢，恕則於人無所拂，故「在邦無怨，在家無怨」。在家無怨易，在邦無怨難，故先邦而後家也。《春秋傳》曰：「出門如賓，承事如祭，仁之則也。」孟子曰：「強恕而行，求仁莫近焉。」仲弓問仁，故孔子答之如此。仲弓嘗言：「居敬行簡，而其行則不錄舊罪，使臣如借。」「居敬行簡」「使臣如借」，則可教之以敬；「不錄舊罪」，則可教之以恕。聖人之於人，豈能推其所有，強其所無哉？亦因其性而道之也。故司馬牛未可與言仁，則告之以仁，「為之難」而已。樊遲、子張可與言仁，而未可與言為仁，故或告之以「先難」，或告之以「愛人」，或告之以「居處恭，執事敬，與人忠」，或告之以「恭、寬、信、敏、惠」而已。惟顏子然後能盡仁，故告之以「克己復禮」。克、復，仁之事也。仲弓可與言仁，未可以盡仁，故告之以敬恕而已。訒與難一也，言之難則曰訒，為之難則曰難。牛多言而躁，言訒云者，救之失歟？

司馬牛問君子。子曰：「君子不憂不懼。」曰：「不憂不懼，斯謂之君子矣乎？」子曰：「內省不疚，夫何憂何懼？」

君子之修身也，言行無尤悔，俯仰不愧怍。以守則為仁，以行則為勇。仁故不憂，勇故不懼。古詩有之：「德義之不愆，何恤人之言。」內省不疚，而不憂者也。曾子曰：「自反而縮，雖千萬人，吾往矣。」內省不疚，而不懼者也。不憂不懼，孔子猶以為不能。牛不足與言仁，而告之以此，何也？牛以魋之為亂，而憂懼焉，故孔子解之而已，非牛可以與言此也。憂在內，懼在外。《傳》曰：「民無內憂，又無外懼。」

司馬牛憂曰：「人皆有兄弟，我獨亡。」子夏曰：「商聞之矣：死生有命，富貴在天。君子敬而無失，與人恭而有禮，四海之內，皆兄弟也。君子何患乎無兄弟也？」

鄭師慧謂：「朝無人，非無人也，無賢人也。」晉叔向謂：「卒列無長，非無長也，無善長也。」司馬牛憂無兄弟，非無兄弟也，無令兄弟也。命者，天之令；天者，命之所自出。孟子曰：「莫之為而為者天，莫之致而至者命。」是天以遠而在彼者為言，命以近而在此者為言也。死生非力之所能移，故言「有命」；富貴非人之所能為，故言「在天」。然合而論之，則一而已。《書》曰：「我生不有命在天？」是在命者，可以言天也。列子命謂力，曰：「奈何賤賢而貴愚，貧善而富惡？」是在天者，可以言命也。言與人恭，則敬以處己者也；言有禮，則無失德者也。處己敬而有德，則人宗之；與人恭而有禮，

則人親之。如此，則四海之內，孰非兄弟也？曾子謂弟子曰：「執仁立志，先言而後行，千里之外，皆兄弟也。苟是之不為，則雖汝親，庸親汝乎？」與此同意。觀桓魋之亂，司馬牛致邑而適齊。及桓魋奔齊，司馬牛致邑而適吳。趙簡子召之於晉，陳成子亦召之於齊，而莫之屑就，反卒於魯而已，則司馬牛之賢可知矣，故孔子曰：「君子何患乎無兄弟？」

子張問明。子曰：「浸潤之譖，膚受之愬，不行焉，可謂明也已矣。浸潤之譖，膚受之愬，不行焉，可謂遠也已矣。」

譖而言之謂之譖，首而告之謂之愬。浸潤之譖，若水之於物，則漸而不暴；膚受之愬，若垢之於膚，則淺而不迫，皆其難知者也。能知其所難知，而止之使不行，則其智明出人遠矣。蓋明則察言而已，遠則明之過於人。君子之於譖愬，有度以度之，有數以數之，故《詩》曰：「他人有心，予忖度之。」往來行言，心焉數之。如此，則賢者不以忠信見疑，小人不以誕謾見信，豈非明而且遠哉？《傳》曰：「流丸止於甌臾，流言止於智者。」

子貢問政。子曰：「足食，足兵，民信之矣。」子貢曰：「必不得已而去，於斯三者何先？」曰：「去兵。」子貢曰：「必不得已而去，於斯二者何先？」曰：「去食。自古皆有死，民無信不立。」

兵之於德為末，於器為凶，故古者製字之意，戈欲偃，弓欲弛，武欲止，則兵豈先王之所尚哉？此所以寧有信而去兵也。食之所養者，小體也；信之所養者，大體也，故無信而生，不若有信而死，此其所以寧去食而信斷不可少也。然非兵則無以有其食，非食則無以存其信，三者固不可偏廢，惟其輕重緩急之不同，故孔子之言有如此。

棘子成曰：「君子質而已矣，何以文為？」子貢曰：「惜乎，夫子之說君子也，駟不及舌。文猶質也，質猶文也。虎豹之鞟猶犬羊之鞟。」

毛謂之皮，革謂之鞟。虎、豹、犬、羊所以別者，以皮之不同也；君子、野人所以別者，以文質之不同也。今也去毛以為鞟，則虎豹猶犬羊而已；去文以從質，則君子猶野人而已。此棘子成之失於偏見也，故子貢責之以「駟不及舌」。鄧析曰：「一言而非，駟馬勿追；一言而急，駟馬勿及。」

哀公問於有若曰：「年饑，用不足，如之何？」有若對曰：「盍徹乎？」曰：「二，吾猶不足，如之何其徹也？」對曰：「百姓足，君孰與不足？百姓不足，君孰與足？」

什一，天下之中正也。多乎什一，則大桀、小桀；少乎什一，則大貉、小貉。魯自宣公初稅畝，多乎什一而二焉。哀公又欲用田賦，故有若因其憂不足而告以「盍徹」，所以救其弊也。方哀公之欲用田賦也，故孔子嘗曰：「君子度於此，而禮以其薄，則丘亦足矣。不度於此，而貪日用無窮，則雖以田賦，將又不足。」則有若所謂「百姓足，君孰與不足？百姓不足，君孰與足？」固孔子之意。何則？古之善為國者，藏於民不藏於公，與之為取，而不以取之為取，以為君則父、民則子也，未有子富而父貧，未有民足而君不足。揚雄所謂「洪羊擅利，其如子何？」子張學干祿，孔子告之以言行。或問不為政，孔子答之以孝友。衛公待之以為政，孔子欲先正名。梁王問利國，孟子說以仁義。蓋君子之言，惡苟簡以狥利，寧高闊以正本也。有若之於哀公問「不足」，而告之以「盍徹」，其意亦若此而已。

子張問崇德辨惑。子曰：「主忠信，徙義，崇德也。愛之欲其生，惡之欲其死。既欲其生，又欲其死，是惑也。誠不以富，亦祇以異。」

德由中出，惑自外來。由中出者，不可不高，故崇之；自外來者，不可不明，故辨之。《易》曰「忠信所以進德」，「敬義立而德不孤」，此「主忠信，徙義，崇德」者也。《禮》曰：「身有所忿懥，則不得其正；有所好樂，則不得其正。」此「愛之欲其生，惡之欲其死，是惑也」。子張持嘐嘐之志，而其行不掩，則不足於忠信；抱堂堂之容，難與為仁，則不足於徙義。愛之過辟，則欲其生；惡之過辟，則欲其死。則誠不以富於己，適足以異於人也，故曰「誠不以富，亦祇以異」。樊遲問崇德、辨惑則同，而孔子告之不同者，蓋好利者務得而多怨，務得則不能先事，多怨則不能無怨。以先事後得為崇德，以一朝之忿為怨，此所以告樊遲也。告子張曰「是崇德也，是辨惑也」，告樊遲曰「非崇德與，非辨惑與」，蓋樊遲之賢，不及子張。子張常以孔子之言為是，故告之以是；樊遲疑孔子之言為非，故告之以非與？觀樊遲之問，及於修慝。子張常問善人之道，是子張可進於善，樊遲未離乎慝也。孔子曰：「言人之惡，非所以美己；言人之枉，非所以正己。」故君子攻其惡，無攻人之惡。樊遲問修慝，孔子告之以此者，欲其不舍己之田，而芸人之田者也。昔衛有蘧伯玉人者，直己而不直人，蓋如此也已。

齊景公問政於孔子，孔子對曰：「君君，臣臣，父父，子子。」公曰：「善哉！信如君不君，臣不臣，父不父，子不子，雖有粟，吾得而食諸？」

景公之時，慶封滅崔氏，田、鮑、高、欒謀慶氏，而田氏又私其德於民，

此「臣不臣」也。景公以少子荼為太子，而逐群公子於萊邑，而群公子皆亡於外，是「子不子」也。臣之不臣，以君之不君；子之不子，以父之不父，故孔子答以君則臣臣，父則子子也。漢三老茂曰：「父不父，則子不子；臣不臣，由於君不君。」其言先父子者，為戾園而發也。《洪範》言「作福作威」，而繼之以「惟辟玉食」，以言人君能作威福，然後不失其玉食；不能作威福，則君不君矣，其得康食乎？故曰：「雖有粟，吾得而食諸？」

子曰：「片言可以折獄者，其由也與？」子路無宿諾。

子曰：「聽訟，吾猶人也。必也使無訟乎！」

信義不著，雖多言不可以折獄；信義著，雖一言可以折獄。《易》曰：「君子折獄。」《書》曰：「惟良折獄。」子路片言可以折獄者，以其有君子之良心，為人所信故也。《禮》曰：「與其有諾責，寧有已怨。」老子曰：「輕諾必寡信。」子路無宿諾，則於人無輕諾，於己無寡信，此所以果於折獄也。小邾輕千乘之盟，而信子路之一言，則子路信義之著可知矣。夫先之以德、禮，輔之以政、刑，使有恥且格，而無情者不得盡其辭，此所以無訟也。子路能折獄於已訟之後，而不能化人於未訟之先，語之以無訟則未也。孔子聽訟則與人同，使人無訟則與人異，故曰：「聽訟，吾猶人也，必也使無訟乎！」《易》曰：「君子作事謀始。」《書》曰「帝德罔愆」，而繼之以「茲用不犯於有司」，《禮》曰「禮之教化也微」，而繼之以「使人遠罪不自知」，「使無訟」之謂也。苟婚姻之禮廢，而淫僻之罪多；鄉飲酒之禮廢，而爭鬥之獄煩；喪祭之禮廢，而臣下之恩薄；聘覲之禮廢，而君臣之位失，然後從而聽斷之，不亦晚乎？故子路之折獄，不及孔子之使無訟也；召公之聽獄，又不若《周南》之無犯也。在昔揚子有曰：「必也律不犯。」

子張問政。子曰：「居之無倦，行之以忠。」

居之無倦，則於己無逸；行之以忠，則於人不欺。子張問仁，告之以「敏則有功」；問崇德，告之以「主忠信，徙義」；問行，告之以「言忠信」。蓋倦則不能敏而徙義，不忠則不能崇德而有行。子張之行，不免於此，故於其問政，而告之以「居之無倦，行之以忠」也。《傳》稱「子張問入官，孔子告之以怠惰者，時之所以後，非忠信則無以取親於百姓」，與此同也。蓋無倦然後能使民無倦，忠然後能使民作忠。孔子於子張，兼無倦與忠而教之；於子路，則教之以無倦而已，以子路之蔽，不至於不忠也。

子曰：「博學於文，約之以禮，亦可以弗畔矣夫。」重出

子曰：「君子成人之美，不成人之惡。小人反是。」

互鄉童子潔己以進，孔子與之而不拒，成人之美也。冉求聚斂，孔子欲鳴鼓而攻之，不成人之惡也。小人幸災樂禍，故成人之惡；惡直忌正，故不成人之美。孟子之五教，有成德者，皆成人之美也。

季康子問政於孔子。孔子對曰：「政者，正也。子帥以正，孰敢不正？」

季康子患盜，問於孔子。孔子對曰：「苟子之不欲，雖賞之不竊。」

教之化民深於命，民之效上捷於令。故鄭伯好勇，國人暴虎；秦穆貴信，士多從死；陳姬好巫，而民淫祀；晉侯好儉，而民畜聚；太王躬仁，邠民貴恕；吳王好劍客，而民多瘡痍；楚王好細腰，而朝多餓死。則季康子之欲，而魯民盜，理勢之必然也。老子曰：「不必以靜，天將自正。」又曰：「我無欲，而民有樸。」故孔子於為政者，患不能以正導之耳。莊子曰：「盜竊之仁行，雖貴而可乎？」季康子之謂也。

季康子問政於孔子曰：「如殺無道，以就有道，何如？」孔子對曰：「子為政，焉用殺？子欲善而民善矣。君子之德風，小人之德草。草上之風，必偃。」

德教洽而民氣樂，法令極而民風衰。先王任德不任力，好生不好殺，不得已則刑，期無刑而已，夫豈后德禮而先政刑哉？故曰：「子為政，焉用殺？子欲善而民善矣。」夫上之化下，無可見之跡，而俗日遷，故喻以風。民性含仁，而眾柔不能自立，故喻以草。草惟風之偃，民惟上之從。康子不能正德以善之，特欲殺之而已，不亦過哉？《書》曰：「四方風動。」又曰：「爾惟風，下民惟草。」《傳》曰：「我德如風，民應如草。」

子張問：「士何如斯可謂之達矣？」子曰：「何哉，爾所謂達者？」子張對曰：「在邦必聞，在家必聞。」子曰：「是聞也，非達也。夫達也者，質直而好義，察言而觀色，慮以下人。在邦必達，在家必達。夫聞也者，色取仁而行違，居之不疑。在邦必聞，在家必聞。」

達者志在不窮，聞者為名而已。達則不必聞，聞則不必達。質者，直德也；好義，義也。察觀，智也；慮下，禮也。德義所以處己，故志不窮於內；禮所以處人，故行不窮於外。此所以「在家必達，在邦必達」也。取仁行違，居之不疑，此取偽為以尚人而已，與「質直」「好義」「察言觀色」「慮以下人」者反矣。此所以「在家必聞，在邦必聞」。《詩》言：帝謂文王，不大聲以色。文

王大之，不失其色，非色取仁也，以德而已。此則「在邦必聞，在家必聞」者也。蓋達與受小國是達、受大國是達同。聞與聲聞過情同。在家言其止在家，在邦言其止在邦。子張色莊者乎？則色取仁矣，難與並為仁，則行違其志，曰古之人。古之人，則居之不疑矣。孔子因其失而救之也。

樊遲從遊於舞雩之下，曰：「敢問崇德、修慝、辨惑。」子曰：「善哉問！先事後得，非崇德與？攻其惡，無攻人之惡，非修慝與？一朝之忿，忘其身，以及其親，非惑與？」

樊遲問仁。子曰：「愛人。」問知。子曰：「知人。」樊遲未達。子曰：「舉直錯諸枉，能使枉者直。」樊遲退，見子夏曰：「鄉也吾見於夫子而問知。子曰：『舉直錯諸枉，能使枉者直。』」子夏曰：「富哉言乎！舜有天下，選於眾，舉皋陶，不仁者遠矣。湯有天下，選於眾，舉伊尹，不仁者遠矣。」

自其為仁智言之，則智易而仁難；自其愛人、知人言之，則愛人易、知人難。故遲於愛人則達，於知人則未達。《書》曰：「簡厥修，亦簡其或不修；進厥良，以率其或不良。」《易》曰：「君子惟有解，吉，有孚於小人。」《傳》曰：「禹稱善人，不善人遠。」此所謂「舉直錯枉，使枉者直」也。舜、湯之所舉多矣，特言皋陶、伊尹者，皋陶之賢，其德足以懷民，其謨足以知人，其為士也，能制百姓於刑之中；伊尹之賢，其才足以任重，其道足以格天，其割正有夏，能變簡賢附勢之徒，如此，則仁賢履位，姦邪悉退，豈非「不仁者遠」哉？堯、舜之仁，不徧愛人，急親賢也，如此而已。

子貢問友。子曰：「忠告而善道之，不可則止，毋自辱焉。」

忠告屬言，善道屬行，仁也；不可則止，義也。芮伯之於朋友，曰「既之陰女，反予來赫」，又繼之以「涼曰不可，覆背善詈」，不為不辱矣，而芮伯為之者，救時之責故也。

曾子曰：「君子以文會友，以友輔仁。」

文出於理，仁出於性。以文會友，然後能窮理；以友輔仁，然後能盡性。《禮》曰：「相觀而善，以文會之，所以能相觀。以仁輔之，所以善也。」孔子曰：「工欲善其事，必先利其器。」事所以譬仁，器所以譬友，事以利器然後善，仁以益友然後成。君子於友，可不慎哉？子曰：「損者三友，益者三友。」益友所以輔仁，損友則害仁而已。

論語全解卷七

子路第十三

子路問政。子曰：「先之，勞之。」請益。曰：「無倦。」

先之，帥以正也；勞之，勞以思也。無有先之而有以役之，則民不從；有以役之而無以勞之，則民怨讟。《易》曰：「說以先民，民忘其勞。」孔子曰：「君子信而後勞其民，未信則以為厲己。」《禮》曰：「勿驗勿信。」勿信，民勿從。是先之然後可以役之也。《豳風》以《東征》勞士，《小雅》以《杕杜》勤歸，是役之必有以勞之也。「先之」與《孝經》「先之以博愛」「先之以敬遜」仝。「勞之」與《孟子》「勞之來之」仝。先勞之，而益之以無倦，則民亦應之以無倦矣。楊子曰：「不倦以終之。」為學而不倦，則其德日新；為政而不倦，則其政日新。故子張問政，孔子亦告之以「無倦」。今夫天地之於物，出乎《震》，齊乎《巽》，相見乎《離》，致役乎《坤》，先之而後役之也。說乎《兌》，戰乎《乾》，勞乎《坎》，役之然後勞之也。《大玄》曰：「仰天而天不倦，俯地而地不怠。」怠倦而能乎其事者，古今未覯。然則先勞而繼以無倦，天地之道也。天地尚然，而況於人乎？

仲弓為季氏宰，問政。子曰：「先有司，赦小過，舉賢才。」曰：「焉知賢才而舉之？」曰：「舉爾所知。爾所不知，人其舍諸？」

有司分職，然後事治；事治，然後可以治人之罪而赦小過；赦小過，則故為者刑矣；故為者刑，然後舉其賢才，此所謂遏惡揚善者。賢言其德，才言其能。《傳》曰：「一賢統眾才則有餘，眾才度一賢則不足。」賢者必有才，

才者不必賢也。子游為武城宰，孔子問之以得人。蓋為宰之政，必先之以有司；為政之大，莫尚於舉賢才。

子路曰：「衛君待子而為政，子將奚先？」子曰：「必也正名乎！」子路曰：「有是哉，子之迂也！奚其正？」子曰：「野哉，由也！君子於其所不知，蓋闕如也。名不正，則言不順；言不順，則事不成；事不成，則禮樂不興；禮樂不興，則刑罰不中；刑罰不中，則民無所措手足。故君子名之必可言也，言之必可行也。君子於其言，無所苟而已矣。」

衛以父子爭國，而君臣上下之名不正。孔子欲以正名為先，而子路以之為迂，故曰：「野哉，由也！」野者，質而已矣，《家語》所謂「文不勝質」是也。子路於見南子則不悅，於在陳則慍，於公山召則曰：「何必公山氏之之也？」於佛肸召則曰：「親於其身為不善，君子不入。」則子路之不知孔子者，不特是也。夫名之必可言，名不正則言不順，言不順則行之必不可行，而事不成。《洪範》謂：「言曰從，從作乂。」《禮》曰：「功成作樂，治定制禮。」蓋從則言順，作乂則事成，功成治定，事成之謂，故曰：「事不成，則禮樂不興。」禮樂不興，則謙遜和穆之風衰，爭慢詐偽之俗成。雖善聽者猶不能無枉，故曰：「禮樂不興，則刑罰不中。」《易·豫》之作樂，則曰：「刑罰清。」《傳》曰：「禮刑相為表裏。」是刑罰之中否，繫禮樂而已。在昔荀卿有曰：「禮樂廢而邪音起，危辱之本也。」

樊遲請學稼。子曰：「吾不如老農。」請學為圃。曰：「吾不如老圃。」樊遲出。子曰：「小人哉，樊須也！上好禮，則民莫敢不敬；上好義，則民莫敢不服；上好信，則民莫敢不用情。夫如是，則四方之民繈負其子而至矣，焉用稼？」

君子能為小人之所不能，而不能徧能小人之所能。蓋君子之所能者，勞心也；小人之所能者，勞力也。「勞心者治人，勞力者治於人；治人者食於人，治於人者食人。」樊遲不知君子之道，而請學小人之事。夫禮以敬之，則民莫敢不敬；義以閑之，則民莫敢不服；信以結之，則民莫敢不用情。敬而後服，服而後用情，則將繈負其子而至，以為己役，雖不學稼，其憂無食乎？蓋精於物者以物物，精於道者兼物物。樊遲之學稼，陳相之學許行，其能兼物物哉？宜孔子、孟子之所不許也。好禮然後好義，好義然後好信，與《禮記》「修禮然後好義，好義然後體信」同意，此學之序也。孔子曰：「義以為質，禮以行之，信以成之。」行之序也。《采菽》之詩，始言禮，中言信，卒

言義，則待諸侯之道也。

子曰：「誦《詩》三百，授之以政，不達；使於四方，不能專對；雖多，亦奚以為？」

《詩》之為書，其事則王道之跡，其詞則法度之言。誦之，將以其事施之政，其詞施之使而已。若夫不明其事，而授之以政，不達；使於四方，不能專對，則與不學《詩》同，故曰：「雖多，亦奚以為」《禮》曰：「誦《詩》三百，不足一獻。」以言誦《詩》三百則易，而一獻之禮則難。於其易者，猶不明其義，斯亦不足貴也已。

子曰：「其身正，不令而行；其身不正，雖令不從。」

以身教者從，故「其身正，不令而行」；以言教者訟，故「其身不正，雖令不從」。《書》曰：「爾身克正，罔敢不正。」孟子曰：「大人正己而物正。」揚子曰：「身立則政立。」《禮》曰：「其所令，反其所好，而民不從。」王喜曰：「動以言，不若以行。」似與此同意。馬廖曰：「元帝罷服官而不用，成帝御浣衣，莊帝去樂府，然而侈費不息，至於衰亂者，百姓從行不從言也。」

子曰：「魯、衛之政，兄弟也。」

楊希曰：「有人於此，年，兄弟也；言，兄弟也；才，兄弟也；貌，兄弟也。壽夭貴賤，父子也；名譽愛憎，父子也。父子以況其相遠，兄弟以況其相類也。」魯者，伯禽之所封，而俗則一於周；衛者，康叔之所治，而俗則一於商。其俗雖不同，而其政均善，孔子所以追美之也。曾子布幕，衛也；縿幕，魯也。孔子有曰：「衛之祔也離之，魯之祔也合之。」善夫，觀其禮法之存於後世者，猶足為君子之所取，則當時之政可知矣。《傳》曰：「政猶魯、衛，德化均焉。」

子謂衛公子荊，「善居室。始有，曰：『苟合矣。』少有，曰：『苟完矣。』富有，曰：『苟美矣。』」

瘠地之民多有心，沃地之民多不才，故匹庶之家多循禮，世祿之家多侈怵，其勢然也。荊為公子，其用稱家之有無以同乎人，而其心未始有累焉，故始曰「苟合」，少有曰「苟完」，富有曰「苟美」，豈所謂怵侈者哉？此季札所以謂之君子也。君子無所苟，亦有所苟。無所苟，則於言行不妄；有所苟，則於利不累。荊之居室如此，以比夫無而為有，虛而為盈，約而為泰者異矣。莊子曰：「滿苟得。」

　　子適衛，冉有僕。子曰：「庶矣哉！」冉有曰：「既庶矣，又何加焉？」曰：「富之。」曰：「既富矣，又何加焉？」曰：「教之。」

　　不庶無以蕃民數，不富無以美民情，不教無以理民性。《周官》大司徒掌人民之數，小司徒掌夫家之數，縣師掌野，亦辨夫家人民之數。司寇掌刑，亦登大比之民數。生齒以上則書於司民，成名以上則書於媒氏。凶荒則有荒政之條，疾病則有疾醫之治，凡此所以庶之也。大司徒十有二等，以辨民宜；十有二壤，以教民稼。小司徒井其田，而任以耕事；牧其野，而任以畜事。里宰於器之不足者，助以合耦之令。遂師於力之不足者，救以移用之法。慮其功之有餘也，為之疆野以任之；患其耕之有惰也，為之時器以任之。而有成功，則鄙師掌令以行賞，勸之而不勉，則載師斂布以致罰。於荒政，則散利以薄徵；於旅師，則平頒其興積，凡此所以富之也。大司徒示以教象之法，小司徒帥以教法之象。州長歲屬民而讀法者三，黨正歲屬民而讀法者七，族師歲屬民而讀法者十四。糾之以司諫，猶王之有師氏；救之以司救，猶王之有保氏。自敬敏以上，莫不書之以教；其不自修、自能者以上，莫不與之以勸，凡此所以教之也。《公劉》之什，言「既庶既繁」，次之以「既順乃宣」，又次之以「于時言言，于時語語」，與孟子言「省刑罰」，又次之以「深耕易耨」，又次之以「壯者修其孝弟」，是亦庶富而教之也。《易》言「理財正辭」，《書》言「既富方穀」，《詩》言「飲之食之，教之誨之」，《傳》言「我有田疇，子產殖之；我有子弟，子產教之」意同。《禮》云：「子產能食不能教。」非不能教，特不若能食而已。

　　子曰：「苟有用我者，期月而已可也，三年有成。」
　　子曰：「善人為邦百年，亦可以勝殘去殺矣。誠哉是言也！」
　　子曰：「如有王者，必世而後仁。」

　　為政之道，德隆者其效速，德殺者其效遲。孔子曰：「如有用我者，期月而已可也，三年有成。」「如有王者，必世而後仁。」「善人為邦百年，亦可以勝殘去殺」，則期月可以為之兆，而未必有成，三年有成矣，而未必仁，故曰「必世而後仁」。《易》曰：「重明以麗乎正，乃化成天下。」又曰：「聖人久於其道，而天下化成。」《詩》言：「周王壽考，遐不作人。」又言：「仁如騶虞，則王道成。」皆「必世而後仁」之謂也。勝殘則在下無賊義之民，去殺則在上有措刑之治。漢之興至於文、景，唐之興至於開元，然後幾致措刑，皆百年勝殘去殺之效也。然勝殘去殺則無暴民而已，語之以仁則未也。王者之仁，成於必世，不必百年；善人之無暴民，必待百年，則其德之隆殺、傚之遲速可知矣。

若夫繼大治、承大亂者，則又異乎此。故禹立三年，百姓以仁，遂繼大治也。故事半古之人，功必倍之，承大亂也。然文王百年，德猶未洽於天下者，以其善政仁人猶有故也。其《家語》有言：「昔孔子為中都宰一年，四方諸侯則焉。」此即所謂「期月而已可也」。

子曰：「苟正其身矣，於從政乎何有？不能正其身，如正人何？」

冉子退朝。子曰：「何晏也？」對曰：「有政。」子曰：「其事也，如有政，雖不吾以，吾其與聞之。」

《禮》曰：「政行則事治。」又曰：「不可以私，不將公事。」孟子曰：「發於其政，害於其事。」蓋行於上者謂之政，通於下者謂之事。孔子至於是邦，未嘗不以譽命而與聞其政，故曰：「其事也，如有政，吾其與聞之。」

定公問：「一言而可以興邦，有諸？」孔子對曰：「言不可以若是其幾也。人之言曰：『為君難，為臣不易。』如知為君之難也，不幾乎一言而興邦乎？」曰：「一言而喪邦，有諸？」孔子對曰：「言不可以若是其幾也。人之言曰：『予無樂乎為君，唯其言而莫予違也。』如其善而莫之違也，不亦善乎？如不善而莫之違也，不幾乎一言而喪邦乎？」

邦之興喪，在事不在言，故言不可以若是幾之而已。《書》曰「後克艱厥後，臣克艱厥臣」，而繼之以「政乃乂」。知為君難之言，可幾於興邦也。《易》曰「言善，則千里應之；言不善，則千里違之」，而繼之以「亂之所生，則言語以為階」，是不善莫違之一言，可幾於喪邦也。若邳彤對光武以入關之非，而史以為一言可以興邦；李勣導高宗之立武后，而史以為一言可以喪邦，豈特「為君難」與「莫予違」而已哉？孔子之言止於是者，對定公故也。孫叔敖以一言復郢市，晏子以一言省齊刑，申叔時以一言復陳國，其利雖未至於興邦，是亦重言者歟？

葉公問政。子曰：「近者說，遠者來。」

子貢言夫子之得邦家，則曰：「綏之斯來，動之斯和」。荀卿言大儒之郊，則曰：「近者謳歌而樂之，遠者竭蹶而趨之。」葉公問政，亦可告以此乎？孔子嘗曰：「荊之地廣而都狹，民有離心，莫安其居，故政在悅近而來遠。」《詩》曰：「亂離瘼矣，莫之適歸。」由此觀之，孔子僅欲葉公定其亂離之民而已。《學記》曰：「近者悅服，遠者懷之，大學之道也。」自我論之，蓋孔子所言者，政也；《學記》所言者，教也。

子夏為莒父宰，問政。子曰：「無欲速，無見小利。欲速則不達，見小利則大事不成。」

為政之要，在於循理而圖大。循理則無欲速，圖大則無見小利。《易》曰：「浚恒，凶。」「欲速不達」之謂也。《禮》曰：「小謀敗大作。」「見小利大事不成」之謂也。孟子言為學之道，以欲速喻揠苗，以見小利喻養其一指。《兵法》言「用兵之道，軍以舒為吉。軍無小聽，戰無小利」。由此觀之，君子之所為，凡皆不可欲速、見小利，豈特為政已哉？孔子所言，姑以救子夏之失也。

葉公語孔子曰：「吾黨有直躬者，其父攘羊，而子證之。」孔子曰：「吾黨之直者異於是：父為子隱，子為父隱，直在其中矣。」

天下之所為直者，有禮義之直，有非禮義之直。「父為子隱，子為父隱」，雖曲而直存焉，禮義之直也。「其父攘羊，而子證之」，雖直而曲存焉，非禮義之直也。先王之法，父子之罪不相及，則恕之以其親；鄰比之罪相及，則責之以其友。恕之以其親，為其可以相隱故也；責之以其友，為其不可以相隱故也。《儀》曰：「不私其父，不成其為子。」《春秋》為親者諱。今律大功以上，相隱則不坐，皆此意也。

樊遲問仁。子曰：「居處恭，執事敬，與人忠。雖之夷狄，不可棄也。」

居處易以慢，必欲其恭；執事易以苟，必欲其敬。欲與人以虛，雖戚必踈；欲與人以實，雖踈必密。然則與人其可以不忠乎？恭也，忠也，雖之夷狄，猶且不可棄，則君子於此，固不可斯須去身矣，故曰：「言忠信，行篤敬，雖蠻貊之邦行矣；言不忠信，行不篤敬，雖州里行乎哉？」

子貢問曰：「何如斯可謂之士矣？」子曰：「行己有恥，使於四方，不辱君命，可謂士矣。」曰：「敢問其次。」曰：「宗族稱孝焉，鄉黨稱弟焉。」曰：「敢問其次。」曰：「言必信，行必果，硜硜然小人哉！抑亦可以為次矣。」曰：「今之從政者何如？」子曰：「噫！斗筲之人，何足算也。」

「言必信，行必果」，則謹身而已，非有稱於宗族、鄉黨也。宗族稱孝，鄉黨稱弟，則稱於近者而已，非遠而有光華也。「行己有恥，使於四方，不辱君命」，則遠而光華矣。蓋行己有恥，則有所不為；使於四方，不辱君命，則能專對。有所不為，義也；善於專對，智也。宗族稱孝，非《禮記》所謂「州閭、鄉黨稱孝」也；鄉黨稱弟，非《禮記》所謂「僚友稱其弟」者也。硜硜

則常而不能變,斗筲則小而不能容。孔子以言必信、行必果為小人,孟子以言不必信、行不必果為大人,此揚子所謂「事非禮義為小,無事於小為大」者也。蓋莫非小人也,有君子之小人,有眾人之小人。言必信,行必果,君子之小人也;懷土懷惠,比而不周,驕而不泰,眾人之小人也。莫非君子也,有聖人之君子,有賢人之君子;有未成德之君子,有在位之君子。《易》曰「君子上交不諂,下交不瀆」,君子之道鮮矣。孟子言君子「無上下之交」,聖人之君子也;「得見君子斯可矣」,賢人之君子也;「君子不仁」,「君子有勇,無義為亂」,未成德之君子也;「君子之德風」,在位之君子也。

子曰:「不得中行而與之,必也狂狷乎!狂者進取,狷者有所不為也。」

狂者近智,狷者近義。近智而非所以智則過,近義而非所以義則不及。狂譬則陽,狷譬則陰,中行譬則沖氣也。孟子言中道,體也;孔子言中行,用也;孟子言狂簡,言也;孔子言狂簡,行也。《易》之中爻,或言中道,或言中行,亦體用不同故也。

子曰:「南人有言曰:『人而無恒,不可以作巫醫。』善夫!」「不恒其德,或承之羞。」子曰:「不占而已矣。」

荀卿曰:「趨舍無定,謂之無常。」巫醫賤技,然人所委聽,猶不可以無常,況不為巫醫者乎?《恒》之九三,剛而不中,剛之恒過者也。巽而應柔,巽之過者也。一過於剛,一過於巽,「不恒其德」者也。初與二在下,而羞承之,「或承之羞」者也。《易》曰:「極數知來之謂占。」《革》九五之未占,孚可知矣。《恒》九三之不占,羞可知矣。《禮》曰:「人而無常,不可以為卜筮。龜筮猶不能知也,而況於人乎?」蓋不知《論語》,而誤為之說也。

子曰:「君子和而不同,小人同而不和。」

五味相和,然後可食;五聲相和,然後可聽,則和者有異而無乖,同者有協而無異。君子之與人也任道,故「和而不同」;小人之與人也任情,故「同而不和」。柳下惠油然與之偕,而不自失焉,和而不同也;梁邱據君可則可,君否則否,同而不和也。然君子不同有所謂同,小人之同有所謂不同。《易》曰「君子以同而異」,君子之同也;《詩》曰「潝潝訿訿」,小人之不同也。君子同不同皆是善,小人同不同皆是不善。

子貢問曰:「鄉人皆好之,何如?」子曰:「未可也。」「鄉人皆惡之,何如?」子曰:「未可也。不如鄉人之善者好之,其不善者惡之。」

居之似忠信，行之似廉潔，非之無舉也，刺之無刺也，而眾皆悅之，是鄉愿者，人之所好也，故曰「鄉人皆好之，未可也」。怠者不能修，忌者畏人修，故事成而謗興，德高而毀來，是獨行者，人之惡也，故曰「鄉人皆惡之，未可也」。方周之衰，京人以叔段為仁，沃人以桓叔為君子，齊人以陳仲子為廉，以匡章為不孝，然則鄉人之好惡可不察之哉？故鄉人之善者好之，其不善者惡之，則所好無非善，所惡無非不善矣。孔子曰：「眾好之，必察焉；眾惡之，必察焉。」孟子曰：「國人皆曰賢，然後察之；國人皆曰可殺，然後察之。」《書》曰：「出入自爾師虞，庶言同則繹。」皆此意也。蓋謀貴於眾，斷貴於獨。不因鄉人，則失於自用；因鄉人而不察之，則失於隨人。內不失於自用，外不失於隨人，惟仁者能之，故曰「惟仁者能好人，能惡人」。

子曰：「君子易事而難說也。說之不以道，不說也。及其使人也，器之。小人難事而易說也。說之雖不以道，說也。及其使人也，求備焉。」

君子處己也正，責人也輕。正故難悅，輕故易事。小人處己也不正，責人也私。不正故易悅，私故難事。《泰》九二之「包荒，用憑河」，易事也。《兌》九二之「孚」，難說也。與人不求備，而不邇聲色。湯之易事，難悅也。不顯亦臨，而無斁援歝羨。文王之易事，難悅也。易事，仁也；難悅，義也。小人反是。

子曰：「君子泰而不驕，小人驕而不泰。」

君子坦蕩蕩，而謙以自牧，故泰而不驕；小人長戚戚，而賤物貴我，故驕而不泰。莊子曰：「宇泰定者，發乎天光。」《易》曰：「履而泰，然後安。」則宇泰定者，德也；履而泰者，行也。《禮》曰：「小人富斯驕。」荀子曰：「小人能則倨傲，以驕溢人。」則富斯驕者，累於利也；能斯驕者，累於名也。君子安於能行，而不知有名利，故能泰而不為驕；小人累於名利，而不知有德行，故為驕而不能泰。君子不驕，有所謂驕，荀子所謂「志意修，則驕富貴」是也。小人不泰，有所謂泰，《禮記》所謂「驕泰以失之」是也。然驕富貴，非君子之成名時也，至君子之成名，則無驕矣。

子曰：「剛、毅、木、訥，近仁。」

剛則無欲，無欲則靜，仁者靜，故剛近之。毅則果敢，果則勇，仁者必勇，故毅近之。木者無令色，則不以色取仁。訥者無巧言，則不以給奪仁。凡此不以末害本也。仁者務本而已，故木訥近之。「剛、毅、木、訥，近仁」，

質美故也。強恕而行，求仁莫近焉，行美故也。

子路問曰：「何如斯可謂之士矣？」子曰：「切切偲偲，怡怡如也，可謂士矣。朋友切切偲偲，兄弟怡怡。」

切切，責也；偲偲，強也。《詩》曰：「代木丁丁，鳥鳴嚶嚶。」切切偲偲之謂也。「兄弟既翕，和樂且耽」，怡怡之謂也。蓋閨門之內，恩掩義；閨門之外，義掩恩。孔子言「朋友切切偲偲，兄弟怡怡」，孟子言「責善，朋友之道。父子之間，不責善」，是皆不以恩廢義，不以義賊恩。子路之為人，嗿而行行。其於朋友兄弟，必不能然，故孔子告之《棠棣》之詩。於急難，則良朋不如兄弟；於喪亂既平，則兄弟不如友生。此先朋友而後兄弟者，亦兄弟不如友生之意也。

子曰：「善人教民七年，亦可以即戎矣。」

子曰：「以不教民戰，是謂棄之。」

有不能教之君，無不可用之民。善人教民七年，可以即戎，則君子教民，雖不七年，可以即戎矣。孟子曰：「師文王者，大國五年，小國七年，可以為政於天下。」蓋善人之教民，猶小國之施政。小國之政必七年，然後及於天下。善人之教民必七年，然後可以即戎，其勢然也。觀晉侯之教民，定襄王以示之義，伐原以示之信，大搜以示之禮，然後用之以戰。則先王之教民，豈特司馬坐作進退、疾徐疏數之節而已哉？彼不知務者，大則不能教民以禮義，小則不能教民以戰陣，及其有事，則驅市人以就死地而已。此孟子所以言「不教而戰，謂之殃民」也。《司馬法》曰：「教惟豫。」孫武曰：「教道不明曰亂。」吳起曰：「兵之法，教戒為先。」鄧析曰：「慮不先定，不可以應卒；兵不閒習，不可以當敵。」《春秋》書「師次於郎，甲午治兵」，師次而後治兵，宜聖人譏之也。

憲問第十四

憲問恥。子曰：「邦有道，穀，恥也；邦無道，穀，恥也。」

「克、伐、怨、欲不行焉，可以為仁矣？」子曰：「可以為難矣，仁則吾不知也。」

勝人之謂克，自賢之謂伐。怨生於所求，欲生於所好。四者出於情而害於性，眾人縱之而不能止之，學者止之而不能去之。去之可以為仁，止之則可以為義而已。《召南》言夫人無妒忌之行，《周南》言后妃無妒忌之心。蓋無其行

者，不能無其心；無其心者，必無其行。克、伐、怨、欲不行，特無其行而已，其能無是心哉？惟仁者則無是心矣。宋襄公不鼓不成列，孟之反不伐，伯氏之無怨，孟公綽之不欲，孔子未嘗以仁名之，以其於此不行而已。若顏子之無伐，伯夷之無怨，此所謂無是心者也。孔子曰：「君子言必忠信，而心不忘仁義。」在心而已，無伐者此也。蓋克則加諸人，伐則自伐而已。克甚於伐，伐甚於怨，怨甚於欲，此其序也。

子曰：「士而懷居，不足以為士矣。」

士之所尚在於志，志之所尚在於道。士而懷居，則非志於道者也，故不足以為士。蓋物生於陵者安於陵，生於水者安於水，眾人不異乎物，則懷土而已。士則異於眾人，其可懷居哉？孔子曰：「君子居無求安。」《傳》曰：「宴安酖毒，不可懷也。」古之君子所以安土樂天，不累於物，視九夷如中國，不以為陋，視陋巷如廣廈，不以為憂，不過充是志而已。

子曰：「邦有道，危言危行；邦無道，危行言孫。」

天下有道，其言足以興，故危言；天下無道，其默足以容，故言遜。禹戒舜以無若丹朱，周公戒成王以無若商王受，周昌比漢高以桀、紂，劉毅比晉武以桓、靈，所謂危言也。孔子諾陽貨以將仕，閔子告魯使以善辭，所謂言遜也。蓋行所以行己，言所以應物。行己者，君子所以立道，故施於治亂則同；應物者，所以趨時，故施於治亂則異。彼泄冶論衵服之戲於陳，李雲疏貊瑯之封於漢，王嘉之言董賢，王章之言王鳳，李固之言梁冀，其言非不忠，然卒見誅者，以其不知言遜故也。

子曰：「有德者必有言，有言者不必有德；仁者必有勇，勇者不必有仁。」

德至靜也，其發則為言；仁至柔也，其動則為勇。顏子善言德行，有德者必有言也。子貢能言不能訥，有言者不必有德也。比干殺身以求仁，仁者必有勇也。子路能勇不能怯，勇者不必有仁也。蓋君子自得則為德，應物則為言，愛人則為仁，惡人之害則為勇。《艮》之六五，有德者也，則有言矣。《謙》之六五，有仁者也，「利用侵伐」，則有勇矣。《咸》之上六「騰口說」，《同人》九三之「敵剛」，此所謂「有言者不必有德，勇者不必有仁」也。

南宮适問於孔子曰：「羿善射，奡盪舟，俱不得其死然。禹、稷躬稼而有天下。」夫子不答。南宮适出，子曰：「君子哉若人！尚德哉若人！」

善射、盪舟，力也；躬稼，德也。南宮适賤羿、奡而貴禹、稷，尚德也。自其成德而言之，則曰「君子哉若人」；自其所言而言之，則曰「尚德哉若

人」。禹與稷均曰「躬稼」，稷與禹均曰有天下者。禹暨稷奏庶艱食，則禹、稷之躬稼可也；文、武之功起於后稷，則稷謂之有天下可也。言禹、稷躬稼，與孟子言禹、稷三過其門不入同；言稷有天下，與太伯以天下遜同。夫微莫微於一身，大莫大於天下。羿、奡之力，不足保其身，況天下乎？禹、稷之德，足以有天下，況一身乎？適言而當，故夫子不答。厲王好稼穡，芮伯刺之；樊遲請學稼，夫子非之，何耶？好稼，學稼為利也，躬稼為德也。《傳》曰：「后稷封殖於天下。」

子曰：「君子而不仁者有矣夫，未有小人而仁者也。」

有成德之君子，有未成德之君子。成德之君子，則於仁義無不盡；未成德之君子，則於仁義有不能，所謂「君子不仁者有矣夫」。君子有勇而無義為亂，此未成德之君子也。蓋仁者，人之所尤難。顏子之於仁，則三月不違而已，其餘可知矣。故子路、公西赤之徒，孔子皆曰「仁則吾不知也」。

子曰：「愛之，能勿勞乎？忠焉，能勿誨乎？」

勞之所以作其才，誨之所以達其善。愛之而不忍勞之，忠焉而不忍誨之，適所以賊之也。《禮》曰：「細人之愛人也以姑息。」此愛而不忍勞之也。孟子曰：「教人以善謂之忠。」此忠而能誨之也。蓋愛之者，仁也；勞之者，義也。忠焉者，義也；誨之者，仁也。君子處仁以義，然後仁；行義以仁，然後義。

子曰：「為命，裨諶草創之，世叔討論之，行人子羽修飾之，東里子產潤色之。」

為命，裨諶草創以始之，游吉討論以辨之，公孫揮修飾以洽之，國僑潤色以文之。蓋為命專於一，則不能無失，資於眾智，然後盡善。鄭之為命，必更四人然後成，此《春秋傳》所以謂其「鮮有敗事」也。列子曰：「鄭之東里多才。」其子產之謂乎？

或問子產。子曰：「惠人也。」問子西。曰：「彼哉！彼哉！」

鄭之子西俯仰於子展、子產之間，其與殺子孔之專，則因子展而已；其與伐陳，則因子產而已，其才不足道也。楚之令尹子西，理百姓，實倉廩，百姓得所，楚王賢之，其才可知也。不狥白公仇鄭之謀，而終死於白公之亂，其正可知也。或問子西，孔子彼而棄之者，非楚之子西，意鄭之子西乎？老子曰：「去彼取此。」彼者在所去，此者在所取。

問管仲。曰：「人也。奪伯氏駢邑三百，飯蔬食，沒齒無怨言。」

子曰：「貧而無怨難，富而無驕易。」

人也，猶言之人也。「奪伯氏駢邑三百」，「沒齒無怨言」，至公也。桓公以仲為聖人，施伯以仲為賢人，荀卿以仲為野人，其言各有當與？此謂人也異矣。駢邑三百，言奪之多；飯蔬食，言貧之甚；沒齒，言廢之久。蓋奪之雖多，而貧不甚；貧雖甚，而廢不久，其無怨則易。若伯氏，則無怨難矣，故繼之以「富而無驕易」。江熙曰：「顏子無怨，不可及也。子貢不驕，猶可能也。」此之謂歟？孔子前言子產，則繼之以晏平仲，此則繼之以管仲者，荀子曰：「晏子，功用之臣也，不如子產；子產，惠人也，不如夷吾。」

子曰：「孟公綽為趙、魏老則憂，不可以為滕、薛大夫。」

君子不器，無施而不可，不如君子則器矣，有能有不能。故裨諶謀野則獲，於居屋則否；黃霸治郡則長，于相國則不及。兵甲之事，文種不如范蠡；鎮撫國家，范蠡不如文種。面折廷爭，陳平不如王陵；全社稷，安劉氏，王陵不如陳平。房玄齡善於謀而不能斷，杜如晦長於斷而不能謀。「孟公綽為趙、魏老則憂，不可以為滕、薛大夫」，其才有能有不能也。老者，成德之稱。王朝有天子之老，五官之長，天子之老是也。邦國有卿老，國君不名卿老是也。卿大夫則有家老，所謂「趙魏老」是也。

子路問成人。子曰：「若臧武仲之知，公綽之不欲，卞莊子之勇，冉求之藝，文之以禮樂，亦可以為成人矣。」曰：「今之成人者何必然？見利思義，見危授命，久要不忘平生之言，亦可以為成人矣。」

子問公叔文子於公明賈曰：「信乎，夫子不言、不笑、不取乎？」公明賈對曰：「以告者過也。夫子時然後言，人不厭其言；樂然後笑，人不厭其笑；義然後取，人不厭其取。」子曰：「其然，豈其然乎？」

智以知之，不欲以守之，勇以行之。據於德，所以立本；游於藝，所以存末。本末具，而又文之以禮樂，則於人道幾盡矣，故曰「可以為成人」。子謂顏淵曰：「既能成人，而又加之以仁義禮樂，成人之行也。」《傳》曰：「人能曲直以赴禮者，謂之成人。」荀卿曰：「能定所應之謂成人。」與此同意。《周官》大司徒之教民，終之以五禮六樂。孟子言事親從兄，亦終之以禮樂。是學至於禮樂，然後可以為成人也。求言為邦，曰：「如其禮樂，以俟君子。」孔子於回之問為邦，然後告之以禮樂，蓋惟回可語以成人故也。夫見利則忘義，見危則惜命，久要則忘信，世俗之情也。今也見利思義，則可以為義；見危授命，則可以為忠；久要不忘平生之言，則可以為信，故曰「亦可以為成人矣」，言今之成人，則文之以禮樂者，古之成人也。古之成

人者由前,君子之事也;今之成人者由後,亦不失為善人者也。武仲之智,未足以為成人,而御叔以之為聖人,不亦妄哉?「易簡而天下之理得,而成位乎其中」,則其為成人,不特文之以禮樂而已也。

子曰:「臧武仲以防求為後於魯,雖曰不要君,吾不信也。」

孔子論仲,則以防求為要;論成人,則以仲為智,如此,則若無要君之事,而不免於要君,何也?《禮》曰:「道之不行,賢者過之。」子曰:「仲之智,綽之不欲,文之以禮樂,可以為成人。」使仲賢而不至於過,智而濟之以不欲,是能無要君之心矣。《禮》曰:「事君三違而不出境,則利祿也。人雖曰『不要君』,吾不信也。」

子曰:「晉文公譎而不正,齊桓公正而不譎。」

齊桓公為會而封異姓,晉文公為會而滅同姓;桓責諸公以不貢天子,文會河陽以召天子;桓伐譚戎而不有,文滅曹而分其地;桓仇管仲而用,文親舅犯而疑;桓寓內政以復古,文作三軍以偪上;桓釋曹沫之劫而遇以信,文念衛侯之怨而加以酖,此其正譎之不同也。晉文之譎,非無正也;齊桓之正,非無譎也。觀其出定襄王以示民義,伐原以示民信,大蒐以示民禮,於君之命有三辭之恭,於國之利有三罪之當,此晉文之正也。然譎不勝正,故謂之「譎而不正」。前事則兄弟爭國,內行則般樂奢汰;外事則詐邾襲莒,執陳轅濤塗以致戭於諸侯,親豎刁、易牙、開方,以構於國,此齊桓之譎者也。然正能勝譎,故曰「正而不譎」。若夫以王道觀之,則桓公之正,猶之譎也。昔孟氏子曰:「春秋無義戰。」愚曰:「五伯無王道。」

子路曰:「桓公殺公子糾,召忽死之,管仲不死。」曰:「未仁乎?」子曰:「桓公九合諸侯,不以兵車,管仲之力也。如其仁,如其仁。」

子貢曰:「管仲非仁者與?桓公殺公子糾,不能死,又相之。」子曰:「管仲相桓公,霸諸侯,一匡天下,民到於今受其賜。微管仲,吾其被髮左衽矣。豈若匹夫匹婦之為諒也,自經於溝瀆而莫之知也?」

自仁之成名而言之,雖君子有所不仁;自所愛而言之,雖管仲有所施。蓋仁之所施,有殺身以成仁,有不死以成仁。殺身而不足以成仁者,召忽也;不死而足以成仁者,管仲也。孔子曰:「子糾未成君,召忽未成臣。管仲不死而立功名,未可非也;召忽雖死,過於取仁,未足多也。」魯仲連亦曰:「見小節者,不能成榮名;惡小恥者,不能立大功。」管仲不恥身在縲絏之

中，而恥天下之不治；不恥不死公子糾，而恥威之不信於諸侯。夫以管仲之功，仲連能知之，而子路疑之者，自王道而論之，宜子路之為疑也。桓公衣裳之會，十有一而九盛，此所謂「九會諸侯，不以兵車」也。首止之會，定王世子，謂王世子正則天下正，此所謂一正天下也。其伐山戎，攘狄人，以王伐楚與厲，而使夷狄不能刻其脈以蹈中國之腹，所謂「微管仲，吾其被髮左衽矣」。《傳》以兵車之會三、乘車之會六為九合，不以兵車，兼兵車言之，則誤矣。雖然，管仲相桓公，正天下，修內政，寓軍令，諸侯盟會於九合，而不以兵車，功用可稱也。及其志滿意得，而塞門反坫，僭邦君之禮，故聖人小之。

公叔文子之臣大夫僎，與文子同升諸公。子聞之，曰：「可以為文矣。」

衛靈公以文子聽衛國之政，修其班制，以與四鄰交，衛國之社稷不辱，不亦文乎？孔子以「公叔文子之臣大夫僎，與文子同升諸公，可以為文矣」，蓋靈公以通鄰國而交之者為文，孔子以推人而下之者為文。通鄰國而交之，禮之文也；推人而下之，仁之文也，其所主雖殊，其為文一也。

子言衛靈公之無道也，康子曰：「夫如是，奚而不喪？」孔子曰：「仲叔圉治賓客，祝鮀治宗廟，王孫賈治軍旅。夫如是，奚其喪？」

國以賢興，以諂衰；君以忠安，以佞危。三仁在商而商不亡，多賢在楚而秦不伐。百里奚去虞而虞亡，在秦而秦霸；由余去戎而戎亡，在秦而秦強。故共公任小人，而魯人知其無依；衛多君子，而霸主知其無患，此《孝經》所謂「諸侯有諍臣，雖無道，不失其國」，《詩》所謂「人之云亡，邦國殄瘁」也。靈公雖無道，然治賓客則有仲叔圉，治宗廟則有祝鮀，治軍旅則有王孫賈，故孔子曰：「奚其喪？」孔子對魯公曰：「靈公於私家則亂，朝廷行事則賢。」伯常騫曰：「靈公全濫而浴，史鰌奉御而進所，搏幣而扶翼，其慢若此之甚也，見賢人若此之肅也。」蓋以此歟？為治之道，柔遠然後能邇，故治賓客為先，宗廟次之。三軍之運，德之末也，故軍旅為後。

子曰：「其言之不怍，則為之也難。」

言忠信則不怍，行顧言則能為之。為之道也難，則言之不怍，期是矣。言之不怍，則行成亦貴於不怍矣。揚子曰：「言不慚，行不恥。」《書》曰：「行之惟艱。」

　　陳成子弒簡公。孔子沐浴而朝，告於哀公曰：「陳恒弒其君，請討之。」公曰：「告夫三子。」孔子曰：「以吾從大夫之後，不敢不告也。君曰『告夫三子』者。」之三子告，不可。孔子曰：「以吾從大夫之後，不敢不告也。」

　　臣弒君，子弒父，凡在官者殺無赦。陳恒弒簡公，孔子請討之。蓋曰：請之者，吾之職也。行不行，君之事也。吾之職不可不盡，君之事，吾何與焉？故曰「不敢不告」。然則魯弱齊強，攻之不亦難乎？孔子曰：「陳恒弒君，而民不與者半。以魯之眾，加齊之半，可克也。」此言「之三子告，不可」，《春秋傳》以為不告，誤矣。

　　子路問事君。子曰：「勿欺也，而犯之。」

　　孟子曰：「非堯、舜之道，不敢陳。」勿欺也。《禮》曰：「事君有犯而無隱。」犯之也。勿欺，忠也；犯之，義也。由於孔子而欲為臣一事，則欺而不忠；於顓臾之伐而不救，則順而不犯。故其問事君，而告之如此。《孝經》曰：「進思盡忠，退思補過。」盡忠則勿欺，補過則有犯。

　　子曰：「君子上達，小人下達。」

　　子曰：「古之學者為己，今之學者為人。」

　　形而上者，道也；形而下者，事也。君子事道故上達，小人事事故下達。孔子曰：「中人以上，可以語上；中人以下，不可以語上。」子曰：「古之學者為己，今之學者為人。」荀子曰：「君子之學以美身，小人之學以禽犢。」楊子曰：「大人之學為道，小人之學為利。」則為道以美其身者，為己者也；為利以為禽犢者，為人者也。范曄曰：「為己者因心以會道，為人者憑譽以顯物。」蓋為己者未嘗不為人，為人者必不能為己。楊朱第知為己而已，墨翟第知為人而已，若孔子則為己而不忘人，為人而不忘己者也，故曰：「我學不厭，而教不倦。」彼學以為人，教以為己者，豈知此哉？宜原憲所以不忍為也。

　　蘧伯玉使人於孔子，孔子與之坐而問焉，曰：「夫子何為？」對曰：「夫子欲寡其過而未能也。」使者出，子曰：「使乎！使乎！」

　　孔子以蘧伯玉汲汲於人，以善自終。莊子以蘧伯玉行年六十化。公叔文子欲葬於瑕丘，而伯玉請行。孫文子欲報衛君，而伯玉辭之。以不知季札適衛，而稱其君子；史鰌屍諫，而稱其賢，則伯玉欲寡其過也信矣。曰「使乎」，善其言之信也。《詩》之《皇華》以「周爰咨諏」為使之美，莊子以「相靡以信」。

忠信之言為使之事，則使者以忠信為主也。公明賈之溢美公叔文子以不言、不笑、不取；宋師紿魯以鄭師未及國，則異乎此矣。

子曰：「不在其位，不謀其政。」重出。

子曰：「君子思不出其位。」

事君，處其位而不履其事則亂，不在其位而謀其政則冒。亂者，非所謂知務也；冒者，非所謂知分也。

子曰：「君子恥其言而過其行。」

君子之於天下，與其言不足而行有餘，孰若行有餘而言不足？故不恥行過言，而常恥言過行。此仲尼之徒善為說辭，不若善言德行者之為優也。

子曰：「君子道者三，我無能焉：仁者不憂，知者不惑，勇者不懼。」子貢曰：「夫子自道也。」

子貢方人。子曰：「賜也賢乎哉？夫我則不暇。」

不器於人者，然後能器人；器於人者，不可以器人。子貢器於人而已，其方人也，不亦過乎？孔子曰：「賜也賢乎哉？」以賢者過之也。子貢對衛將軍文子，則謂顏淵之相，冉雍有志之君子，仲由才任治戎，冉求好學博藝，至於公西赤、顓孫師、曾參、卜偃、滅明、高柴、南容之徒，莫不在其所議，而孔子笑之，蓋譏其方人之過也，故子以為不暇。左氏之品藻，班固之變弄，不免後世之譏者，以其不能器人也。子曰：「不逆詐，不億不信，抑亦先覺者，是賢乎？」詐在行，不信在言。逆者迎而知之，億者度而知之。君子之於人，遇之以誠，而不察之以智；照之以天，而不照之以人。此揚子所以言「不奸奸，不詐詐」也。不奸奸，故不億不信；不詐詐，故不逆詐，是乃先覺之所以為賢也。若夫任前識之明，上太察之智，則刻核之至。忠信有時而見疑，是乃昧者所以為不肖也。舜之於象，不以偽喜而不喜；周公之於管、蔡，不以不賢而不封。凡此不逆不億也。子貢之屢中，郤雍相盜失，是矣。

微生畝謂孔子曰：「丘何為是棲棲者與？無乃為佞乎？」孔子曰：「非敢為佞也，疾固也。」

能仕者必貴乎能已，能已者必貴乎能仕。仕而不能已，已而不能仕，守一而不知變者也。固者之所為，君子疾諸。孔子「三月無君，則皇皇如也」，則其棲棲然動靜無操持者，非為佞也，疾固以事道而已。孰謂微生畝足以知孔子？

子曰：「驥不稱其力，稱其德也。」

君子絕德，小人絕力，故驥所以喻君子，而不如驥者所以喻小人。揚子曰：「齊馬以驥。」又曰：「睎驥之馬，亦驥之乘。」或以譬仲尼，或以譬顏回，以驥有德也。適賤羿、奡，尚禹、稷，孔子所以美之者以此。

或曰：「以德報怨，何如？」子曰：「何以報德？以直報怨，以德報德。」

復讎者，人之所不能免，先王之所不能禁，特為之法以制之而已。《周官·調人》「凡殺人而義者，令勿讎」，則殺人而不義者，在法之所不宥，以可殺者必避之也。《朝士》：「凡報仇讎者，書於士，殺之無罪。」則應避而不避，其書於士而殺之可也。然則先王復讎之法不行，「凡有罪辜，乃罔常獲，小民方興，相為敵讎」，由是殺人之父也，人亦殺其父；殺人之兄也，人亦殺其兄。干戈相尋，莫之或息，豈特復其不讎，避者而已哉？於是有問孔子曰：「以德報怨，何如？」孔子曰：「以直報怨，以德報德。」蓋以直報怨，則民有所懲；以德報德，則民有所勸。以直報怨，義也；以德報德，仁也。老子曰：「以德報怨。」《禮》曰：「以德報怨，寬身之仁也；以怨報德，刑戮之民也。」蓋以德報德者，德也，則《詩》所謂「報之以瓊琚」者也；以怨報德者，事也，則《詩》所謂「反以我為讎」者也。昔豎牛之於叔孫昭子，盧蒲葵之於慶舍，寒浞之於后羿，公勝之於巢公，皆以怨報德者也。

子曰：「莫我知也夫！」子貢曰：「何為其莫知子也？」子曰：「不怨天，不尤人，下學而上達。知我者，其天乎？」

孔子言「莫己知也」，繼之以「不怨天，不尤人」，蓋曰「莫我知」者，豈天與人使之然哉？命也。天道遠而難知，故曰怨；人道邇而可指其掌，故曰尤。下學而上達，則始於窮理，終於知命；始於仁義，終於天道，如此則與天同矣，故曰：「知我者，其天乎？」荀子曰：「自知者不怨人，知命者不怨天。怨人者窮，怨天者無志。失之己，反之人，豈不亦迂哉？」孔子不怨不尤，與反之人者異；下學上達，與失之己者異。

公伯僚愬子路於季孫。子服景伯以告，曰：「夫子固有惑志於公伯僚，吾力猶能肆諸市朝。」子曰：「道之將行也與，命也；道之將廢也與，命也。公伯僚其如命何？」

不知命者，以興廢在人，而有所難辨，子服景伯是也。知命者，以興廢在天，而無所校，孔子是也。蓋道待命而後行，命待道而後立。以道處命，則死

生無所恤；以命處道，則廢興無所累。君子之於道、命，雖死生不得與之，況廢興乎哉？孔子於伯僚言命，孟子於臧倉言天，其致一也。

子曰：「賢者辟世，其次辟地，其次辟色，其次辟言。」

子曰：「作者七人矣。」

子路宿於石門。晨門曰：「奚自？」子路曰：「自孔氏。」曰：「是知其不可而為之者與？」

子擊磬於衛。有荷蕢而過孔氏之門者，曰：「有心哉，擊磬乎！」既而曰：「鄙哉，硜硜乎！莫己知也，斯己而已矣。深則厲，淺則揭。」子曰：「果哉，末之難矣！」

伯夷居海，管寧浮海，辟世也。危邦不入，亂邦不居，辟地也。色斯舉矣，禮貌衰則去之，辟色也。聲音之詭，人則去之，辟言也。作者七人，則伯夷、叔齊、虞仲、夷逸、朱張、柳下惠、少連是也。之七士者，皆成德之逸民，故或辟世、辟地、辟言，而去就進退之理備矣。至於孔子，則集七人之大成，可以仕則仕，可以止則止，故曰：「我則異於是，無可無不可。」揚子曰：「聖人不遯乎世，不離乎群。」莊周曰：「古之所謂隱，牛馬以伏其身而勿見也，非閉其言而不出也，非藏其智而不發也。當時命行乎天下，則反一無跡；不當時命窮乎天下，則深根寧極而待。」此所謂「無可無不可」者也。古之所謂大隱，如是而已。彼晨門譏其不可為而為，荷蕢譏其莫知而不止，豈知此哉？然聖人之有為，常出於無為；其有心，常出於無心。荷蕢之聞磬，知其有心，而不得其無心，則其所知也淺矣。季咸之於列子，知其氣機，而不知其未始出吾宗，亦若此也。晨門，司晨昏之啟閉者也。《周官》以昏閉言之，則曰閽人；《論語》以晨啟言之，則曰晨門。

子張曰：「《書》云：『高宗諒陰，三年不言。』何謂也？」子曰：「何必高宗，古之人皆然。君薨，百官總己以聽於冢宰三年。」

斬衰之喪，唯而不對；齊衰之喪，對而不言。高宗三年不言，蓋禮然也。子張以人君不能三年，則以今疑古，故問曰：「何謂也？」孔子以古陋今，故曰：「何必高宗，古之人皆然。」《詩》之《素冠》，刺不能三年。滕之父兄、百官皆不欲三年，則孔子之時可知矣。

子曰：「上好禮，則民易使也。」

兩貴不能相事，兩賤不能相使。上好禮，則不敢輕於使民；民好禮，則知

分，未有不易使者矣。蓋禮以敬民，則使民如承大祭；民好禮以敬上，則孰疾視其長上為哉？故曰「上有所好，下必有甚焉」者矣。

子路問君子。子曰：「修己以敬。」曰：「如斯而已乎？」曰：「修己以安人。」曰：「如斯而已乎？」曰：「修己以安百姓。修己以安百姓，堯、舜其猶病諸？」

《書》稱堯之德，始於「欽明」，中於「平章」，卒於「於變」。欽明者，修己以敬也；平章者，安人也；於變者，安百姓也。老子言修之身，而其終至於天下修，《禮》言「毋不敬」，而其效至於安民，與此同意。修己以敬，自愛也；修己以安百姓，博愛也。夫正者未必安，而安者必以正。孟子以正己而物正為大人之事，則修己以安百姓者，聖人之事也。堯、舜於此可以不修，而猶病之者，以其不免有竄殛之刑故也。《書》曰：「安民則惠，惟帝其難之。」此之謂歟？《孝經》言「得人之歡心」，又言「得百姓之歡心」，是人不及百姓之眾也。

原壤夷俟。子曰：「幼而不遜弟，長而無述焉，老而不死，是為賊。」以杖叩其脛。

無述則無所取，賊則有所害。莊子曰：「人而無以先人，是人之謂陳人。」曾子曰：「少稱不弟焉，恥也；壯稱無德焉，辱也；老稱無禮焉，罪也。」荀子曰：「少而不學，長無能也。」此「無述」之謂也。以杖叩脛，責之而已。所謂故者，無失其為故也。

闕黨童子將命。或問之曰：「益者與？」子曰：「吾見其居於位也，見其與先生並行也。非求益者也，欲速成者也。」

居位則不遜，並行則不弟。將命非童子之事，而夫子使之者，以其欲速者也，故因命而教之耳。孟子好貨、好色、好勇、好樂而教之，與此同意。

論語全解卷八

衛靈公第十五

衛靈公問陳於孔子。孔子對曰：「俎豆之事，則嘗聞之矣；軍旅之事，未之學也。」

天根問為天下於無名人，無名人曰：「汝，鄙人也，何問之不豫也？」靈公問陳於孔子，亦若是而已。此孔子對以「俎豆之事，則嘗聞之；軍旅之事，未之學也」。古者文事必有武備，武備必有文事，故射御之事寓於禮，干戚之事寓於樂，則君子之學禮樂也，軍旅之事未嘗不在其中矣。孔子於夾谷之會，則以兵加萊人，而齊人恐；於費人之亂，則命將士伐之，而費人北，嘗曰：「我戰則克。」而冉有亦曰：「聖人文武並用。」則孔子於軍旅之事，曷嘗未學之？蓋有所不言爾。孔子於孔文子亦曰：「簠簋之事，則嘗學之；甲兵之事，未之聞也。」其所對與靈公同，其所以責之之意與靈公異。

明日，遂行。在陳絕糧，從者病，莫能興。子路慍見曰：「君子亦有窮乎？」子曰：「君子固窮，小人窮斯濫矣。」

子曰：「賜也，女以予為多學而識之者與？」對曰：「然，非與？」曰：「非也，予一以貫之。」

子曰：「由，知德者鮮矣。」

君子無常產而有常心，則固於窮；小人無常產，因無常心，故窮斯濫。君子窮則樂，小人窮斯濫。多學而識，則博於文而不知約，故所知者事；以一貫之，則通於一，而萬事畢，故所知者德。知德則自得而已，故窮亦樂，

通亦樂；知事則徇外而已，故醜窮而色作。子貢在陳則色作，子路則慍見，於此時言「由，知德者鮮」，則慍見與色作矣。孔子於子貢、曾子皆言「以一貫之」，所以語之也；子貢不知德，則多學而已。曰「予一以貫之」者，曾子之學可以語道；曰「吾道一以貫之」，所以誘之也。曾子唯而不辨，子貢聞而不問，於聖人之體不能具也。

子曰：「無為而治者，其舜也與？夫何為哉？恭己正南面而已矣。」

繼治世而不用眾，不能無為；用眾而不繼治世，亦不能無為。舜之無為，以其襲堯於其上，而用眾於其下故也。孔子曰：「舜有臣五人，而天下治。」揚子曰：「襲堯之爵，行堯之道，無為矣。」或言有臣，或言襲堯，蓋皆有為言之也。然則舜之所以無為，非夫二者之備，則未之暇矣。《禮》曰：「君子南鄉。天道拱於北，而與物辨；降於南，而與物交。」南面而聽者，道取諸此也。先王制禮，冕則玄表而朱裏，服則玄衣而纁裳，位則背北而南面，其義一也。

子張問行。子曰：「言忠信，行篤敬，雖蠻貊之邦，行矣。言不忠信，行不篤敬，雖州里，行乎哉？立則見其參於前也，在輿則見其倚於衡也，夫然後行。」子張書諸紳。

欲實莫如忠，欲當莫如信，致敬盡力莫如敦篤。言忠信，則言滿天下無口過；行篤敬，則行滿天下無怨惡，故曰：「雖蠻貊之邦，行矣。」言不忠信，行不篤敬，則反此，故曰：「雖州里，行乎哉？」昔河梁丈人以忠信，入水而不溺；商丘開以至信，入火而不爇。《詩》以欽恭明神，宜無悔怨。夫以水火鬼神，猶可以忠信篤敬親之，而況於人乎？此所以近之於州里，遠之於蠻貊，莫適而不行也。蓋子張持嘐嘐之志，而其行不掩；飾堂堂之容，而難於與為仁，則於忠信篤敬有所不盡，故孔子告之如此。「立則見其參於前，在輿則見其倚於衡」，與「見堯於牆」同意。「子張書諸紳」，與季路抱五慎之誠，趙孟佩九言之箴，西門豹之佩韋，董安于之佩弦同意。觀古人之佩玉，有瑜瑕不掩之忠，孚尹旁達之信，垂之墜之之禮，則子張以忠信篤敬之言書之於紳，宜矣。《周官》州里之名，別而言之，在鄉則有州，在遂則有里；合而言之，凡所居者皆謂之里，所聚者皆謂之州。《論語》之言里，則與《鄉大夫》《司常》所謂里同；言州，則與《鄉師》《鄉大夫》《司常》所謂州異。

子曰：「直哉史魚！邦有道，如矢；邦無道，如矢。君子哉蘧伯玉！邦有道，則仕；邦無道，則可卷而懷之。」

史魚能直而已，故「邦有道，如矢；邦無道，如矢」。伯玉則能曲直以趨時，故「邦有道，則仕；邦無道，則可卷而懷之」。《傳》曰：「正直為正，正曲為直，參和為仁。」史魚可謂「正曲」者也，伯玉可為「參和」者也。觀史魚之死，猶以屍諫，則其直可知矣。然《書》九德之直，則濟之以溫；《詩‧頌》之直，則齊之以倨。仲山甫直而柔，衛武公直而和，如此，然後無崖異之行，而全中和之德。史魚之直則異於是，故孔子謂之直，而不謂之君子也。季札於史魚、伯玉皆稱君子者，以其有君子之行，謂之君子可也。孔子以志士同仁人而稱仁，孟子以勾踐同文王而稱知，揚子以黔婁同顏淵而稱賢，與此同意。君子之於人，其言之也，與其失真，寧過其實。故季札以之為君子則可，荀卿以之為奸人則不可。

子曰：「可與言而不與之言，失人；不可與言而與之言，失言。知者不失人，亦不失言。」

知人則不失人，知言則不失言。孔子於程子則不失人，於孺子則不失言。孟子於章子則不失人，於王驩則不失言。然此中道也，鄙夫問我，則不必中道矣。

子曰：「志士仁人，無求生以害仁，有殺身以成仁。」

「生，我所欲，所欲有甚於生者」，舍生而取義，此「無求生以害仁」也。「死，我所惡，所惡有甚於死者，患有所不辟」，此「殺身以成仁」也。無求生以害仁，伯夷是也；殺身成仁，比干是也。非特仁人為然，志士亦能之，故孟子曰：「志士不忘在溝壑。」子張曰：「見危致命。」志士則利仁，仁人則安仁。或安而行之，或利而行之，其成功一也。列子稱伯曰：「仁義使我愛身。」而後名仲曰：「仁義使我身名並全。」然則為仁之道，豈待殺身而已哉？孔子言之，姑以救弊云。

子貢問為仁。子曰：「工欲善其事，必先利其器。居是邦也，事其大夫之賢者，友其士之仁者。」

工之於事，待器然後善；君子之於仁，待器而後成。大夫之賢者，則教我者也，故事之；士之仁者，則輔我者也，故友之。孟子言仁賢，則由仁而後賢；《春秋傳》言仁賢，則以佐賢而已。是賢者必仁，仁者不必賢。大夫以智帥人者也，故言賢；士則以才者也，故言仁。於賢者事之，所以尊之也；於仁者友之，所以親之也。周公誥康叔，於大史、內史言友，於服休、服採

言事。宓子賤於五賢則事之，於十一人則友之。惠公於子思則事之，於顏般則友之，皆此意也。對而言之，則事賢而友仁；通而言之，賢可言友，仁可言事。《詩》曰「友賢不棄」，《易》曰「休復下仁」是也。子貢好與不如己者處，故告之。

顏淵問為邦。子曰：「行夏之時，乘殷之輅，服周之冕，樂則《韶》舞。放鄭聲，遠佞人。鄭聲淫，佞人殆。」

商、周推天地之氣而為正，故文；夏據人所見者為正，故質。《春秋傳》言：「大輅越席，昭其檢也。」孔子言：「麻冕，禮也。今也純，儉。」則乘殷之輅，大輅也；服周之冕，麻冕也。禮貴質儉，故以夏時、商輅、周冕；樂貴美善，故以《韶》舞。蓋禮莫盛於三王，樂莫盛於五帝，故言禮則夏、商，周，樂則《韶》舞。《禮記》於五帝稱不相襲禮，於三王稱不相沿樂。放遠之，則舜命九官，終於夔之典樂，龍之納言。蓋有典樂，則鄭聲放；有納言，則佞人遠。為治至，於鄭聲放，佞人遠，則治之至也。孔子之門人，惟回之賢，可以為王者之佐，故其問為邦，而告之以此。孔子嘗曰：「《詩》云：『媚茲一人，應侯順德。』」以其可以為王者之佐故也。蓋言之入人，不如聲之深，故於鄭聲言淫，於佞人言殆而已。堯、舜於巧言令色壬人，猶病其難，則其戒顏淵宜矣。於淵猶然，況餘人乎？夫鄭聲之害，不及佞人；佞人之害，不及利口，故孔子於鄭聲言淫，於佞人言殆，於利口則言覆邦家也。孟子於佞人言亂義，於利口言亂信，是利口之所亂者，過於佞人，不多言而明矣。

子曰：「人無遠慮，必有近憂。」

先事而慮之，遠慮也；事至而憂之，近憂也。「人無遠慮，必有近憂」，則有遠慮，必無近憂矣。《春秋傳》曰：「君子有遠慮，小人從邇。」蓋聖人無思則無慮，小人從邇則不能遠慮。夫善於遠慮，則長慮顧後者也；不善於遠慮，則私憂過計者也。《易》曰：「君子思患而預防之。」荀卿曰：「先事慮患。」善於遠慮者也。墨翟憂天下之不足，杞子憂天地之壞，不善於遠慮者也。孔子曰：「處身而常佚者志不廣，居下而無憂者思不遠。」然則君子之有終身之憂，是以有遠慮也。惟其有終身之憂，故無近憂。孔子告冉有曰：「遠人不服，不能來也。吾恐季孫之憂，在蕭牆之內也。」此謂人無遠慮，則必有近憂。

子曰：「已矣乎！吾未見好德如好色者也。」

《詩》言「已焉哉」，接輿言「已而已而」，孔子言「已矣乎」，皆決辭也。

孔子於「鳳鳥不至，河不出圖」，「吾未見能見其過而內自訟」，「吾未見好德如好色」，皆言「已矣乎」，則「鳳鳥不至，河不出圖」，傷其無時也；未見自訟與好德，傷其無人也。好德出於性，好色本乎情。以性勝情為君子，以情易性為小人。

子曰：「臧文仲其竊位者與？知柳下惠之賢而不與立也。」

文子曰：「知人之謂智，愛賢之謂仁。」文仲知柳下之賢而不與立，非不智也，不仁而已。不仁者，抑人以自高，棄人以自利，此偷天工以私己者也，故謂之「竊位」。曾子曰：「無益而受厚祿者，竊也。」夫管仲非不賢於鮑叔，子產非不賢於子皮，孔子以鮑叔、子皮為賢，以管仲、子產為不賢者，以鮑、皮能進管、產，而仲、僑不能進賢也。公孫弘不舉董仲舒，汲黯不以為忠；虞立不舉孫叔敖，樊姬不以為賢，凡此皆竊位者也。古者薦賢受上賞，蔽賢蒙顯戮，然竊位而不蒙戮也，幸矣。荀子曰：「蔽公者謂之昧，隱良者謂之妒。妒昧之臣，國之孽也。」

子曰：「躬自厚而薄責於人，則遠怨矣。」

君子為己不重，而責己重以周；為人不輕，而待人輕以約。重以周，故自厚；輕以約，故薄責。君子之交，盡己之歡，而不盡人之歡；竭己之忠，而不竭人之忠。《鄉飲酒》之酬賓，主人卒觶而賓不舉，亦是意也。湯之「檢身若不及，與人不求備」，孔子於聖仁不敢居，於管仲則稱仁，蓋以此歟？然此非中道也。有己然後求人，無己然後非人，此為中道。

子曰：「不曰『如之何，如之何』者，吾末如之何也已矣。」

老子曰：「為之於未有，治之於未亂。」《書》曰：「制治於未亂，保邦於未危。」《詩》曰：「迨天之未陰雨，徹彼桑土，綢繆牖戶。」《易》曰：「其亡其亡，繫於苞桑。」《禮》曰：「言前定則不跲。」荀卿曰：「先事慮謂之健，先患慮謂之豫。」揚子曰：「用智於未奔。」此皆思患豫防，而「不曰『如之何』，吾末如之何也已矣」，此之謂魚去沙而思於木，轂碎破而大其輻，渴而鑿井，鬥而鑄錐，則將噬臍無及矣。古之善用兵者，以虞待不虞；善醫者，不治已病治未病，況君子之於事乎？

子曰：「群居終日，言不及義，好行小慧，難矣哉！」

「言不及義」，則利而已，非所謂正言。「好行小慧」，則鑿而已，非所謂正行。揚子曰：「頻頻之黨，賊夫糧食。」

子曰：「君子義以為質，禮以行之，孫以出之，信以成之。君子哉！」

「義以為質」，則「禮以行之，孫以出之，信以成之」者，文也。義以禮行之則中，以孫出之則和。有中有和，而又以信終始之，此所以為君子也。《傳》曰：「禮以行義。」荀卿曰：「行義以禮，然後大。」《太玄》曰：「成之者信。」此「禮以行之，信以成之」之謂也。然禮與義常相為依用，方其以禮為體，則義為用，故《易》言「敬以直內，義以方外」。禮有之，禮者，義之本也。

子曰：「君子病無能焉，不病人之不已知也。」

子曰：「君子疾沒世而名不稱焉。」

子曰：「君子求諸己，小人求諸人。」

君子病己之無能，而不病人之不己知，則雖愚必明，雖柔必強。疾沒世而名不稱，則名不浮行，行必浮名。病為重，疾為輕。病己之無能，則務本者也，是以言病。沒世而名不稱，抑末而已，故言疾。

子曰：「君子矜而不爭，群而不黨。」

矜惜其行，則與人異；與人異，則疑於有爭。矜而不爭，禮也。群居則與人同，與人同，則疑於有黨。群而不黨，義也。子曰：「君子和而不同。」和則矜而不爭，不同則群而不黨。矜故不失己，不爭故不失人；群故不失人，不黨故不失己。處己而思，所以處人則禮；處人而思，所以處己則義，君子之道也。今夫水之於物不爭，老子以為幾道；羔羊於群不黨，詩人以為有德。君子之不爭不黨，本於道德故也。不爭也，有所謂爭，聞義爭，為不義爭改，射與投壺爭勝，君子之爭也。不黨也，有所謂黨，於交則有顯黨，於居則有鄉黨，君子之黨也。

子曰：「君子不以言舉人，不以人廢言。」

言有誠偽，人有賢不肖。言善而人不肖，舉之則不智；人不肖而言善，廢之則不仁。宰予之言，孔子不取；嗇夫之辨，釋之排之，不以言舉人也。陽貨之言，孟子不棄；愚者之言，智者擇焉，不以人廢言也。君子不以所長信所短，不以所短掩所長。

子貢問曰：「有一言而可以終身行之者乎？」子曰：「其恕乎！己所不欲，勿施於人。」

孔子曰：「一言有益於智，莫如豫；一言有益於仁，莫如恕。」「君子之

於仁，造次必於是，顛沛必於是。」而恕則近仁，故可終身行之也。桓王以食菜之田與鄭，白圭以鄰國為壑，豈知此哉？《春秋傳》曰：「恕而行之，德之則也，禮之經也。」蓋則與經立本者也，立本則與趨時者異矣，故可終身行之。

子曰：「吾之於人也，誰毀誰譽？如有所譽者，其有所試矣。斯民也，三代之所以直道而行也。」

譽起於所好，毀起於所惡。能好人，則所譽無溢美；能惡人，則所毀無怨惡。君子之於人，豈容心於好惡毀譽哉？凡因彼而已，故曰：「如有所譽，必有所試。」有所試，則名實當，故民不至枉道以求譽，故曰：「斯民也，三代之所以直道而行也。」譽則有所勸，毀則有所沮。有所勸則仁，有所沮則義。聖人在下，見於言，故有毀譽；聖人在上，見於行，故有賞罰，其致一也。孟子言「不虞之譽，求全之毀」，揚子言「妄譽仁之賊，妄毀義之賊」，皆非直道故也。

子曰：「吾猶及史之闕文也，有馬者借人乘之，今亡已夫。」

史喻馬，闕喻借。人於文不能知，則俟知者，知之可也；於馬不能乘，則借能者，乘之可也。孔子之時，子張、子游之徒猶不能闕其所不知，況餘人乎？此孔子所以謂「吾猶及史之闕文，今也則亡」。孔子曰：「聽遠音者，聞其聲，不聞其舒；望遠者，察其貌，不察其形。」立乎定、哀，以指隱、桓，隱、桓之日遠矣。夏五傳疑也，蓋君子之所慎而不苟也如此。

子曰：「巧言亂德，小不忍，則亂大謀。」

巧言似忠信，故亂德；小不忍，則優柔不斷，故亂大謀。巧言必察之以智，小不忍必齊之以義。蓋持狐疑之慮者，無過人之略；懷隱忍之心者，無必成之功。蝮之螫手則斬手，螫足則斬足，非惡手足而樂去之也，以為愛其一肢，則害於四體也。鄭伯之於叔段，齊桓之於豎刁、易牙，葉公之於公勝，唐之於全忠、祿山之徒，皆養虎自遺患者也。

子曰：「眾惡之，必察焉；眾好之，必察焉。」

眾惡之中有君子，眾好之中有小人，如之何而勿察？

子曰：「人能弘道，非道弘人。」

人有志於道，故能弘道；道無情於人，故非弘人。「我欲仁，斯仁至矣」，

「人能弘道」也。小以成小，大以成大，「非道弘人」也。《易》曰：「苟非其人，道不虛行。」「神而明之，存乎其人。」《禮》曰：「禮儀三百，威儀三千，待其人而後行。」又曰：「制度在禮，文為在禮。行之其在人乎！」

子曰：「過而不改，是謂過矣。」

過而能改，則自無過矣，故物之所責，悔而後致吉。

子曰：「吾嘗終日不食，終夜不寢，以思，無益，不如學也。」

「思而不學則殆」，思而無益，不如學也。老子曰：「為學日益。」

子曰：「君子謀道不謀食。耕也，餒在其中矣；學也，祿在其中矣。君子憂道不憂貧。」

耕者志於利而害在其中，學者志於道而利在其中，君子所以謀道不謀食，憂道不憂貧也。《詩·權輿》則謀食，《北門》則憂貧，何耶？《權輿》之謀食也，實非謀食也，責其禮之不至也。《北門》之憂貧也，實非憂貧也，傷其志之不得也，與徒餔啜、羞貧賤者異。

子曰：「知及之，仁不能守之，雖得之，必失之。知及之，仁能守之，不莊以蒞之，則民不敬。知及之，仁能守之，莊以蒞之，動之不以禮，未善也。」

知與仁，德也，君子以之處己；莊與禮，行也，君子以之接人。知所以盡性，知窮理而不知盡性，則所學不固，故曰：「雖得之，必失之。」莊者，仁知之容；禮者，仁智之文。以莊蒞事則民敬，以禮而動然後善，故曰：「動之不以禮，未善也。」仲弓知及之，故孔子告之以「承大祭，見大賓」。顏子仁能守，莊能蒞，未能動之以禮者也，故孔子告之以「復禮」。動以禮，聖人之事。孟子曰：「動容周旋中禮，盛德之至也。」

子曰：「君子不可小知，而可大受也；小人不可大受，而可小知也。」

大知、小知存乎義，大受、小受存乎器。君子之器識則大，故老農、老圃在所不知，而受天下不以為泰，此「不可小知而可大受也」。小人之器識則小，故乘君子之器致寇，而童觀則无咎，此「不可大受而可小知也」。揚子曰：「師之所知，貴大知也。小知之師，亦賤矣。」子皮曰：「君子務知大者遠者，小人務知小者近者。」所謂大知、小知。《詩》曰：「受大國是達。」揚子曰：「瘠虛無因，不能大受。」所謂大受、小受。

子曰：「民之於仁也，甚於水火。水火，吾見蹈而死者矣，未見蹈仁而死者也。」

水火所以養己，仁所以成己。養己者其利小，成己者其利大，此仁所以甚於水火也。蹈水火而死，匹夫匹婦之諒；蹈仁而死，則為志士仁人矣。孔子之世，為匹夫匹婦者恒多，為志士仁人者恒少，故曰：「水火，吾見蹈而死者，未見蹈仁而死者也。」

子曰：「當仁不讓於師。」

君子之於父兄，無所不告，聞斯行之，則不必告也。於師無所不遜，當仁則不必遜也。崔駰曰：「當其有事，則褰裳、濡足、掛冠，不顧人命，則非仁也。當其無事，則躡步、整襟，規矩其步，德遜不修，則非忠也。是以險則救俗，平則守禮。」由此觀之，無事則師，有事則當仁不遜，與言不稱師謂之畔，行不稱師謂之倍者，異矣。

子曰：「君子貞而不諒。」

君子求諸己，不求諸人；小人求諸人，不求諸己。求諸己，故內正；不求諸人，故不諒乎外。《泰》之九三「艱貞，無咎」，以言在己為有義，在人為有命。苟內不能自正，而外以求信於人，則是不恤己之孚，而恤人之不己孚，豈為知命哉？故曰：「不知命，無以為君子。」荀卿曰：「君子能為可信，不能使人必信己。」蓋能為可信，故貞；不能使人必信己，故不諒。

子曰：「事君，敬其事而後其食。」

君子之於仕，為道不為食；人君之授祿，食功不食志。《詩》稱「不素餐」，《易》稱「不素飽」，《坊記》稱「先事而後祿」，《儒行》稱「先勞而後祿」，皆「敬事後食」者也。古者男子生，必先有志於事，然後敢用穀，況事君乎？

子曰：「有教無類。」

教在己，類在人。在己者不可以有倦，在人者不可以有擇，此所謂「有教無類」也。蓋人受天地之中以生，而其性未嘗不善。不幸而處於不善之類，君子其可求類而教之哉？一應之以無我而已。故難言者，莊子之所與；廢履者，孟子所不拒。《書》言「不協於極，不罹於咎，皇則受之」，《詩》言「不顯亦臨，無射亦保」，皆無類故也。然孔子於孺悲則不見，孟子於滕更則不答，非不教之也，不屑教也。

子曰：「道不同，不相為謀。」

道之同，雖異曲而相合；道之異，雖同時而不相謀。故賢人所以誠世，聖人未嘗過而問焉；君子所以誠國，賢人未嘗過而問焉。何則？市井不可與語先生之言，方內不可與語方外之道也。孔子之於陽貨，瞯之而拜；孟子之於王驩，未嘗與言。齊王好竽，而鼓瑟者不用；漢武尚武，而好文者不遇。此《傳》所謂「薰、蕕不同器而藏，堯、桀不同國而治」也。太史公「員枘方鑿」之說，若是而已。

子曰：「辭達而已矣。」

意者，辭之主；辭者，意之需。君子之亂，達其意而已，夫豈多騁旁枝為哉？故曰「辭達而已矣」。《儀禮》曰：「辭多則史，少則不達。」彼鄒衍之談天，公孫龍之詭辭，其言雖多，皆辨者之囿而已，豈知所謂辭達者哉？王通曰：「吾師也，辭達而已。」蓋仿此者矣。

師冕見，及階，子曰：「階也。」及席，子曰：「席也。」皆坐，子告之曰：「某在斯，某在斯。」師冕出。子張問曰：「與師言之道與？」子曰：「然，固相師之道也。」

老者在所養，喪者在所恤，貴者在所敬。古之人待瞽者如老者、喪者、貴者，所以盡禮也。《禮》曰：「八十拜君命，一坐再至，瞽亦如之。」又曰：「八十者，一子不從政。九十者，其家不從政。瞽亦如之。」是待瞽者如老者也。《論語》曰：「見齊衰者、冕衣裳者與瞽者，見之，雖少必作；過之，必趨。」又曰：「見齊衰者，雖狎，必變。見冕者與瞽者，雖褻，必以貌。」是待瞽者如長者、貴者也。然則於其所不知者，其可以不告乎？故及階、席，則曰「階也」「席也」，皆坐則曰「某在斯」。《禮》曰：「未有燭，而有後至者，則以在者告。」導瞽亦然。

季氏第十六

季氏將伐顓臾。冉有、季路見於孔子曰：「季氏將有事於顓臾。」孔子曰：「求，無乃爾是過與？夫顓臾，昔者先王以為東蒙主，且在邦域之中矣，是社稷之臣也，何以伐為？」冉有曰：「夫子欲之，吾二臣者皆不欲也。」孔子曰：「求，周任有言曰：『陳力就列，不能者止。』危而不持，顛而不扶，則將焉用彼相矣？

袁絲曰：「周勃，忠臣也，非社稷之臣。」揚子曰：「若張子之智，陳平

之無悈，絳侯勃之果，霍將軍之勇，終之以禮樂，則可謂社稷之臣。」社稷之臣，其難也如此，而顓臾之附庸可以為之乎？蓋社稷之臣，有存乎人，有存乎地者。存乎人者，才也；存乎地者，勢也。顓臾之為社稷臣者，非稱其才，勢而已也。

「且爾言過矣。虎兕出於柙，龜玉毀於櫝中，是誰之過與？」

君子以義事君，故能閒其惡；以仁處人，故能保其善。季氏之惡，以譬則虎兕；顓臾之善，以譬則龜玉。季氏將伐顓臾，而不能閒之，是「虎兕出於柙」也；顓臾在邦域之中，而不能保之，是「龜玉毀於櫝中」也，故曰：「求，無乃爾是過與？」顛甚於危，扶難於持。危而持之，然後安；顛而扶之，然後興，故先言「危而不持」，後言「顛而不扶」。孟子曰：「君不鄉道，不志於仁，而為之強戰，是輔桀也。」求、由均是輔桀，孔子特責求者，以求嘗聚斂，勢必欲廣土地也。

冉有曰：「今夫顓臾，固而近於費。今不取，後世必為子孫憂。」孔子曰：「求，君子疾夫捨曰欲之，而必為之辭。丘也聞有國有家者，不患寡而患不均，不患貧而患不安。蓋均無貧，和無寡，安無傾。夫如是，故遠人不服，則修文德以來之。既來之，則安之。今由與求也，相夫子，遠人不服，而不能來也；邦分崩離析，而不能守也，而謀動干戈於邦內。吾恐季孫之憂，不在顓臾，而在蕭牆之內也。」

政之不均，而患民寡；民之不安，而患國貧，非知本也。《書》言「罔曰民寡，惟慎厥事」，《詩》言尹氏「秉國之鈞，不宜空我師」，是在患所政之不均，而不在民寡也。孟子言「地利不如人和」，又言「貨財不聚，非國害，上無禮，下無學，賊民興，喪無日矣」，是故患在民之不安，而不在國貧也。然均則得民財，故無貧；和則得民心，故無寡；安則其本固，故無傾。《周官》政典以均方，政職以聚百物，此「均無貧」也。孟子言「得道者多助」，此「和無寡」也。《書》曰：「民惟邦本，本固邦寧。」此「安無傾」也。蓋均故和，和故安。貧則無以聚人，安能無寡？寡則無與守邦，安能無傾？然不患貧而患不安者，為國家以安之為終始也。不安而欲均之，不亦難乎？由均至於安，則在內者無患矣。然遠人猶不服，則修文德以來之，此舜敷文德以格有苗，太王施文德以治四國者也。冉求之相季氏不如此，而謀動干戈以伐顓臾，是患寡而不患不均，患貧而不患不安也。冉求曰顓臾必為子孫憂，孔子謂「吾恐季孫之憂不在顓臾，而在蕭牆之內」，其後陽貨果囚桓子，非其驗歟？夫蕭

之言肅也，朝欲肅，故其牆謂之蕭牆；軍欲和，故其門謂之和門。古人之為門牆者，豈特為蔽居處之具哉？凡皆有所寓也。

孔子曰：「天下有道，則禮樂征伐自天子出；天下無道，則禮樂征伐自諸侯出。自諸侯出，蓋十世希不失矣；自大夫出，五世希不失矣；陪臣執國命，三世希不失矣。」

先王之盛時，五禮六樂掌之於宗伯，九伐之法掌之於司馬。諸侯賜功矢然後徵，賜鈇鉞然後殺，賜圭瓚然後為鬯，命之教然後為學，此所謂「非天子，不議禮，不制度，不考文」者也。如此，在上者無失政，在下者無覬覦。周衰之時，天子失政，始於東遷。諸侯始於溴梁之會，不過十世、五世、三世也。以逆理彌甚者，則國勢彌蹙故也。《書》曰：「臣無有作福作威。臣之有作福作威，其害於而家，凶於而國。」《易》有之曰：「過旬災也。」意其此之謂乎？

「天下有道，則政不在大夫；天下有道，則庶人不議。」

天下有道，政出於君。大夫議之而無所遂，庶人聽之而無所議，以權有所在，分有所限也。聖人王天下，先之以道德，而民知修為，而議有所不及；次之以仁義，則民知親愛，而議有所不能；五變而舉刑名，九變而言賞罰，則下知敬畏，而議有所不敢。雖然，聖人猶為之慮也。造言亂眾者有刑，析言破律者有殺，如此，則橫議息矣。後世失道，而民入則腹誹，出則巷議，於是乎有弭謗之禁，燔書之令，豈非猶夫壅川之流而致其潰哉？

孔子曰：「祿之去公室五世矣，政逮於大夫四世矣，故夫三桓之子孫微矣。」

政者，威福之所在，祿則福而已。祿去公室，則政未必逮大夫；政逮大夫，祿去公室可知矣。故四世而三桓之子孫微矣，此所謂「五世希不失」者也。

孔子曰：「益者三友，損者三友。友直，友諒，友多聞，益矣。友便辟，友善柔，友便佞，損矣。」

直者所以正己之惡，諒者所以輔己之信，多聞者所以博己之知。便者，便人之所欲；辟者，避人之所惡，此反於直者也。善柔則能從人而已，便佞則能悅人而已，損友以此為最。故益友先直，次諒，而後多聞；損友先便辟，次善柔，而後便佞。蓋直者能忠，諒者能信。為學之道，先忠信以尊德性，然後博學以道問學，則取友之術，亦若是而已。

孔子曰：「益者三樂，損者三樂。樂節禮樂，樂道人之善，樂多賢友，益矣。樂驕樂，樂佚遊，樂宴樂，損矣。」

禮得其節則中，樂得其節則和。禮節則行正，樂節則心和，在己者備矣。在己者備，然後繼之以樂人之善，樂多賢友。益者三樂，則先節禮樂；損者三樂，則先樂驕樂。驕非所以節禮，樂非所以節樂也。

孔子曰：「侍於君子有三愆：言未及之而言謂之躁，言及之而不言謂之隱，未見顏色而言謂之瞽。」

躁、瞽則失言，隱則失人。荀卿曰：「未可與言而言謂之傲，可與言而不言謂之隱，不觀氣色而言謂之瞽。君子不傲、不隱、不瞽，謹慎其身。」與此同意。孟子曰：「未可與言而言，以言餂之；可與言而不言，以不言餂之。」以言餂，非特躁而已；以不言餂，非特隱而已。故孔子以為愆，孟子以為穿窬之盜。蓋非可言之時而不言，故無躁、瞽之愆；於可言之時而言，故無隱之愆。此《易》所謂「言有序」，公明賈所謂「時然後言」也。言有序，故悔亡；時然後言，故人不厭其言，非無愆者歟？《禮》曰：「長者不及，毋儳言。」

孔子曰：「君子有三戒：少之時，血氣未定，戒之在色；及其壯也，血氣方剛，戒之在鬥；及其老也，血氣既衰，戒之在得。」

血為榮而行於脈中，氣為衛而行於脈外。行於脈中，陰也；行於脈外，陽也。寇莫大於陰陽，為陰陽所寇而無以勝之，則窮人慾而天理滅，豈善養生哉？此君子所以有三戒也。然湯之不邇聲色，則無事於戒色；顏淵不遷怒，犯而不校，則無事於戒鬥；孔子七十而從心所欲，不踰距，則無事於戒得，三戒蓋以中心為制而已。《黃帝書》曰：「血氣衰則內虛，內虛則貪心生。」揚雄亦曰：「老則戒之在得。」莊周曰：「人之取畏者，衽席飲食之間，而不知為之戒者，過也。」由是觀之，得之所戒，常在於老，而色之所戒，非特少之時而已，蓋少時尤宜戒也。

孔子曰：「君子有三畏：畏天命，畏大人，畏聖人之言。小人不知天命而不畏也，狎大人，侮聖人之言。」

天命，命我者也。大人，臨我者也。聖言，教我者也。畏天命，畏天也。畏大人，畏人也。畏聖言，則天人之道存焉。高宗貪畏自度，畏天命也。孔子見所不見，畏大人也。臧榮拜六經，畏聖言也。帝乙之慢神，齊人之不敬王，伊尹曰侮聖言，皆小人之事也。春秋之時，弒君殺大夫者，無國無之，則不特

狎大人而已。秦燔《詩》《書》，則不特侮聖言而已。古人有言曰：「慎以畏為本。」故士無畏則簡仁義，農無畏則惰稼穡，工無畏則壞規矩，商無畏則貨不殖，子無畏則忘孝，父無畏則廢慈，臣無畏則勳不立，君無畏則亂不治。是以太上畏道，其次畏天，其次畏物，其次畏人，其次畏身。憂於身不拘於人，畏於己不制於彼。君子之畏，小人之無畏，豈特三者而已哉？孔子之言，舉其大者言也。

孔子曰：「生而知之者，上也；學而知之者，次也；困而學之，又其次也；困而不學，民斯為下矣。」

生而知之仁者，安仁也；學而知之知者，利仁也；困而學之畏罪者，強仁也。困而不學，則困蒙吝矣。

孔子曰：「君子有九思：視思明，聽思聰，色思溫，貌思恭，言思忠，事思敬，疑思問，忿思難，見得思義。」

思於五行主土，百物非土不生，百事非思不成。君子於視能思，則有視遠之明；於聽能思，則有聽德之聰，此其內達者也。於色能思，則即之也溫；於貌能思，則恭而有禮，此其外見者也。如此，則在我者修矣。然後忠以接物而不欺，敬以臨事而不慢，有疑則又問以辨之，則可為成德矣。然忿而不思難，見得而不思義，則害於德，故終之戒焉。《洪範》「五事」，先貌言而後視聽，此先視聽而後貌言者，《洪範》言用事之序，此言修德之序也。

孔子曰：「見善如不及，見不善如探湯。吾見其人矣，吾聞其語矣。隱居以求其志，行義以達其道。吾聞其語矣，未見其人也。」

齊景公有馬千駟，死之日，民無德而稱焉。伯夷、叔齊餓於首陽之下，民到於今稱之。其斯之謂與？

見善如不及，見不善如探湯，好學者能之，故曰「吾見其人」。隱居求志，行義達道，非聖人不能，故曰「未見其人」。夷、齊餓於首陽之下，隱居以求終身之仁，行義以激百世之清，故曰「民到於今稱之」。

陳亢問於伯魚曰：「子亦有異聞乎？」對曰：「未也。嘗獨立，鯉趨而過庭。曰：『學《詩》乎？』對曰：『未也。』『不學《詩》，無以言。』鯉退而學《詩》。他日又獨立，鯉趨而過庭。曰：『學禮乎？』對曰：『未也。』『不學禮，無以立。』鯉退而學禮。聞斯二者。」陳亢退而喜曰：「問一得三，聞《詩》，聞禮，又聞君子之遠其子也。」

志之所至，《詩》亦至焉，故「不學《詩》，無以言」。《詩》之所至，禮亦至焉，故「不學禮，無以立」。鯉之才不足以語樂，故特教之以《詩》、禮而已。教之者仁也，遠之者義也。古者父子之間不責善，命士以上則異宮，以為責善則夷，同宮則褻，此君子所以遠子也。荀卿曰：「君子於子，愛之而勿面，使之而勿貌，道之以道而勿強。」其是之謂乎？孔子於鯉，教之以「無以言」，又教之以「正牆面而立」。教之以「無以言」者，告之以詳；教之以「正牆面而立」者，告之以約。詳說而繼以約者，善教之道也。

邦君之妻，君稱之曰夫人，夫人自稱曰小童，邦人稱之曰君夫人。稱諸異邦曰寡小君，異邦人稱之亦曰君夫人。

國君理陽道，而出命正人於其外，故曰君。夫人理陰德，而出論正人於其內，故亦曰君。《易》「其君之袂」，《詩》「我以為君」，《詩序》曰「人君之德」，《禮》稱「女君」，《春秋》書曰「小君」「夫人」「寡小君」，皆以其出命正人故也。《易》之《家人》，於父母皆謂之「嚴君」，則夫人謂之君宜矣。蓋君於異邦曰「寡君」，故夫人曰「寡小君」。衰周之時，自陽侯之後大饗，廢夫人之禮，於此猶云者，蓋夫人之禮，於大饗則廢，於聘問不廢也。夫「名不正則言不順，言不順則事不成」，時之嫡庶不明，而名之不正者多矣，故夫子因而正之。

論語全解卷九

陽貨第十七

陽貨欲見孔子，孔子不見，歸孔子豚。孔子時其亡也，而往拜之，遇諸塗。謂孔子曰：「來！予與爾言。」曰：「懷其寶而迷其邦，可謂仁乎？」曰：「不可。」「好從事而亟失時，可謂知乎？」曰：「不可。」「日月逝矣，歲不我與。」孔子曰：「諾。吾將仕矣。」

其饋也以禮，孔子受之，禮也。其來也闞亡，孔子稱其施而往報之，亦禮也。孔子於衛不主彌子瑕，於齊不主侍人瘠環，則於魯豈主陽貨哉？故諾以仕而終不仕。諾以仕者，言遜也；終不仕者，危行也。

子曰：「性相近也，習相遠也。」

天命之謂性，人為之謂習。性則善惡混，故相近；習則善惡判，故相遠。今夫水之為性，不雜則清，莫動則平；通之為川瀆，則有以利物；升之為霜雪，則有以害物。木之為性，其直則喬以折，其曲則樛以屈；構之以為棟宇，則為庇人之器；刻之以為矛戟，則為殺人之器。人之性習，豈異是哉？《書》曰：「習與性成。」又曰：「若生子，罔不在厥初生，自貽哲命。」荀卿曰：「於越、夷貉之子，生而同聲，長而異俗，教使之然也。」

子曰：「唯上知與下愚不移。」

上智，生而知之者也，不移而為愚；下愚，困而不學者也，不移而為智。班固曰：「堯、舜、禹、稷、卨欲與之為善則行，鯀、驩兜欲與之為惡則誅，可與為善，不可與為惡，是謂上智。桀、紂、龍逢、比干欲與之為善則誅，崇

—131—

侯欲與之為惡則行，可與為惡，不可與為善，是謂下愚。」賈誼曰：「上主不可引而下，下主可引之而下，不可引之而上。」與此同意。然《書》曰「惟聖罔念作狂，惟狂克念作聖」者，罔念、克念者，習之始；不移者，習之成。

　　子之武城，聞絃歌之聲。夫子莞爾而笑曰：「割雞焉用牛刀？」子游對曰：「昔者偃也聞諸夫子曰：『君子學道則愛人，小人學道則易使也。』」子曰：「二三子，偃之言是也，前言戲之耳。」

　　君子學道則能仁，能仁故愛人；小人學道則知禮，知禮故易使。子游為武城宰，而以道教民，可謂知本矣。觀其責子夏之趨末，則其學道而為政，務本可知矣。蓋君子之於天下，無所施而非道，夫豈以眾寡小大而加損之哉？然則割雞牛刀之說，特戲之也。《詩》曰：「善戲謔兮，不為虐兮。」惟和也，故善戲謔兮；惟中也，故不為虐。

　　公山弗擾以費叛，召，子欲往。子路不說，曰：「末之也已，何必公山氏之之也？」子曰：「夫召我者，而豈徒哉？如有用我者，吾其為東周乎？」

　　道者，君子所以處己；義者，君子所以趨時。方其守道也，雖諸侯之善辭命者有所不從；其行義也，雖公山、佛肸之召則欲往。蓋彼叛而召我者，豈欲得我而與為不義哉？殆亦有悔過遷善之心焉耳。夫苟有悔過遷善之心，而可與之為東周者，其可以棄而不欲往乎？故欲往者，以義行道，而終不往者，以道處義。以義行道，則不失人；以道處義，則不失己，此所以為孔子也。夫堅譬則德，白譬則行。德固於內而不可虧，故曰「磨而不磷」；行純於外而不可變，故曰「涅而不緇」。磨而不磷，涅而不緇，與《易》所謂「常雜而不厭」同意。磷與《考工記》所謂「敝而不瓶」之瓶同意。

　　子張問仁於孔子。孔子曰：「能行五者於天下，為仁矣。」請問之。曰：「恭、寬、信、敏、惠。恭則不侮，寬則得眾，信則人任焉，敏則有功，惠則足以使人。」

　　孔子言為仁，則曰「恭、寬、信、敏、惠」，而不及公；言為政，則曰「寬、信、敏、公」，而不及恭、惠。蓋公者，王道之端，而非子張之所及；恭、惠者，仁體之末，而非為政之所先也。於為政曰信，則民任焉；於為仁曰信，則人任焉。夫恭者，為仁之始；使人者，為仁之效，故始之以恭，終之以使人。孔子論子產之道，始之以其「行己也恭」，終之以其「使民也義」，與此同意。

　　佛肸召，子欲往。子路曰：「昔者由也聞諸夫子曰：『親於其身為不善者，君子不入也。』佛肸以中牟叛，子之往也，如之何？」子曰：「然，有是言也。不曰堅乎，磨而不磷；不曰白乎，涅而不緇。吾豈匏瓜也哉？焉能繫而不食？」

　　子曰：「由也，女聞六言六蔽矣乎？」對曰：「未也。」「居，吾語女。好仁不好學，其蔽也愚；好知不好學，其蔽也蕩；好信不好學，其蔽也賊；好直不好學，其蔽也絞；好勇不好學，其蔽也亂；好剛不好學，其蔽也狂。」

　　仁、知、信，德性也；直、勇、剛，德行也。好仁不好學，則施而不能返，故愚，若墨翟是也。好知不好學，則動而不能靜，故蕩，若儀、秦是也。好信不好學，則復言以害仁，故賊，若尾生是也。好直不好學，則訐而不能容，故絞，若證父者是也。好勇不好學，則暴而不怯，若賁、育是也。好剛不好學，則強而不知節，故狂，若陽處父是也。子路嘗曰：「南山有竹，不扶自直，何學之有？」其使子羔為費宰，則曰：「何必讀書，然後為學？」由是觀之，則子路之不好學可知矣，故孔子告之如此。仁、智、信，五德之序也；直、剛、勇，三德之序也。剛德之偏，故在勇下。然言五德不及禮義，言三德不及柔者，禮義之於仁、智、信、勇，則履之、宜之而已，柔非所以告子路也。

　　子曰：「小子何莫學夫《詩》？《詩》，可以興，可以觀，可以群，可以怨。邇之事父，遠之事君；多識於鳥獸草木之名。」

　　「《詩》可以興，可以觀」，窮理也；「可以群，可以怨」，盡性也。學至於盡性，則邇可以事父，遠可以事君。若多識鳥獸草木之名，則學《詩》之所成終始也。蓋學《詩》則知言，故可以興；知言則有節於內，故可以觀；有節於內則知所避就，故可以群；知所避就則出怒不怒，可以怨，則人道盡矣，故以之事父則孝，以之事君則敬，此所以成孝敬、厚人倫者也。

　　子謂伯魚曰：「女為《周南》《召南》矣乎？人而不為《周南》《召南》，其猶正牆面而立也與？」

　　《乾》《坤》，《易》之門；《周南》《召南》，《詩》之始。學《易》始於《乾》《坤》，學《詩》始於《周》《召》，故曰：「人而不為《周南》《召南》，其猶正牆面而立也與？」《書》云：「不學牆面。」又不特不學《詩》已。

　　子曰：「禮云，禮云，玉帛云乎哉？樂云，樂云，鍾鼓云乎哉？」

　　禮主於中而不在物，樂主於和而不在聲，故孟子以節文仁義為禮之實，樂

仁義為樂之實。《禮記》以中正無邪為禮之質，莊敬恭順為禮之制，論倫無患為樂之情，欣喜歡愛為樂之官。如叔齊以守國行政、無失其民為禮，魏絳以殿萬邦、來遠人為樂，然則聲之與文，豈與其間哉？

　　子曰：「色厲而內荏，譬諸小人，其猶穿窬之盜也與？」
　　子曰：「鄉原，德之賊也。」
　　子曰：「道聽而途說，德之棄也。」
　　子曰：「鄙夫可與事君也與哉？其未得之也，患得之；既得之，患失之。苟患失之，無所不至矣。」
　　子曰：「古者民有三疾，今也或是之亡也。古之狂也肆，今之狂也蕩；古之矜也廉，今之矜也忿戾；古之愚也直，今之愚也詐而已矣。」

　　人之身，陰陽節通則平，偏倚則疾。性之疾猶身之疾，故凡性之失其平者，皆謂之疾。《易》言「我仇有疾」，「損其疾」，《詩》言「庶人之愚，亦職惟疾」，孔子言「民有三疾」，孟子言「寡人有疾」是也。古之狂也，肆意以進取而已；今之狂，則蕩而無所守。古之矜也，廉隅以自持而已；今之矜，則忿戾而有所爭。古之愚也，質直無為而已；今之愚，則詐而有所欺。孔子之門，若曾皙、琴張，其志嘐嘐然，可謂狂矣。子貢正衣冠，齊顏色，嗛然而終日不言，可謂矜矣。子羔則可謂愚矣。然狂不至於蕩，矜不至於忿戾，愚不至於詐，故皆可以遊聖人之門，而聖人所以未嘗不與之也。

　　子曰：「巧言令色，鮮矣仁。」
　　子曰：「惡紫之奪朱也，惡鄭聲之亂雅樂也，惡利口之覆邦家者。」

　　紫亂正色，鄭亂正聲，利口亂正言，故孔子惡之。《傳》曰：「紫色鼃聲，餘分閏位，聖王之所驅除」云爾。

　　子曰：「予欲無言。」子貢曰：「子如不言，則小子何述焉？」子曰：「天何言哉？四時行焉，百物生焉，天何言哉？」

　　天地有大美而不言，四時有明法而不議，萬物有成理而不說。聖人原天地之美，達萬物之理，故至人無為，大聖不作，觀於天地之謂也，其斯以為孔子。

　　孺悲欲見孔子，孔子辭以疾。將命者出戶，取瑟而歌，使之聞之。

　　君子之所以教者五，而不屑之教不與焉。蓋五者之教，教之教也；不屑之教，不教之教也。孔子之於孺悲如是，非教之教也，不教之教而已。然則君子

之教者，不為多術乎？

宰我問：「三年之喪，期已久矣。君子三年不為禮，禮必壞；三年不為樂，樂必崩。舊穀既沒，新穀既升，鑽燧改火，期可已矣。」子曰：「食夫稻，衣夫錦，於女安乎？」曰：「安。」「女安，則為之。夫君子之居喪，食旨不甘，聞樂不樂，居處不安，故不為也。今女安，則為之。」宰我出。子曰：「子之不仁也！子生三年，然後免於父母之懷。夫三年之喪，天下之通喪也。子也有三年之愛於其父母乎？」

創巨者其日久，痛甚者其愈遲。三年之喪，稱情以出之，所以為其痛極也。由是而殺焉，故有期月，有九月，有五月，有三月，是喪因隆以有殺，非因殺而有隆焉。《禮記》、荀卿皆曰：「加隆焉，使倍之，故再期。」其說誤矣。

子曰：「飽食終日，無所用心，難矣哉！不有博弈者乎？為之，猶賢乎已。」

人之性，勞則易以善，佚則易以淫，故曰：「飽食終日，無所用心，難矣哉！不有博弈者乎？為之，猶賢乎已。」蓋博弈非所以待君子，亦以為特賢乎，無所用心而已。或以為待君子者，誤矣。

子路曰：「君子尚勇乎？」子曰：「君子義以為上，君子有勇而無義為亂，小人有勇而無義為盜。」

勇非義不立，義非勇不行，則勇以義為主，義以勇為輔，此義所以為上也。君子有勇而無義為亂，若好勇不好學，其蔽也亂是也。小人有勇而無義為盜，若荊軻、專諸是也。子路能勇不能怯，孔子於其喜浮海，則曰「無所取材」；於其聞斯行諸，則曰「有父兄在」；於其行三軍，則曰「暴虎憑河，吾不與也」；於其問強，則曰「寬柔以教，不報無道」，則其問勇而對之以義，宜矣。孔子謂子路曰：「君子以心導耳目，立義以為勇；小人以耳目導心，不遜以為勇。」蓋以此也。言「義以為質」，又言「義以為上」者，義為質則禮文，義為上則勇下。

子貢曰：「君子亦有惡乎？」子曰：「有惡。惡稱人之惡者，惡居下流而訕上者，惡勇而無禮者，惡果敢而窒者。」曰：「賜也亦有惡乎？惡徼以為知者，惡不孫以為勇者，惡訐以為直者。」

《傳》曰：「聰明深察而近於死者，好議人者也。博辨廣大而危其身者，

發人之惡者也。」孟子曰：「言人之不善，當如後患何？」此所以「惡稱人之惡者」也。孟子曰：「不得而非其上，非也。」揚子賊義近鄉訕，此所以「惡居下流而訕上者」也。孔子曰：「勇而無禮則亂。」州吁勇而無禮，《衛風》刺之，此所以「惡勇而無禮者」也。蓋稱人之惡則不仁，居下流而訕上、勇而無禮則不義，果敢而窒則不知，四者以稱人之惡為先，以子貢不能匿人之過故也。子貢曰：「賜惡徼以為智者，惡不遜以為勇者，惡訐以為直者。」蓋察伺者似智，不遜者似勇，訐者似直，三者似是而非，故子貢惡之。孔子曰：「唯仁者能好人，能惡人。」子貢不足於仁而有所惡者，苟有所惡而已，語之以能惡，則未也。

子曰：「唯女子與小人為難養也，近之則不孫，遠之則怨。」

女子、小人，不知禮義者也。不知禮，故「近之則不孫」；不知義，故「遠之則怨」。

子曰：「年四十而見惡焉，其終也已。」

年彌高，德彌劭，君子之所善也。「年四十而見惡焉，其終也已」，則年彌高、德彌消可知矣。四十者，強仕之年也。當強仕之際，宜其為人所敬畏而不見惡焉。為人見惡而不見畏，孔子亟言而深斥之，為其終此而已焉故也。

微子第十八

微子去之，箕子為之奴，比干諫而死。孔子曰：「殷有三仁焉。」

微子去，所以存商之祀；箕子奴，所以貽天下之法；比干死，所以示人臣之節。去則「明夷於飛，垂其翼」者也，利而不正；死則過涉滅頂者也，正而不利；奴則內難而能正其志者也，利而且正。三者之所趨雖殊，然去者，仁之清；奴者，仁之和；死者，仁之任，皆其自靖以趨於仁而已，此所以均謂之仁。蓋微子去，然後箕子奴；箕子奴，然後比干死，事辭之序也。武王克商，然後釋箕子之囚，則箕子未嘗去商，而史以箕子避紂於朝鮮，誤矣。

柳下惠為士師，三黜。人曰：「子未可以去乎？」曰：「直道而事人，焉往而不三黜？枉道而事人，何必去父母之邦？」

三黜而不去者，蓋柳下惠以止為事者也。孟子曰：「不羞污君，不辭小官，進不隱賢。」則柳下惠不以退為事也。又曰：「遺佚而不怨，阨窮而不憫。」則柳下惠不以進為事也。以其在於進退之間，援而止之而止，豈非所謂以止為

事者哉？柳下惠繼伯夷者也，伯夷繼伊尹者也。繼柳下惠者孔子，然後言孔子之去就。

齊景公待孔子曰：「若季氏，則吾不能，以季、孟之閒待之。」曰：「吾老矣，不能用也。」孔子行。

孔子於齊景公，有際可之仕，至於景公曰：「若季氏，則吾不能，以季、孟之閒待之。」然後行，去他國之道也。

齊人歸女樂，季桓子受之，三日不朝，孔子行。

孔子於季桓子，有行可之仕，及齊人歸女樂，而桓子受之，三日不朝，然後行，去父母國之道也。

楚狂接輿歌而過孔子曰：「鳳兮鳳兮，何德之衰？往者不可諫，來者猶可追。已而已而，今之從政者殆而！」孔子下，欲與之言。趨而辟之，不得與之言。

柳下惠則不屑去者也，楚狂接輿、長沮、桀溺、荷蓧丈人，則不屑就者也。孔子去齊、去魯，則非不屑去，以為斯人之徒，則非不屑就。接輿知孔子有鳳之德，不知孔子所謂隱者不易乎世也；桀溺知天下之滔滔，而不知滔滔者可以與易也。鳳有道則見，無道則隱，見非其時，為德之衰，所謂非伏其身而弗見，非閉其言而弗出也，樂則行之，憂則違之而已。接輿欲孔子止，而以謂當今之世，欲從其政，則其身必危。揚子曰：「接輿之歌鳳也，欲去而恐罹害也。」蓋接輿遊方之外者也，故其行雖與孔子異，而孔子亦未嘗不欲與之言也。

長沮、桀溺耦而耕，孔子過之，使子路問津焉。長沮曰：「夫執輿者為誰？」子路曰：「為孔丘。」曰：「是魯孔丘與？」曰：「是也。」曰：「是知津矣。」

蓋非其周流也。

問於桀溺，桀溺曰：「子為誰？」曰：「為仲由。」曰：「是魯孔丘之徒與？」對曰：「然。」曰：「滔滔者天下皆是也，而誰以易之？且而與其從辟人之士也，豈若從辟世之士哉？」耰而不輟。

長沮、桀溺所謂固矣，孔子疾固者也。惟天下無道，則孔子與易之，以謂「滔滔者天下皆是也」，誤。

子路行以告。夫子憮然曰：「鳥獸不可與同群，吾非斯人之徒與而誰與？天下有道，丘不與易也。」

遯於山林，是與鳥獸同群也。子之言曰：吾亦人耳，若非與人為徒，則誰與乎？彼非我以天下皆無道，誰以易之？蓋不知惟其無道，故吾思有以易之；若其有道也，吾不與易也。

子路從而後，遇丈人，以杖荷蓧。子路問曰：「子見夫子乎？」丈人曰：「四體不勤，五穀不分，孰為夫子？」植其杖而芸。子路拱而立。止子路宿，殺雞為黍而食之，見其二子焉。明日，子路行以告。子曰：「隱者也。」使子路反見之。至，則行矣。子路曰：「不仕無義。長幼之節，不可廢也。君臣之義，如之何其廢之？欲潔其身，而亂大倫。君子之仕也，行其義也。道之不行，已知之矣。」

道雖不行，不可無仕。不仕者，無義而已。夫長幼之節，不及君臣之義；一身之潔，不若大倫之不亂。荷蓧知長幼之節，而不知君臣之義；知潔其身，而不知大倫，豈所謂知務者哉？蓋仕而行其義則在己，而不仕於無義則在時。在時、在己，則亦隱而已，非逸民也。至於伯夷、叔齊、虞仲、夷逸、朱張、柳下惠、少連，然後可以謂之逸民也。

逸民：伯夷、叔齊、虞仲、夷逸、朱張、柳下惠、少連。子曰：「不降其志，不辱其身，伯夷、叔齊與？」謂：「柳下惠、少連，降志辱身矣。言中倫，行中慮，其斯而已矣。」

伯夷、叔齊，則清而不和，故內不降其志，外不辱其身。柳下惠、少連，則和而不清，故內則降其志，外則辱其身。然志雖降而言不失其倫，身雖辱而行不役其慮，蓋「不降其志，不辱其身」，不嫌於言不中倫，行不中慮，「降志辱身」，則嫌其不能如此，故特曰「言中倫，行中慮」而已。

謂：「虞仲、夷逸，隱居放言，身中清，廢中權。

虞仲、夷逸，隱居則身中清，放言則廢中權。中清則污俗不能染，中權則反經以合道。蓋倫有經，權有常變，以中權為放言，倫非放言矣。

「我則異於是，無可無不可。」

伯夷、叔齊、虞仲、夷逸，不可者也；柳下惠、少連，可者也。孔子集七人之大成，「可以仕則仕，可以止則止，可以久則久，可以速則速」。於其義之所去則無可，於其義之所在則無不可，故曰：「我則異於是。」不言朱張

者，荀卿以子弓與孔子同於行，蓋子弓則子張是也。

大師摯適齊，亞飯干適楚，三飯繚適蔡，四飯缺適秦，鼓方叔入於河，播鼗武入於漢，少師陽、擊磬襄入於海。

古者有官守者，不得其職則去。然記此者，以明樂工之賤，亦知去就之義。若夫君子知進退之義，則不盡於此矣。雖然，猶異於長沮、桀溺之徒，專以隱為事也。

周公謂魯公曰：「君子不施其親，不使大臣怨乎不以。故舊無大故，則不棄也。無求備於一人。」周有八士：伯達、伯適、仲突、仲忽、叔夜、叔夏、季隨、季騧。

施者，易也。荀卿曰：「充虛之相施易是也。」君子不以人之親易己之親，易己之親，則於親無去就之義；於親無去就之義，則事君有之矣。君子「不使大臣怨乎不以」，則臣其可以使君怨其不為用乎？故舊無大故不棄，則君無大故而可以去之乎？君無求備於一人，則臣其可以求備於君乎？凡此欲自盡其恕，以循理進退故也。紀周公之言，所以成微子之義。工師之賤，有去就之義，故前此而言之。八士則事人而已，未必能盡去就之義，故後此言之。則周公所以謂魯公者，不過「不施其親」，至於「無求備於一人」而已，荀卿則以為周公曰「吾執贄而見者十人，還贄而見者三十人，貌執之士百有餘人，欲言請畢事者千有餘人」。後世因為飯而吐哺、沐而握髮之說，殆不然矣。成周之時，士之所以為士者，有德行道藝以自重，非若六國縱橫之士汲汲於伸身以干澤也。周公之所以為周公者，有道法以御世，非若孟嘗、春申之僕僕於禮士以干譽也。《國語》曰「文王詢於八虞」，而說之者以為八士。

論語全解卷十

子張第十九

子張曰：「士見危致命，見得思義，祭思敬，喪思哀，其可已矣。」

孔子論成人，則曰「見利思義，見危授命」；子張論士，則曰「見危致命，見得思義」者，授命，授君之命而不廢；致命，則致君之命以死制而已，此成人所以與士異也。得則在己，利則不必在己。見得思義，則非見得而忘其形者也；見利思義，則非見利而忘其真者也。成人於不以在己者則能思之，士則能思其在己者而已。或先見利思義，而後見危授命；或先見危致命，而後見得思義。蓋成人以成己者為先，士以事君者為先。

子張曰：「執德不弘，信道不篤，焉能為有？焉能為亡？」

德有體，故可執；道無體，故信之而已。弘則張而大之也，篤則行而至之也。執德弘，信道篤，有之則為盈，亡之則為虛，此能為有、為亡者也。執德不弘，信道不篤，有之不為益，亡之不為損，其能為有、為亡哉？《傳》曰：「彼有人焉。」能為有者也。《詩》曰：「人之云亡，邦國殄瘁。」能為亡者也。若周亞夫之得劇孟，世祖之得吳漢，隱若一敵國，是亦能為有者也。蕭何之亡，漢高以為失左右手，是亦能為亡者也。然此特可以為有、為亡而已，與夫執德弘、信道篤者有間矣。然於德言弘，而有所謂篤，《易》曰「篤實輝光，日新其德」是也；於道言篤，而有所謂弘，孔子曰「人能弘道」是也。凡言道德，先道而后德，出道之序也；先德而後道，入道之序也。

　　子夏之門人問交於子張。子張曰：「子夏云何？」對曰：「子夏曰：『可者與之，其不可者拒之。』」子張曰：「異乎吾所聞。君子尊賢而容眾，嘉善而矜不能。我之大賢與，於人何所不容？我之不賢與，人將拒我，如之何其拒人也？」

　　其交也以道，其接也以禮，雖互童、原壤，孔子所不拒，此所謂「可者與之」。其交也不以道，其接也不以禮，雖滕更、儲子，孟子所不答，此所謂「不可者拒之」也。可者與之，則不失人；不可者拒之，則不失己。不失人，仁也；不失己，義也。子夏所云者盡之矣，子張則以賢不賢異之，非知所謂道與禮也。

　　子夏曰：「雖小道，必有可觀者焉。致遠恐泥，是以君子不為也。」

　　莊子曰：「百家眾技，皆有所長，時有所用。雖然，不該不徧，一曲之士也。」蓋有所長，有所用，則可觀；不該不徧，則致遠恐泥，此所以謂之小道也。君子為其大者，而小者從之；小人為其小者，則大者斯害己。

　　子夏曰：「日知其所亡，月無忘其所能，可謂好學也已矣。」

　　日知其所亡，知新也，猶之智及之者也。月無忘其所能，溫故也，猶之仁能守之者也。孔子以「溫故而知新」可以為師，子夏以「日知其所亡，月無忘其所能」為好學者。溫故然後知新，則其所以已知者多，而其所未知者少，故可以為師。知新然後溫故，則其所已知者少，而其所未知者多，故可謂好學而已。古之人，其勤有至於愛日，其極有至于競辰，故學者有三餘之勤，而女工有一月四十五日之說。則夫日不知其所亡，月而忘其所能者，安在其為好學者哉？《詩》曰：「我日斯邁，而月斯征。」則其愛日也至矣。

　　子夏曰：「博學而篤志，切問而近思，仁在其中矣。」

　　博學以知之，而不能篤志以有之，所知者必失；切問以辯之，而不能近思以精之，則所辯者必惑。博學、切問，則質諸外，所以窮理；篤志、近思，則資諸內，所以盡性，此仁行所以在其中也。《易》曰「學以聚之，問以辯之」，而終之以「仁以行之」。《中庸》曰「博學之」，而終之以「篤行之」。蓋學而至於行，則可以得仁；學而至於思，則有得仁之道而已，故曰「仁在其中」。

　　子夏曰：「百工居肆以成其事，君子學以致其道。」

　　審曲面勢，以飭五材，以辨民器，謂之百工。百工，事事者也，然不居肆，不足以成其事；君子，事道者也，然不務學，不足以致其道。時之人知事事而不知事道，知事事者必居肆，而不知事道者必務學，子夏所以告之。

子夏以工之居肆譬務學，孔子以工之事雖成而未必善，務學而不取友，則其致道也，孰正之哉？子夏之言，姑以明學之大致而已。莊子曰：「道不可致。」今此言「學以致其道」，蓋不可致則在道，而所以自致之則在人。莊子亦曰：「致道者忘心。」

子夏曰：「小人之過也必文。」

君子作德，其過也，以人知之為幸，故不文。小人作偽，其過也，以人不知為幸，故必文。周公之於管、蔡，其過如日月之食，人皆見之，不文也。冉求之於顓臾，舍曰欲之而必為之辭，必文也。古之製字者，以口文過為吝。蓋吝則不改，改則不吝，吝則小人，不吝則君子。司馬遷曰：「君子之過謝以質，小人之過謝以文。」

子夏曰：「君子有三變：望之儼然，即之也溫，聽其言也厲。」

「動容貌，斯遠暴慢」，故望之儼然；「正顏色，斯近信」，故即之也溫；「出辭氣，斯遠鄙倍」，故聽其言也厲。蓋望之儼然，則疑於不厲，及聽其言則厲；儼然而溫，溫變而厲，此所以謂之變。孔子威而不猛，「望之儼然」者也；溫而厲，「即之也溫，聽其言也厲」者也。小人則貌輕而不嚴，色厲而不溫，言佞而不厲。

子夏曰：「君子信而後勞其民，未信，則以為厲己也。信而後諫，未信，則以為謗己也。」

信著於民，然後勞之而不辭；信著於君，然後諫之而不疑。說以先民，民忘其勞，信而後勞其民者也；量而後入，不入而後量，信而後諫者也。《易·晉》之六三曰「眾允，悔亡」，志上行也。《革》之九四「改命」之吉，信志也。蓋眾不允，不可以有民；志不信，不可以改命。信若《晉》之六三，《革》之九四，然後可以無厲己、謗己之悔矣。魏永之於龍門，下車而廣公室，此未信而勞民者也。杜根之於鄧后，未值其說而見誅，此未信而諫者也。孔子謂顏回曰：「德厚信矼，未達人氣；名聞不爭，未達人心。」而強以仁義繩墨之言暴人之前，是以惡有其美也。揚子曰：「未信而分疑，幾矣哉！」則未信者其可以諫乎？

子夏曰：「大德不踰閑，小德出入可也。」

大德，中德也；小德，庸德也。中則以大常為體，故不踰閑；庸則以小變為用，故出入可也。孟子曰：「動容周旋中禮，盛德之至。」此「大德不踰

閑」者也。《易》曰：「行過乎恭，喪過乎哀，用過乎儉。」此「小德出入可」也。《禮》曰「小德川流，大德敦化」也，蓋敦化則立本而有常，川流則應物而有變，與此同也。

子游曰：「子夏之門人小子，當灑掃、應對、進退則可矣，抑末也。本之則無，如之何？」子夏聞之，曰：「噫！言游過矣！君子之道，孰先傳焉？孰後倦焉？譬諸草木，區以別矣。君子之道，焉可誣也？有始有卒者，其惟聖人乎！」

子夏之門人，其事則止於灑掃，其言則止於應對，其容則止於進退，教之以漸也。子游譏之，責之以頓也。君子之教人，漸而不頓，孰當先傳？孰可後倦？譬之草木，其始種之與移而植之，不可以同區，其大小不同故也。列子曰：「學視者先見輿薪，學聽者先聞撞鐘。」夫見輿薪未足為善視，然非輿薪之見不足以致其明；聞撞鐘未足為善聽，然非撞鐘之聞不足以致其聽；灑掃、應對、進退未足為善學，然非灑掃、應對、進退不足以致其本，此《學記》所謂「先其易者，後其節目」也。然則君子之道，焉可誣也？若夫有始以致其本，有卒以致其末者，惟聖人而已。子夏以有始有卒為聖人，則以致其本者為難能，此其所以為子夏歟？

子夏曰：「仕而優則學，學而優則仕。」

仕而優則日有餘，故學；學而優則道有餘，故仕。君子學以為己，仕以為人。為己不忘乎為人，故不以學廢仕；為人不忘乎為己，故不以仕廢學。非念終始典於學者，孰與此哉？然則不學而仕，則是未能操刀而製錦者也；仕而不學，則是得人爵而棄天爵者也；學而不仕，則是潔其身而亂大倫者也。學而仕則仁，仕而學則智，惟君子為能盡之。

子游曰：「喪致乎哀而止。」

喪致乎哀，則不忘親；致哀而止，則不滅性。不忘親，仁也；不滅性，禮也。孝子之事，如此而已。曾子七日水漿不入口，而弁人之為孺子泣，不亦過哉？《禮》曰：「毀不危身。」又曰：「而難為繼。」又曰：「毀而死，君子謂之無子。」

子游曰：「吾友張也為難能也，然而未仁。」

曾子曰：「堂堂乎張也，難與並為仁矣。」

曾子曰：「吾聞諸夫子：人未有自致者也，必也親喪乎！」

曾子曰：「吾聞諸夫子：孟莊子之孝也，其他可能也；其不改父之臣與父之政，是難能也。」

堂堂乎張也，能莊敬故也；難與並為仁矣，不能同故也。「父在觀其志，父沒觀其行，三年無改於父之道，可謂孝矣。」孟莊子不改父之臣與父之政，則非中道，是難能也，其為孝，亦在去取之域矣。

孟氏使陽膚為士師，問於曾子。曾子曰：「上失其道，民散久矣。如得其情，則哀矜而勿喜。」

先王之於民，有九兩以繫之，本俗以聯之，大比以比之，荒政以聚之，則民附於上而不離，安於下而不散。及其有罪，然後治之，以刑不足恤也。衰周之時，「上失其道，民散久矣」，故曾子謂陽膚曰「如得其情，則哀矜而勿喜」，以罪在上，不盡在民也。蓋三軍大敗，不可斬也；獄犴不治，不可刑也。商人群飲，周公戒康叔以勿殺；魯有父子訟，孔子為司寇而舍焉，以此。

子貢曰：「紂之不善，不如是之甚也。是以君子惡居下流，天下之惡皆歸焉。」

子貢曰：「君子之過也，如日月之食焉；過也，人皆見之；更也，人皆仰之。」

君子之過，過於厚，如日月之食而皆見，故以人知之為幸。小人之過，過於薄，雖必文而難解，故必以人不知之為幸。

衛公孫朝問於子貢曰：「仲尼焉學？」子貢曰：「文、武之道，未墜於地，在人。賢者識其大者，不賢者識其小者，莫不有文、武之道焉。夫子焉不學？而亦何常師之有？」

聖人之道，無所不在。仁者見之之謂仁，智者見之之謂智，「賢者識其大者，不賢者識其小者」，咸其自取者然也。孔子於老聃、萇弘、師襄、郯子之徒，有一善之可宗，一言之可法者，皆從而師之，則亦何常師之有？《書》曰：「德無常師，主善為師。」孔子曰「三人行，必有我師」之謂也。蓋「賢者識其大者，不賢者識其小者」，資諸己者也。孔子之無常師，資諸人者也。資諸己，材也；資諸人，取材者也。

叔孫武叔語大夫於朝曰：「子貢賢於仲尼。」子服景伯以告子貢。子貢曰：「譬之宮牆，賜之牆也及肩，窺見室家之好。夫子之牆數仞，不得其門而入，不見宗廟之美，百官之富。得其門者或寡矣。夫子之云，不亦宜乎！」

　　叔孫武叔毀仲尼。子貢曰：「無以為也，仲尼不可毀也。他人之賢者，丘陵也，猶可踰也；仲尼，日月也，無得而踰焉。人雖欲自絕，其何傷於日月乎？多見其不知量也。」

　　陳子禽謂子貢曰：「子為恭也，仲尼豈賢於子乎？」子貢曰：「君子一言以為知，一言以為不知，言不可不慎也。夫子之不可及也，猶天之不可階而升也。夫子之得邦家者，所謂立之斯立，道之斯行，綏之斯來，動之斯和。其生也榮，其死也哀，如之何其可及也？」

　　下士不笑，不足以為道；武叔不毀，不足以為仲尼。宮牆言其深，日月言其明，天言其高。方武叔之不賢仲尼，則譬之以宮牆，以言其深而不可知也。及武叔之毀仲尼，則譬之以日月，以言其明而不可知也。陳子禽之仰仲尼，則譬之天，以言其高而不可及也。其言各有所當爾。揚子曰：「仲尼，聖人也，或劣諸。子貢辭而精之，廓如也。」然宮牆則不離乎器，天與日月則不離乎象。孔子之道，不特乎此，子貢之言，亦其粗者而已矣。「夫子之得邦家者，所謂立之斯立，道之斯行，綏之斯來，動之斯和。其生也榮，其死也哀，如之何其可及也？」立之者，政也；道之者，教也。有政以立之，有道以教之，然後綏之以德莫不來，動之以樂莫不和。生則天下歌之，故榮；死則天下哭之，故哀。堯之治天下，其效至於「黎民於變時雍」，其死至於「百姓如喪考妣」，不過如此。蓋其有為也。立然後道，道然後綏，綏然後動，其有為之之效也。立然後行，行然後來，來然後和，治至於和，則樂矣，所謂成於樂者，此也。孔子嘗曰：「如有用我者，三年有成。」又曰：「如有用我者，吾其為東周乎？」蓋用此道而已。

堯曰第二十

　　堯曰：「咨，爾舜！天之曆數在爾躬，允執其中。四海困窮，天祿永終。」舜亦以命禹。

　　數在天，曆在人，非數無以作曆，非曆無以紀數。天之曆數，則天地之數五十有五者也。是數也，變化待之以成，鬼神待之以行。萬物所聽之命，則命於此而已；萬物所由之道，則道於此而已。然則帝王之興，豈特人事哉？故曰「天之曆數在爾躬」。然以命廢義，則蔽於天；以義廢命，則蔽於人。天事數在爾躬，以其有命，宜民宜人，受祿于天。然則不能「允執厥中」，至於「四海困窮」，則於內不足以備百福，而於外不足以宜民人，天祿其有不終

乎？蓋「允執厥中」，所以教之也；「四海困窮」，所以戒之也。《書》言「天之曆數」，繼之以「人心」「道心」，然後至於「允執厥中」，又繼之以言謀君民之事，然後至於「四海困窮，天祿永終」，此則略之者，反說約故也。

曰：「予小子履，敢用玄牡，敢昭告於皇皇后帝：有罪不敢赦。帝臣不蔽，簡在帝心。朕躬有罪，無以萬方；萬方有罪，罪在朕躬。」

人君之於天，猶子之於父，臣之於君，故以恩言之，謂之天子；以義言之，謂之帝臣。「有罪不敢赦」，所謂不敢不政也；「帝臣不蔽」，所謂罪大而不可掩也；「朕躬有罪，無以萬方，萬方有罪，罪在朕躬」，所謂以得為在人，以失為在己也。《春秋傳》曰：「禹、湯罪己，其興也勃然；桀、紂罪人，其亡也忽焉。」聖人所以執左契而不責於人，蓋以此歟？《書》之《多方》曰：「非我有周秉德不康寧，乃惟爾自速辜。」此又罪人不罪己者，蓋教告已備，而有不用降爾命者，乃其自速之也。

周有大賚，善人是富。「雖有周親，不如仁人。百姓有過，在予一人。」謹權量，審法度，修廢官，四方之政行焉。興滅國，繼絕世，舉逸民，天下之民歸心焉。所重民、食、喪、祭。寬則得眾，信則民任焉，敏則有功，公則說。

《書》曰：「大賚於四海，而萬姓說服。」《注》曰：「賚，予也。言所以欽予善人也。」蓋方用兵之時，使智勇，使貪，使愚，而小人皆在所用；及其開國承家，則不善之小人，不以祿富之矣，故曰：「周有大賚，善人是富。」漢高祖之用人，下至於彭、盧、韓、英、鬻繒、屠狗、輕滑之徒，莫不裂土而封之，終以賈亂。是知開國承家，而不知小人勿用也。光武之興，監前事之違，雖寇、鄧之高勳，弇、賈之鴻烈，分土不過大縣數四，所加特進、朝請而已。是知小人勿用，而不知開國承家也。知開國承家與小人勿用，惟武王盡之矣。「周親」，自紂言之也；「仁人」，自周言之也。紂之無道，微子去之；周之有道，微子歸之。是紂雖有周之親，不如周有仁人也。《周官》八柄，廢以馭其罪，誅以馭其過。《易》言「赦過宥罪」，則罪重於過矣。於商言「萬方有罪，罪在朕躬」，於周言「百姓有過，在予一人」，則周之責己尤重也。可欲之謂善，盡人之道之謂仁，則善人於仁為不足，仁人於善為有餘。言善人又言仁人，則賚而富之者不必皆仁人，周親不特不如善人而已。於湯言伐桀之事，而不言善人與仁人，以周見之也；於周言善人、言仁人，而不

言伐紂之事，以湯見之也。由是觀之，湯之建中，周之用皇極，非不允執厥中，而不言之者，以舜、禹見之也。夫君人者，其自任則以執中與罪己，其所以輔之者，又有善人與仁人，則治之本立矣。然不知謹權量，審法度，修廢官，則四方之政未必行；不知興滅國，繼絕世，舉逸民，則天下之心未必歸，故又繼之以「謹權量，審法度，修廢官」，「興滅國，繼絕世，舉逸民」也。蓋制而用之存乎法，推而行之存乎人。權量者，法度之所出；法度者，百官之所守。謹權量，審法度，則法有所明，而四方無異制；修廢官，則法有所行，而四方無廢事。權衡度量，其度量衡所以同天下，齊風俗。又曰：同律度量衡權，所以齊遠近，立民信。故舜則同律度量衡，禹則關石和鈞。《周官》內宰出其度量，司事掌其度量，合方氏於度量則一之，行人於度量則同之，故量之銘曰「嘉量既成，以正四國」。然則權量之於政，其可以不謹乎？夫國不可滅而滅者，天下莫不望其興；世不可絕而絕者，天下莫不望其繼；逸民不可遺而遺者，天下莫不望其舉。今也因天下之望，興之而不廢，繼之而不絕，舉之而不遺，此天下之民所以歸心也。衰周之時，若齊之四量，陳氏三量，則權量之不謹可知矣。《詩》之《蕩》刺無綱紀文章，則法度之不審可知矣。《大東》刺南箕、北斗、長庚、啟明皆有名而無實，則官之廢者可知矣。《春秋》譏滅國五十二，則滅國之不興可知。《詩》之《裳華》刺絕功臣之世，則絕世之不繼可知。《隰桑》刺君子在野，則逸民之不舉可知。故孔子言帝王之政，而尤詳於此也。蓋行政設官有方，故以四方言之；施德立賢無方，故以天下言之。夫天下固有常重，為天下者固有常德。民、食、喪、祭者，常重也；寬、信、敏、公者，常德也。《書》曰：「重民五教，惟食、喪、祭。」蓋非民無以守邦，非食無以養人，非喪無以送終，非祭無以追遠，故先王重之也。《書》曰：「御眾以寬。」又曰：「克寬克仁，彰信兆民。」《春秋傳》曰：「上德以寬服人。」此所謂「寬則得眾」也。《禮》曰「上人疑則百姓惑」，蓋疑而不信，則百姓惑而不任；信而不疑，則百姓任而不惑，此所謂「信則民任」也。《家語》曰：「天道敏生，地道敏樹，人道敏政。」《易》曰：「有攸往，夙吉。」《春秋傳》曰：「敏以行之，事雖大必濟。」此所謂「敏則有功」也。《書》曰：「有以公滅私，民其允懷。」《傳》曰：「出言而天下服，公之謂也。」季羔公以行而刖者說，管仲奪伯氏駢邑三百而無怨言，「公則說」之謂也。以季羔、管仲之公，而致人之說猶然，況不為季羔、管仲者乎？寬、敏、信、公四者，政之所以成終始也。由堯至周，揖讓征誅，

雖或不同，其為政之道，不過以此而已，故《論語》以詳記之。

子張問於孔子曰：「何如斯可以從政矣？」子曰：「尊五美，屏四惡，斯可以從政矣。」子張曰：「何謂五美？」子曰：「君子惠而不費，勞而不怨，欲而不貪，泰而不驕，威而不猛。」子張曰：「何謂惠而不費？」子曰：「因民之所利而利之，斯不亦惠而不費乎？擇可勞而勞之，又誰怨？欲仁而得仁，又焉貪？君子無眾寡，無小大，無敢慢，斯不亦泰而不驕乎？君子正其衣冠，尊其瞻視，儼然人望而畏之，斯不亦威而不猛乎？」子張曰：「何謂四惡？」子曰：「不教而殺謂之虐，不戒視成謂之暴，慢令致期謂之賊，猶之與人也，出納之吝，謂之有司。」

惠而不費，所謂有孚惠心者也；勞而不怨，所謂佚道使民者也。眾寡在人，小大在事。惠而不費，仁也；成仁在乎愛，愛則雖欲而不貪。勞而不怨，義也；成義在乎敬，敬則雖泰而不驕。蓋仁義之施在民，而成仁義在己，故言「惠而不費，勞而不怨」，則繼之以「欲而不貪，泰而不驕，威而不猛」也。欲而不貪，泰而不驕，德行也；威而不猛，威儀也。德行，本也；威儀，末也。無本不立，無末不成，故言「欲而不貪，泰而不驕」，而終之以「威而不猛」也。《家語》、荀卿皆曰：「慢令謹誅，賊也；斂無時，暴也；不教而責成，虐也。」言暴虐與此不同者，蓋對季康子而其指異也。《春秋傳》曰：「山林川澤之實，器用之資，皁隸之事，官司之守，非君所及也。」曾子曰：「籩豆之事，則有司存。」然則人君而為有司之事，則上與下同德矣，故曰「猶之與人也，出納之吝，謂之有司」矣。非聖不可以為君，非賢不可以為臣。乾則君道也，坤則臣道也。《易》以坤為吝嗇，而製字者以賢從臤，則出納之吝，在人臣則為善，在人君則為惡。猶之屯膏，在小人者則吉，在大人者則凶也。聖人之法，言其事足以盡其實，故言之謂，《詩》曰「是謂伐德」，《易》曰「陰陽不測之謂神」是也。其事不足以盡其實，則言謂之而已，《詩》曰「謂之尹吉」，《易》曰「利用出入，民咸用之，謂之神」是也。《論語》「是謂棄之」，又言「謂之虐」，「謂之暴」，「謂之有司」，其意亦若是也。夫言尊則有卑，言屏則有存。五美不特可存而已，故言尊；四惡不特卑之而已，故言屏。此即事之證也。若夫即道觀之，則善之與惡，相去何若？

子曰：「不知命，無以為君子也。不知禮，無以立也。不知言，無以知人也。」

知言將以窮理，知禮將以盡性，知命將以至命。故不知詖淫邪遁之辭，

則無以知其人之蔽陷離窮；不知慚枝寡多遊屈之辭，則無以知其人之叛疑吉躁、誣善失守，故曰：「不知言，無以知人。」恭而無禮則勞，勇而無禮則亂，慎而無禮則葸，故曰：「不知禮，無以立。」君子畏天命，居易以俟之；小人不知天命，行險以徼幸，故曰：「不知命，無以為君子。」《學而》先時習之說，繼以朋來之樂，而終於知言之君子。此先知命，繼以知禮，而終於知言，則習而知言者，學之所成終始者也。明夫學之所以終始，則孔子可以無言，故《論語》終也。

論語商

〔明〕周宗建　著

鍾雲瑞　尹勇力　點校

點校說明

　　周宗建（1582～1626），字季侯，號來玉，吳江（今江蘇蘇州吳江區）人。萬曆四十一年（1613）三甲進士，官至監察御史，巡按湖廣。與閹黨鬥爭，被魏忠賢所害。崇禎初追贈太僕寺卿，追謚忠毅。事蹟具《明史》本傳。

　　明代的《論語》學研究，基本上是在朱熹《論語集注》的籠罩下進行的。永樂年間，胡廣等人奉敕撰修《四書大全》，其中《論語大全》二十卷，該書理論貢獻雖少，但影響很大，圍繞它產生了系列科舉著述，如蔡清《四書蒙引》、林希元《四書存疑》等。明代儒學派別頗多，諸如崇仁學派、白沙學派、河東學派、陽明學派等，各派推出了各具特色的著述，如薛瑄《論論語》、王肯堂《論語義府》、呂柟《四書因問》、周宗建《論語商》。陳士元《論語類考》以考證名物典故為主旨，郝敬《論語詳解》讓宋學向漢學轉變，劉宗周《論語學案》綜合理學和心學，智旭《論語點睛》以佛家釋《論語》，李贄《論語評》用文學評點式注本。他們補充發揮，質疑反駁，有學術轉向的蛻變，也有廓清迷霧的異議。

　　《論語商》二卷，是周宗建授徒湖州時與諸生講論而成。其學沿襲王陽明姚江末派，頗近於禪。此次點校整理，以清乾隆《文淵閣四庫全書》本為底本，施加現代漢語標點，底本中的避諱字逕改回本字，不再出校。限於點校者的學識，書中難免存在錯訛之處，還請專家學者批評指正。

鍾雲瑞

二〇二三年元旦

於山東理工大學尚文苑

文淵閣四庫全書提要

　　臣等謹案：《論語商》二卷，明周宗建撰。宗建字季侯，吾江人，萬曆癸丑進士，官至監察御史，巡按湖廣，為魏忠賢所害。崇禎初追贈太僕寺卿，諡忠毅。事蹟具《明史》本傳。此其官武康知縣時，與諸生講論所匯成也。宗建剛方正直，為一代名臣，而其學則沿當時流派，乃頗近於禪。如云：「人心之樂，非情非趣，非思非為，虛中之影，水中之相。」如斯之類，殆似宗門語錄。然如講「素絢」章，謂：「後人求深反淺，在當時夫子、子夏不過隨境觸悟，非子夏欲抹煞禮，亦非夫子不重禮。」講「顏淵問為邦」章，云：「夫子略指大意，非只執定數件。」其言皆簡要明通，足釋訓詁之繆輖。且其人與日月爭光，則其書亦自足不朽，小小疵瑕，不足纍之。此固不與章句之儒爭一句一字之出入也。乾隆四十三年三月恭校上。

　　總纂官臣紀昀、臣陸錫熊、臣孫士毅

　　總校官臣陸費墀

論語商原序

　　聖賢教世之言，皆權也。悟有高下，權亦隨之。因病起方，藥從病轉。如診疾者不問其病坐何家，而概以參苓甘术混而投之，藥良而病癒長矣，不乃為設方諸賢大笑乎？余幼負鈍根，長無顓學，每有疑義，僅一質之家嚴，而愚不能悉記也。傭書十年，嘗為諸弟子所難詰，幾無以答。近吏茗中，山間事簡，時與諸生互相商問。年餘之後，遂積成帙。間一檢之，平不近釋，淡不入玄，以較近來虛參超悟之指，幾為嚼蠟。業已棄置笥中，而余友鄒肇敏、卓去病強出觀之，便為訂定。西湖諸友遂乃索付之梓。夫藥有多方，水只一味，聖巧之用，存乎妙悟。此刻之行，要亦布方嘗種，聊集為譜，而未必非盧扁之所唾棄也。刻成，因命之「商」，並為記此，敢以質之四方君子。丁巳初秋，松陵周宗建季侯自序。

論語商卷上

學而第

學而章

諸生問：通章旨義，還重「時習」否？宗建曰：安得不重「時習」？然玩三截語意，宛是夫子自序，故言之有味，講中須得指點活潑之妙方是。三「不亦乎」宜深玩，皆有鼓舞人心而激其悠優不倦之意。

鄒肇敏曰：「只為世人不知學味，便看苦了。聖人說悅、說樂、說不慍，令願息者欲躍欲舞，最屬可思。王心齋云：『學以學此樂，樂以樂此學。』正此意。」

時習者，把此念頭時時貼習在學上也。古人之學總是理會心性，此心苟不放散，閒行散坐，傍柳隨花，何時非學？夫至無時非學，此中自有一種不能自己之妙。注解悅字甚的，悅字正要從時習上體貼出來，聖人特地拈一悅字形容時習之妙耳。嘗記張師評語曰：「世人只認學字不真耳，若識得個學為何事，便自然習、自然悅。此際光景，獨聖人能描寫一二，所謂飲水知冷、食蜜知甜也。」又羅近溪先生云：「天下萬萬其物，而無一物可以象吾心；古今萬萬其事，而無一事可以象吾學。然則學何容易，須知聖言著眼處在學字也。」

嘗記昔人云：十人同食，一人獨飽，而九人不下嚥，吾之所悅雖深，亦安得達於外耶？朋來而樂，淺言之，似與人與眾之恒情；深言之，則善與人同之本體。

此學正好自家理會，安能告語於人？若心上微有沾滯，名想未除，一有奔

趨，此中生意便有間歇，安得語時習耶？稱為君子，只是了得一個時習耳。

孝弟章

　　諸生問：孝弟如何喚做為仁之本？宗建曰：有子立言之意，只要人從根上著力。見世上盡有要做博施濟眾之人，卻忘了初來一著，縱有道術，從何發生？故首提孝弟，而即斷之曰「不好犯上」「不好作亂」。兩個好字極細，正從心苗極微處拈出。一念之乖，便是犯根；一念之拂，便是亂根。今試看孝弟之人，無念非順，即此便是與天地萬物和氣貫通。仁道之全，即此是矣。此處已隱然說個本了，故下便接「君子務本」。「務本」二句，意雖暗指孝弟，然須渾說，方不礙下反繳語氣。末講「孝弟」二語，須即就上文兩個「不好」意翻寫，不必添出「民胞物與」等語。蓋前暗埋本字，此乃明明叫出，須見得孝弟鄭重之意。「為仁」「為人」，正相照應，不必認定「為」字死講。總之，有子看得孝弟極大，一念非天，一念非理，一物失所，皆非孝也，非由孝弟後推而及民物也。

　　諸生問：本如樹之有根，培得根好，自然發出枝葉否？宗建曰：道生叫不得枝葉，只好譬作樹中之有滋液，根本不凋，滋液暢滿，自會發生。千尋之樹，究竟只完得初來一點種子，若說枝葉，便在形跡上去矣。

　　鄒肇敏曰：「生字即活字，世人依傍名理，總是死套，一投以孝弟真心，便通活了，故曰道生。」

三省章

　　諸生問：三省工夫，莫有遺漏否？宗建曰：人身除卻與人交接，及師友傳習之外，更有何事？日以此省，便是千聖兢業之心也。嘗記朱子曰：「曾子省察，只當下便省察，俯視拱手而曰：『為人謀而不忠乎？』」著不得改勉二字。《集注》卻似省察已作的事了。

入孝章

　　諸生周三省曰：此要弟子專在根本處用力。宗建曰：此言尚未盡聖人之意，總是要接續弟子初心。人之一身，非入則出，非言則行，非待人接物則燕居獨處。今使弟子之身無一時、無一事而不範圍於天，則放心安得不收，德性安得不純哉？末二句言一有閒暇就去學文，則以二字甚緊，總是要他精神不放閒散處用去。謂以文行本末分先後者，謬也。

威重章

諸生問：聖人論學，專重心性，如何卻從外邊說起？宗建曰：威重叫不得外。大抵學先器識，器識者，一生人品之大局段也。局段具而後可與求精微，如棟樑具而後可與求堂構。此章須以「君子」字作主，先定君子大局，以下復步步說入去，總見君子學問無內外，無人己，必表裏夾持，而後有日進之益，程子所謂「自修之道當如是也」。

輕重皆人所自為，首言威重，正是學問實用力處。朱子所謂為學者須從「分明有形象處把捉扶豎起來」也。

諸生問不憚改之義。宗建曰：憚改之心，古人譬之如小兒護痛，即易改者亦畏人談及。從來多少英雄豪傑，皆被此憚字誤了一生。憚之一字，千古學人之積病也。夫子特為拈出，恁地警醒。

信近章

諸生徐肇馴講曰：「此有子為人斟酌善後之辭。君子與人交接，須合下四方八面俱照到。」宗建曰：此語甚善。大率此三種俱是有慕賢豪長者之事，未便省得聖賢究竟道理，故有子為一點破之。

無求章

諸生徐肇律曰：「學人都只為世味心沾染，便發揚不起，故劈頭說個無求安飽，從此斬絕，方可下手加功。敏事慎言，就正有道，正說他下手著緊處也。」宗建曰：開口二句，正是形容「好學」好字。惟心裏有個合當著緊事在，方能無暇他及。若此心先無寄頓，何能無求？敏事慎言，不可把言行對說，此事即聖賢一大事也。心上只有這件事做，安得懶散？心上只憂這件事不完，安得胡講？此語全是描他一段汲汲皇皇去處，然又說就正有道，何也？這事雖有頭柄，卻要針鋒相對，分毫不錯。儘有蓋世聰明，徹底學問，一不細參，盡會錯路。如楊之學仁，墨之學義，只為源頭略差，便致乖謬。就正者，不是正此敏事慎言，是從心上精微處討個對同也。只看這般心腸，寧有一刻放手之時？故曰好學。

無諂章

諸生徐肇律講曰：「學問之妙，生生不已，被人執著不得。如今人眼界不開，少有所得，便說吾道在是，所以終身跳自家圈套不出。子貢於貧富中立

得腳定，故以『無諂』『無驕』相質。夫子就他得力處下一轉語，子貢卻便引《詩》寫悟，把從來自家道好的盡情撇卻。夫子乘其開悟，復冷然下一語曰『告諸往而知來者』，此句不是夫子讚揚他，是夫子鼓動他，妙在『往』『來』二字。曉得往，從前習聞習見消得去；曉得來，從後新知新解引得出。往來相禪，如環無端。學人具此一副見地，正所謂開卻無盡藏，終身受用不盡者。」

宗建曰：往來無窮，此講甚妙。凡人學問，有如行路，山窮水盡處，更須別覓一蹊徑。若執定此地，便為絕頂，即成自畫矣。夫子特地拈一來字，引掖子貢，不特「無諂」「無驕」不可執，即「樂」與「好禮」，亦不可執也。建嘗道志學一章，非夫子之能進，乃夫子之能舍。學問時時進，時時舍，方是無窮妙詣耳。

為政第

三百章

諸生問：「無邪」一語，是示人學《詩》之要否？宗建曰：乃是示人學《詩》實受用處。言這一部全《詩》，只是使人思無邪，學《詩》者須求之理會性情，乃為身心實用，而不徒誦習之粗耳。大抵聖賢經傳，只從精蘊處理會，何等簡易，何等受用。

鄒肇敏曰：「味此章，卻是教人無邪思，而觸《詩》以發之耳。」

志學章

諸生鍾維翰講曰：「這是夫子自序年譜，蓋以一生好學樣子示人也。」宗建曰：雖是自序，「志」「立」「不惑」等字，不是輕易下的，全要實實體會，方不枉了聖人開示之心。

學之有矩，譬如射之有的也。當其志時，射力未到，而其心眼無刻不在的上。故仰臥三月，而射可貫蝨。其能貫蝨者，其神自來。其仰臥不舍者，其志先定也。夫子定志之時，便覺一切傍趨黏搭不上，一起手便在最上一乘做耳。

鄒肇敏曰：「尊講此章，句句了徹，獨說志學為志矩，最宜仔細。雖曰離心無學，卻非定局。聖人直到七十從心，覺得事事圓成，謂是『不踰矩』云爾。故已至從心，方可說矩。未至從心，矩字不可蚤拈。方志學時，合下便信得這學是無頭底的，故不曰『志於矩』而曰『志於學』，言學便無窮了。從

心不踰，還是學。」

立如先立大者之立。一切萬動紛撓，而我心貼然站定，絕無奔趨，方謂之立。若聰明忍耐不住，識力抵擋不來，稍有動搖，便非立也。

不惑者，理上無礙也。學至不惑，山河大地，明暗色空，了然無疑，可謂光明洞徹內外矣。然而習氣間興，感物而動，百用日為，不知不覺，帶著習氣而往，卻尚有個我在，未便與天相通，則雖謂之不知天命，亦可也。夫子五十時，舊習之氣消融已盡，其視造物與我毫無間隔。春熙秋淒，便為嚬笑；草生木長，便為膚毛；雲流水逝，便為呼吸；魚游鳥翔，便為動盪；日明月朗，便為眼目。於穆之主宰，直在聖心之變化，此所謂理上無礙，事事無礙。聖人學問，實實如此，莫認作玄看也。世間順逆諸境，纔有分別，心在便有好醜，揀擇便不謂順。伯夷耳不聞惡聲，未順故也。未明耳順，請以目喻。瞥眼所到，順他妍醜，總無分別。耳之聞聲，亦復如是。金聲缶韻，總不關心，有何順拂？蘇子所謂「開目而未嘗視，如鑑寫容；傾耳而未嘗聽，如穴受風」。此言似可為注腳也。

鄒肇敏曰：「聲入而以解心迎之，亦是逆了。直至好醜動靜，都無分別，如空中風，並無受者，故不云『聽順』而云『耳順』。」

說個矩字，不落玄空。說個不踰，見得聖人兢兢不放，言我於七十而始得不踰矩也。非自神之言，亦非便結局之言。

如愚章

諸生駱從宣講曰：「回惟如愚，故不愚；回惟不違，故足發。」宗建曰：回之足發，雖全在不違時，然此意只好起束融會，點掇全節語氣，要得抑揚形容光景，亦足以文氣從「如愚」來。私字如「慎獨」獨字，此私逐時皆有，逐處皆有，人所檢察不到處，故謂之私。省至於此，任他矜持粉飾，用不著聰明才智，靠不著上下四旁，無可借力，無可支耐，非顏子不能向此處生發，非夫子不能相出此種天機。「如愚」「不愚」，兩兩相應，正是描寫口氣。

知新章

諸生問：此章書意還重「溫故」否？宗建曰：余意全要把「知新」二字看得鄭重。人只被糟粕煨燼拘縛定了，名物象數膠結住了，於嘗聞習見之外，永無油然豁然之趣。果能溫故，而其知常新，則生機活潑，出之不窮，真是其妙無比。即以之為師，亦何不可？須得形容心學之妙口氣。

又建嘗思師者，先知先覺之重任也，只為俗學封錮，誤了多少後生。若得此知常現，斷不至以聞見沒人之聰明，以格套滯人之靈變，隨機應法，真體躍然，故曰「可以為師」。雖是形容口吻，卻亦是真實語義。

附知新論

今夫人之有知，人性之靈也。靈性之知，不依情思，不緣卜度。譬之鏡焉，清淨之體，含裹十方；圓融之光，混同萬象。無所照，無所不照者，此知之所以常新也。此知不現，而情思卜度之知起矣。情思卜度之知，有所及，有所不及。其所及者，為鏤空，為射覆；而其所不及者，為長夜，為沉夢。求之彌新，而失之彌遠。是猶持鏡者，忘其照天燭地之明，而覓光於一室也。此亦知之至劣者也。今有人焉，忘稻粱之適也，而必取山海之錯為新；忘布帛之安也，而必取文錦之奇為新，則其為新者，勢必不能以終日。何也？其所為新者，非其故也。今人之知，必捨實際而取新於玄虛，去庸理而取新於隱僻。棄其性所故有者，而專倚情思卜度之為知，即令標奇領異，煜然一時，要與秕穅塵垢同歸朽腐而已，又安所得知之新耶？吾夫子曰：「溫故而知新。」而孟子曰：「人之所不慮而知者，其良知也。」夫不慮之知，則子之所謂故也。吾性之故，無所不攝，無所不融，可以吾之知徧於一切，又即可以一切為吾之知。耳目口鼻皆可效性之全能，聲色臭味皆可成性之靈變，神鬼鳥獸、山川草木皆可發性之文章。天下之變化日新，而吾之知亦若日新，譬之萬月一月而萬水一水，此其知尚復有對待、有邊幅乎哉？夫惟無對無邊之為知，而有對有邊之非知，故人之言知者，識也；吾之言知者，知也。人之言知新者，增一慮、長一識之為新；吾之言新者，息其慮而明始全、捐其識而光始徹之為新也。此知新之旨，實開良知之傳也。然則《大學》之言致知也，曰格物，不疑外乎？曰：非也。格者，非就一物格一物，乃格萬物為一物也。夫格萬物為一物，而後吾之知始為無對無邊之知。天下無一不囿其知而已，與民咸新焉，此可以為師之實義也。摩尼之珠能雨粟，珍寶徧周天下而無乏也，然使其堊而不滌，櫝而不試，則瓦礫而已矣。世有瓦礫而能發光明者歟？則夫格物者，所以滌而試之者也，所以為溫故也，非外也。

干祿章

諸生丁之梅講曰：「子張才高意廣，聞見是他所長，闕慎是他所少，故夫子語氣只重闕慎。」宗建曰：多聞多見不可便抹殺他，學問亦須索從此起，只

是要一步密一步耳。大抵干祿之學與闇修之學判然兩途，「學干祿」句是記者摹擬，子張之學是一種干祿的學問，夫子全把闇修之實示之，見士人自有這一種實落學問在此。末三句只又一拖帶，以盡絕他干心。時文起講便從「祿在其中」句起根發論，殊非宗旨。

舉直章

諸生問：只一舉錯，如何便服得天下？宗建曰：嘗讀朱子論宋事，謂救其本根之術，不過視天下人望所屬者，舉而用之。使其舉錯用捨，必當於人心，則天下人之心，翕然聚於朝廷之上，其氣力易以鼓動。如羸病之人，針藥所不能及，炳其丹田氣海，則血氣萃於本根，而耳目手足利矣。正此章書意也。

鄒肇敏曰：「似重一舉，而錯字與惡字異。」

因夏章

諸生賈應詔講曰：「聖人知世以禮，只在宜損宜益上，便可照見百世。」宗建曰：然。禮為世運之主，即氣化有密移，風俗有遷改，總由此禮變通，此實宇宙一大局面也。聖人語意不是因往知來，全是把古今因革大道理判斷一番。

上文兩個「可知」，非謂此已往者易明白也。言當時這所損所益，據當時世運看來，確確乎有可知者，非必待更新之後而後知之也。則雖或有繼周者，又豈不可灼然預覽乎？「百世可知」，其文氣全在上四句。故講因夏、因殷處，便須得三代因革，明白可見的意思透，方與末句相關。

八佾第

禮本章

諸生問：儉與戚還是本否？宗建曰：禮之本，在最初一著人所想像不到處。林放卻商量到此何等完全，故以大贊之。然本無可舉，似姑以不傷其本者示之。試想「寧儉」「寧戚」這般語氣，本已躍然可思。首先提一禮字，有宛然想像之意。蓋聖人嘗以此等語動人深思也。

鄒肇敏曰：「說一句『禮，與其奢也，寧儉』，已是完了，又拈出喪禮一句，疏明上句。」

諸生問：本字畢竟可言否？宗建曰：「人而不仁，如禮何？」敦厚以崇禮，聖賢固已一口道出矣。

素絢章

諸生徐肇律講聖賢問答，總之維禮各有崇重本質之意。宗建曰：此論亦是。但吾意聖賢兩兩相商，一言一轉，絕無沾滯，卻被後人勘得葛藤，求深反淺，意味索然耳。子夏豈真不解《詩》言，只要就此想出個意思，故向夫子閒閒商量。不意「後素」一語，卻被夫子撞開了天機，故恍然而前曰然，則禮其後起者乎？子夏不是抹殺禮，正深於求禮，見得禮非無自而起者。夫子一生綜禮，正想著個本在，卻被「禮後」一語撞開了天機，故又不覺喟然曰「起予者商也」。三百篇盡如此看，何等快活。聖賢前後語意，不過如此。論《詩》知學，未免死煞。

鄒肇敏曰：「此章書今日纔見天日矣。」

即如世人講「禮後」，亦只說得文後耳。禮該文質，通體俱後。

「起予」，起字如雷起之起，忽然而發，故曰「起予」。「繪事」一語，含蓄自深，卻未便指到禮也。

夏禮章

諸生周光霽講曰：「這是夫子以從周之思遡及二代，故有此言。」宗建曰：是也。首便須提周禮原監二代而成者，禮之失也，逐華而捐其本，自非取先朝初意一規正之，則禮終不明，而不意其亦竟沒於浮藻也，故「夏禮吾能言之」。云云。末句要講正欲以徵文考獻之權責重當時，有無限感慨，低回不能捨去之意。禮不以有文與獻而存，無文與獻而亡，惟聖人自知自信，故自能言，但無徵證，則眾必疑耳。

鄒肇敏曰：「味末句語意，卻似夫子以己言為文獻，而望人之徵之耳。」

問禘章

諸生講此章，多未得語意。此章妙處，俱在傍觀描寫。當時記事者，識得這種意思，故其言有味。夫子語氣，有餘不盡，要十分含蓄，與《中庸》上實講不同。「不知也」，亦是形容語氣。「知其說」二語，血脈從「不知也」來，重在想像禘義深遠上。若前死講「不知」，後只死講知之易於治，便失卻題情矣。注中非仁孝誠敬、不王不禘二段，自是夫子意中事，不可作口中語。

禘意深遠，只看「既灌」章注自明。祀始祖矣，而又推始祖所自出之帝祀之。這種心腸，直要追到渺茫不可測識之際，尋求至此。天下之大，真正只如一滴骨血，何親何疏？何遠何近？諸生今日試看眼前諸人，姓張姓李，苟求其始，總是一家。既是一家，何忍相爭？有司若識得此意，決不忍一念戕民；諸生若識得此意，決不忍一事傷人；百姓若識得此意，決不忍一行乖俗。各識此意，便成至治。一勺微波，直歸涯下；一絲雲氣，直到微茫。禘之一言，真是聖賢精微之學，莫粗粗看去也。

周監章

諸生胡鍾麟講曰：「夫子緣末俗之靡，失卻原來製作精意，故思周初之文以誌感。」宗建曰：從來聖人不能與氣運相逆，周承二代後，自須有斟酌會通，以成一代之治，故雖文章日盛，而真心亦日暢。「鬱鬱」不只言盛有生意流動之意，「吾從周」正從「鬱鬱」體貼來，見得此種生機，自然難泯，須索以此綢繆，方有真味，正聖人慾從先進本旨也。

尚忠、尚質、尚文，古人雖有此言，要亦後人從風氣上想像出來，故有此論。其實忠、質、文如何離得，一代自有一代之文質。聖人當時豈真出著告示，教人崇尚？夏、商何嘗無文？周初何嘗無質？其立言分剖者謬也。

太廟章

嘗看《四書箚記》云：是禮是知，皆是當下語，絕不待著安排。夫子承或人之言，初不計其知與不知，而但據此一問，卻正是禮。蓋夫子當時自覺少此一問不得，依禮起問，豈曰非禮？此語須說得含蓄有餘味方妙。

事君章

只為驕亢慣了，另是一番人心，便另是一番眼孔，全不曉得禮是何物。故夫子此言，非為自己分疏，實所以提醒人心，挽回世道。大意謂今之人事君盡禮，便叫以為諂。彼其所謂諂者，直以盡禮當之，而禮竟無以自白於天下，安得不為禮發一慨也。全要描寫一段堪歎情景方是。

封人章

諸生問：夫子婆心甚切，終日只欲用世，封人還是料度夫子必得位設教

否？宗建曰：非也。若如此說，封人眼孔不著矣。蓋封人是亦有心天下的人，必有與夫子相感召者，故一見便相定了夫子的結局。聖賢現身，各自有為，封人卻從千古聖人局面之外，看出夫子一番出世因緣，固非具天眼者不能也。

韶武章

諸生問：此章還是論舜武否？宗建曰：非也。美善皆就樂上看，性反禪伐，皆朱子推原之意。夫子只是論樂，未嘗評二聖。注中意只好於起末作記者口氣一說耳。

鄒肇敏曰：「孟子論人品，卻道可欲之謂善，充實之謂美。蓋造詣由衷達外，觀樂因表會裏。」

里仁第

里仁章

諸生問：此章還實論擇里，還依《孟子注》正講？宗建曰：此還是借話，莊子所謂「寓言十九」也。首便要提仁之不可不處，即一擇里，若不處仁，便不得為知了。蓋借卜里以明人當擇仁而處之意，須得言外之意方有味。若實論擇里，則語意似小；若實實正講，又覺直率。

仁者章

諸生都把好惡得盡講能字。宗建曰：這個能字，還要貼著無私心、當於理說。蓋好惡不得其當者，卻是不會好，不會惡，故惟仁者曰能。仁者本心全現，不落一邊，明鏡止水，纖毫不錯也。

富貴章

諸生周光霽問：「此章還拈一仁字作主否？」宗建曰：此章論仁，是點出顯然公案，判斷人心。蓋人生只有富貴貧賤兩境，人心只有欲惡兩情，此仁不仁大界限也。人若此處站立得定，便是存仁的學問；若此處失腳，便是去仁的供狀，故為仁者開場要在此處著力。然所謂不去仁，工夫極密，若此心一息放鬆，欲念忽起，即貪富貴之心未除；惡念忽起，即厭貧賤之根未除，終帶銅氣，不是真金。故惟終食之間無違仁，雖至造次、顛沛，澄然如鑒，

不動分毫，方是不去之盡，方能除得欲惡根株。蓋富貴貧賤是大段工夫，從關頭上說也；終食、造次、顛沛是精密工夫，從源頭上說也。注中取捨存養，意卻不錯，但不宜分兩截耳。

觀過章

諸生講過字，俱就有心於過講去。宗建曰：太看得煞了。過字該得有心、無心兩項。本文與注中俱活時文，就無心一邊煞講，似以過為必不可少之物矣。

朝聞章

諸生講此章，都涉佛家了生死話頭。宗建曰：此雖是至理，此處語氣卻不要如此說。蓋人能聞道，便不虛度了一生，故夕死可矣。聖人恐人之幸而生，故把「夕死」字形容道之不可不聞。若如前講，反覺落套。

懷德章

諸生問：不言懷利而言懷惠，何居？宗建曰：欲道盡小人情態，須當體惠字。只為胸中障礙，純是一片私恩小惠的心，憧憧往來，全不知有天理國法，終其身營營役役，相嘔相沫，彼此為利，雖至背公誣上，亦所不惜，故夫子特為拈出此字。建嘗謂一丘一壑之戀，私恩小德之酬，皆是土惠私心，這小人不要輕覷了他。

禮讓章

諸生李文徵講此章，謂夫子拈一讓字以明禮之實。宗建曰：這還不是本旨，「禮讓」原是相連字眼，雖要重讓字，然不可以讓為實，以虛文作禮。此節正要明禮之於國甚重，不可一日不用，起處須得此意，吸起「如禮何」語意。

大意謂為國者全要養人遜讓之心，昔先王教民以讓而設之為禮，正以默柔天下之志，使就於平，未聞禮讓之外，別有治道。故使為國者果能以禮讓為之，國便治了；如不能以禮讓為國，則雖治術甚巧，其於先王範圍一世之精意，已丟過在一邊，其如此禮何哉？「如禮何」口氣，與「如天下蒼生何」口氣一般，正謂禮之不可撇卻也。

一貫章

諸生駱從宣講曰：「一貫之語，投曾子之將悟；忠恕之解，破門人之乍疑。」宗建曰：此言是，但不可分兩截耳。一呼一唯，直是平常，只為後人看得十分奇特，所以愈求愈遠。不知曾子平時正在日用中間討個歸宿，苦無印證，一被夫子提破，而今始覺此道初無淺深，初無內外，聖神功化，只在我目前境界，便可了得。所謂明眼之人，撮金成土，撮土成金，信手拈來，無分勝劣，故因門人問而即舉忠恕示之。蓋一貫可說不得，不可說不得。若言可說，一唯亦多；若言不可說，滿前皆是。嘗記慈湖先生云：「夜半爇火息滅，饑者索食，對燭而坐，不知燭之為火也，則亦終饑而已。」忠恕之論，燭喻也。

「夫子之道」二句，雖是指點一貫，卻仍要體貼忠恕發揮，方得接引門人之意，不可一味談空。「而已矣」者，言只此便是，非竭盡無餘之謂。

鄒肇敏曰：「一以貫之，歇口跕腳不得。言一直貫去便了，非挐這個一去貫甚麼物件也。山河大地虛空，總屬自心現影，忠恕說心也。」

訥言章

諸生問：此章與慎言敏行有別否？宗建曰：以謹言勉行窺君子，猶未足盡君子也。惟窺君子於言行之前，自有一段淵然銳然之意，無一時放下矯輕警惰，不得之言行而得之此心。要想出欲字意思說起方是，然亦勿拈出一欲字作骨講。

不孤章

諸生問：有鄰還是論理否？宗建曰：此自是實事。世人儘有修名立節，高自標持，卻只成得一家之業，縱然動人欣慕，終與人心不洽。惟德之於人，如饑食渴飲，不期其合而自合，此人心之同體，故真修德者自然不孤，必有人來親附。「有鄰」猶言有幫手，不要說到千秋百世話頭。

事君章

諸生問：此言還是教人知止否？宗建曰：此非徒教以不合則去之義，正示以諫君規友之道。畢竟事君交友，該在大頭腦上著力，不宜在細微上煩瀆。注中不行則去意勿泥。

公冶第

漆雕章

諸生講「吾斯未信」，都謂漆雕開實實能信，故說未信，有文王望道未見之意，故夫子悅他。宗建曰：太玄虛了。大凡見解上的信易，實境上的信難。今人儘會懸斷古事，談論道理，何等了了，卻到實際上，這些俱用不著。可知我平時自信者，俱非本色，都是含糊自瞞過也。漆雕開查得自家實實有信不過的去處，決要打破，決不肯糊塗苟且。這種心腸方稱真篤，這種學問方得牢硬，這種人於世上方纔有個真正，究竟決不如世人只在體面上安排，半水裏挨轉，故夫子悅之，正為拈出「未信」兩字，悅他當下一念也。斯字猶俗云這裡正就此心獨信處說，夫子正喜他說得實落，時解卻反說到玄妙去了，不如注中「篤志」二字為妥。

孰愈章

諸生周三省曰：「子貢差處，只在聞見上著力，夫子要他進於心性。」宗建曰：亦是，卻未甚切。子貢好以知勝人，故夫子提醒他。首句不是平平比較發問之詞，言汝一向自認聰明，畢竟與回何如？全是打動他，要他尋向裏面一步去。

子貢已是尋出自家病根，玩其語氣，有愧憤慚悔、恥不若人之意，正是其真心奮發鼓動處，正好激厲振作他起來，故曰「弗如」。云云。蓋子貢既自供認，夫子便索與牒，定不容他不激發、不洗脫前病也。

人之學力，隨見地而發，只看得自好，便無進步。若聰明人肯認自家不如人，必將掃盡舊習，十分奮發，此便是上進根基，故曰「吾與女弗如」，大意謂汝既認真，以為弗如回，吾看汝這等心思意氣，必不苟安，今日必將求進於回，吾正取你這不如處。此句緊緊含蓄，打醒激動口氣，方是注中自知自屈意猶影響。

篇中「孰愈」「何敢望」，兩「弗如」相照映處，便是題神。作文只將此意提掇，不得拈知字作骨，反向子貢口語中討法眼藏也。

見剛章

諸生賈應詔曰：「夫子正為似剛非剛者，故首發此歎。」宗建曰：非也。剛足以翼道統、維世風，故夫子有未見之思，意思盡大。或人錯舉申棖，夫子

卻就根判斷曰「根也欲，焉得剛」，無欲自是剛字注腳。然夫子發言之旨，原不為辨剛而發，時文於起處便黏照下二語講起，甚失宗旨。欲就人心中沾滯隱微之處言，人心一有夾帶，便是受銷鑠之本。

東坡曰：「夫子未見剛之思，難得如此，而世乃曰大剛則折。士患不剛耳，長養成就，猶恐不足，寧憂其大剛而懼之以折耶？折不折，天也，非剛之罪也。」

性天章

諸生張用楫曰：「此是子貢悟後之言，看得文章、性、天合一否？」宗建曰：萬紫千紅，總只是春，然萬紫千紅卻又喚不得春，子貢此時正要尋到春意上也。蓋其平時親承無言之歎，覺得一向來可聞者，僅與四時百物止屬行生之象，於性天消息總無干涉。此乃將悟之言，有彷徨想像、活計俱窮之意，不要渾身作妙悟語去了。大意謂聖人之妙原非語言可盡，學於聖人者亦非口耳可承，假如二三子以文章求夫子，亦何嘗不可得聞？只是一說到性天，便不可得聞了，是何性天之難聞，一至此哉？蓋即文章之易聞，形出性天之難聞，要得上下相形語意，若平實說下，便不得解。

善交章

諸生都忽略首句不講。宗建曰：首句不可輕過。大凡交際之生，起於論交之前，不先有一段真意持以與人，故交多不固。惟平仲之交，覺得交道中有多少意味。夫子有味乎其言之故，特寫之曰善交。「久而敬之」，只一指點他善處，善字卻說不盡也。

只敬了，便諸釁不投，諸疑不作。友朋疑間之端雖多，其釁總自不敬生來。

伯夷章

諸生講夷、齊惟清，故纖塵不帶，有惡即惡，能改即忘。宗建曰：清之一字，孟子特地拈出，為伯夷一字之評，此處不得便作夫子語氣。嘗思夷、齊不念舊惡，原無榜樣，只就他心境空洞上摹出。「怨是用希」，亦無寔錄，又只就他不念處摹出耳。此是聖人追思想像之言。「舊惡」舊字，如飛影馳輪，忽焉過去之解，隨惡即空，若說到改與感上，正未免有心矣。夷、齊心境，如雁過長空，影沉寒水，雁無留蹤之意，水無戀影之心，不念不怨，兩

邊不動。

乞醯章

諸生問：微生還是有心掠美否？宗建曰：此論太刻。古來只為周旋世故，念頭壞了多少人品。假如微生乞醯一事，何等委婉方便，卻只是第二個念頭，便非當下本念。故夫子有感於其事而歎之，不重在譏微生，指點要人不向轉念去也。下文「巧言」「匿怨」兩段，亦只為加了一分周旋意思耳。

鄒肇敏曰：「巧言匿怨章，時說多言有這樣人而吾恥之，則當云巧言者，匿怨而友者，聖人向空與他相罵一場何益？味語意，謂巧言等這樣事甚可恥，丘與明都恥而不為。兩之字及注中竊比老彭意可玩。」

淵路章

諸生潘相榮講曰：「此章不必比較優劣，總是一副公物心腸。」宗建曰：也還要在語言之外得些妙處。要想當時聖賢聚會，不肯虛度，就此閒時，彼此勘驗，各呈本色。一堂之上，悠然有會，穆然遠想，這種光景，自有無窮意味，須寫得出方妙。聖賢志願，有一分只道得一分。子路於去私學問，煞用力來，故直道其公物本懷。車裘共敝，莫認做小，不只要像俠士口角。顏子起手，便從性靈悟入，故其言俱從性地無渣滓上說。子路聽得這般境況，覺得顏子之志已自曠然，故又進而求之夫子，可以想見古人求進無窮之意。

聖人一副廣大心腸，雖要寫得懇惻，不要只作因物話頭。然這種志願，隨時隨處俱用得著，實無等待。近來時文必要說到「世如三代」，云云。殊失自在。

見過章

諸生通講做絕望口氣。宗建曰：聖人凡說「吾未見已矣乎」這等語氣，俱是致望之意。假如見過內訟，自然該應如此，不要先說難了。首須提人既有過，即內照之明，自應隨過而起。人既覺過，即克治之勇，自應隨覺而生。故見過而訟，吾嘗以之望人，而今遂已矣乎。

鄒肇敏曰：「『已矣乎』猶云終不然罷了耶。」

雍也第

居敬章

諸生問：居敬者自然行簡否？宗建曰：行字內正有工夫，說不得自然。然居敬者卻便可簡，其簡處亦只是敬。嘗讀《王文肅集》曰：「太上寄精神於事，其次借事煉精神，最下者為之役。君子精神無處不貫，惟有無小大，無眾寡，無敢慢之心，而後能多事化少，有事化無。其行簡處全從他精神縝密上來，若只要求簡，簡之一字，誤世多矣。」又嘗記鄧文潔云：「竹頭木屑皆神奇，奔走送迎皆學問。」旨哉此言。人惟看得簿書為粗，應酬為苦，一切厭薄，遇著一事，纔行一事，縱然簡省，終成疏略。孰如居敬者，看此外邊一切皆是我心性所寄。此心無處不到，遇忙能閒，遇煩能減。人所百求不得者，我自可一揮便了，真正愈密匝愈清淨，即人但見其疏網闊目，卻不知其空閒處俱是精神流注到處也。

使齊章

諸生鍾維翰講曰：「世間只有個中正道理，傷惠傷廉，俱是賢人太過之行，故須裁之。」宗建曰：此論亦是，然細玩本章語意，原自了然。先提一「使齊」，便可見本無可與。次又提一「為宰」，便見本無可辭。「與釜」「與庾」，已是隱示之矣。「周急」一段，不過婉為開諭，使冉子自悟，其不當與者固自在。語以毋辭，已是明示之矣。「鄰里」一段，只是代為處分，使原思心安，其不當辭者固自在。記者見得聖人隨事恰當，而又有一段流通斟酌之意流於其間，故特表之。惠廉二字，卻是後人添出意見。

其心章

諸生問曰：心是何物？仁是何物？中間如何著個不違？宗建曰：心如明鏡，仁則鏡體之光明，光明與鏡有何分別？但就其為塵掩時，似乎失明，就其不受塵時，依然如故，故以「不違」狀之。首須提仁為人心，本是一物，何緣合離？本自渾然，何緣間歇？唯心以著物成違，故仁以乍復為至，方入有如回也，云云。全是進諸子於回意。蓋回從心上得力，鏡體全現，故仁常顯而不違。其餘諸子，於知見情識，拂拭鏡體，未全磨時，暫明仍復暫昏，終不能久。「日月至」猶云日計月計，是形容去住不定之意，此正是違仁處。講「不違仁」，要與「日月至」相反。

　　鄒肇敏曰：「程子謂心如穀種，仁則其生之性也。穀種但令不違生性，外面攙不得一毫氣力，故不違仁便是顏子心學。味『三月』字，可見非另有學做到不違也。此正是本體之工夫，勿作成驗。說至字，則生性偶自現。日月之至，日夜之息耳。」

賢哉章

　　諸生姚繼元講曰：「顏子之樂，簞瓢如此，千駟萬鍾，亦只如此。夫子體貼得他樂處，故深取之。」宗建曰：此論未盡。凡論人造詣，須看他當境何如。夫子覺得顏子一種欲罷不能之趣，任他逆境當前，只無改變，所謂「吾見其進，未見其止」。夫子實實有味乎其精進，故不勝歡賞之耳。顏之不改，實與子之忘憂意味相似，故贊處正是取他好學處。

附尋樂

　　樂者，憂之對也。使心果無憂，則樂亦無可名矣。憂者，又樂之代也。使心必有樂，則憂亦未能空矣。何也？人心之虛也，一物介焉則繫。繫於憂者，視天下無一而不可憂我者也。繫於樂者，知天下之得而憂我，而借樂以排之，猶然見有憂樂相待之境，其為心之累一也。何也？人心之體，空洞無依，無憂可藏，何樂可受？其曰樂者，不得已而名之者也。惟無乎樂，自無不樂。舉世所謂憂與樂者，俱有所不入。而賢且智者，必欲卻憂以明樂，其於空洞之體何與乎？故夫真樂者，無可尋者也。有可尋，必有境之可寄，有物之可緣者也。有寄、有緣之樂，有耽嗜即有厭離，有欣羨即有染著。心苟有染，奚必烹葵飲水之為潔，而鳴鐘薦鼎之為污，紫芝白石之為清，而朱輪丹轂之為垢乎？故凡樂之有可尋者，皆非人心之真樂也。人心之樂，非情非趣，非思非為，窮亦樂，通亦樂，憂亦樂，樂亦樂。《中庸》以喜怒哀樂並稱，而喜怒哀樂總之樂也。空洞之體，無所不涉，無所不空。虛中之影，水中之相，吾烏從尋索之？欲尋樂者繫於樂，繫樂之與繫憂一也。然則樂終無可尋歟？不然也。孔之發憤忘食也，顏之未見其止也，彼其中所孳孳者何物乎？惟有終日之孳孳，始有日用之自得。不戒慎，不恐懼，而欲求飛天躍淵之光景，得乎？然則欲尋孔顏之樂者，亦先尋孔顏之憂。欲尋孔顏之憂者，亦尋之屋漏之獨而已。此則善於尋樂者也。

力足章

諸生姚繼元講曰：「天下本無力不足的。『力不足者』二語，只就冉求所謂『力不足』之說言之，亦必中道而廢。今女明明自畫一起，不肯用力，豈得曰不足？」宗建曰：看得極是。「力不足」二句，原非實說，須要說得口氣活動。

女為章

諸生徐肇律講曰：「君子、小人，只該就真偽上講。」宗建曰：此是正論，但儒中君子、小人，真偽兩字尚該不盡。凡得學問大宗旨、大局面者，曰君子儒；修名立節，斤斤於邊幅之間者，曰小人儒。子夏篤信聖人，規模殊狹，故欲其拓開胸次，自創門風，此說自不可廢。龍溪先生曰：「從來聖賢皆自出手眼，何嘗有樣子學得來？凡依傍樣子者，畢竟不是大人也。」

由戶章

看來此語不是怪歎，還是提醒眾人之言。畢竟世間那一人能不由道者，只是當面蹉過，不能隨處體認耳。只如今日大眾一會，口中說著聖賢，耳中聽著聖賢，目對明倫之堂，足履揖讓之地，立必鞠躬，坐必端正，相悅以解，相質以疑，人我之相不生，世俗之想不起，不待安排，不設擬議，只這光景，頭頭是道，那個不受用著？即此便是不著之著，不察之察，不由之由。卻或離了會時，議論見識另是一番，衣冠動作另是一樣，向來齊齊整整的光景，一時撇開。看來這齊齊整整者，元自在也，只爭你自不理會耳。諸君只把今日坐此一會，講此一章，這般意味，常自打照，如長流水，源源不斷，便是真正知道實學，何須面壁蒲團，高山遠水，然後證道？偶言及此，莫謂是講虛道學也。

生直章

諸生徐肇律講曰：「兩個生字一樣看，緊相呼應。天地之生機惟直，遂始暢屈曲，即鬱矣。故人之生本直，絕無委曲夾帶。將來說直字要與生字相關，下句方有情。」宗建曰：此論極的。嘗讀東坡曰：「天之生物必直，其曲必有故，非生之理也。木之曲也，或抑之；水之曲也，或礙之。水不礙，木不抑，未嘗不直也。凡物皆然，而況於人乎？」

鄒肇敏曰：「眼視耳聽，手持足行，極為直率，這是現在實有的。說玄說

妙，索隱行怪，欺天欺人，俱是罔。不以枉對直，而曰罔，最可思。」

知好章

諸生問：此章知、好、樂，還平序否？宗建曰：此章還以知字另提，言學之入門須索要知，然空空之知那得如好？好雖已勝於知，然畢竟還不如樂。此節語氣，知字輕，樂字重，而好則居乎中間，言學貴好而又不止於好，若順文平序，似少光景。夫子恐人以知為極則事，故言知上還有工夫，到此境界已無滲漏。然能好之心與所好之物，猶隱隱未忘，任是工夫綿密，終屬克治之門，非究竟無為之旨，故須至樂，方是登岸之日。

語上章

諸生問：中人下的還與語下否？宗建曰：道只有上，聖人之言無語非上。只是人之根器承接不同，故語有可不可之異。夫子見得可語之難其人，故發此歎，非真分人之上下而語之也。

務民章

諸生徐肇律講曰：「心之分明處曰知，眼前自有實落道理，捨之不事，而用心於渺茫不可據之地，分明者安在？心之純一處曰仁，心性內自有真正工夫，纔去做時，卻便分心於計較功利之私，純然者安在？蓋夫子舉其最難剖判、最易夾雜者言之，故講知一段，必兩邊合說。云務在民義，而鬼神卻自不去致媚，乃得剖判精明意出。講仁一段，必緊著後獲，以表其無所為而為，乃得純心自然意出。若獨重民義，便是知者當務為急話頭；若獨重先難，便是先事後得話頭，非此處語意矣。」

宗建曰：說務義一句，要照知字，只在倫常日用上認真做去，精神心術都在至公至顯處用，方見他真正光明，後者丟卻不管。若去私而預擬一私淨之程，則現前便被此心遮礙，私永不得去矣。

樂水章

諸生問：仁、智原是一理，只作一人看否？宗建曰：仁、智，性之德也。性根初無分別，而造詣自有各到。有以解慧入者曰智，有以涵養入者曰仁。世間實有此兩種人，夫子欲描寫仁智而不可得，故就山水指點他意象。智非獨樂水，其趣卻自與水相會；仁非獨樂山，其趣卻自與山相會。人所千百言

難盡者，夫子止以兩語寫之，只就虛境略一指示，神情躍然。如善畫人者，只畫其大意也。下面四語，又就他樂水想見得他動，就他樂山意想見得他靜。樂又從動處想來，壽又從靜處想來，總是一篇想像光景，說者都看得死煞了。

博施章

諸生謂子貢此問太涉高遠，故夫子約之近取。宗建曰：博施濟眾，原是仁者之極思。子貢此問，志量甚大，但以此求仁，便失本領。夫子示以求諸己，便有從入之方。二節總是一意，無仁恕之分。

己欲立，而立人之念隨之；己欲達，而達人之念隨之；己身雖微，萬物之情已備。能從此欲取譬六合之廣，只在現前一念，真是有準則可下手，而非必泛而求之民物也。

鄒肇敏曰：「博施濟眾，通是仁之事。然眾是仁乎？施是仁乎？不知何處是仁。夫子只就欲立立人、欲達達人的心一指示之曰：這裡便是仁的所在處耳。方猶云方所也。『可謂仁之方』，不曰為仁之方。」

述而第

默識章

諸生問：夫子自任，不厭不倦，此卻說「何有」，還在默字上分淺深否？宗建曰：默字自是不厭倦，宗旨從默說下亦好，卻不可在此上分淺深。蓋聖人一生只把不厭不倦自摹其概，真正覺得此種意味無窮，故後曰「云爾」，此曰「何有」，總是夫子寫其真實處，不嫌語氣兩樣也。「何有於我」正是自省意。哉字與三省乎字一樣，此句只就上三語形容，難盡意講，絕不要涉推脫語氣。「默而識之」，言悟也；「不厭」「不倦」，言修也。默識一語，提醒不識本體的差工夫；不厭二語，默破不做工夫的假本體。

默字只照注中不言而存諸心解，極當。天下道理，只從口耳上說者，其中之停蓄必淺，故曰道聽塗說，德之棄也。默而識之，猶云不言而躬行之意。時文動以維玄維默解之，求合反離。

吾憂章

諸生周泰運講曰：「要見學問，須日新，方無窮極。」宗建曰：要體「吾

憂」句，說人只在體面上安排，儘可安穩過日。若真正從自家身心上仔細檢點，有多少過不得去處。故聖人說「吾憂」，實是有憂。修德四句，要看得細，本體上有些毫走作，些毫滲漏，縱事事循規，只是邊幅工夫，喚不得修德。要把千古道術自我提醒，聖賢血脈自我承接，說一句便可做得一句，論一番便可受用一番。若只口答耳領，說食不飽，如何喚得講學？義字極微，徙字極活，推移任運之妙，賢智之所不及排，豪傑之所不及湊者也。注中「見善」二字尚欠的。

鄒肇敏曰：「『不修』等四項，都在吾憂中討出。蓋曰若德之不修等，皆是吾憂，惟日以不修為憂，而日求其修，非有不修然後引為憂也。」

志道章

諸生胡鍾麟問：「此章還重學有漸次否？」宗建曰：據此似有淺深，卻不重在漸次上。夫子只平平指點學問的境界，始基須索要立志，故曰志道；持守須索要定力，故曰據德；涵養須索要融洽，故曰依仁。卻又找遊藝一句，何也？蓋人無時無藝，無處無藝，正此心性空明，可以遊戲無礙，故惟憂焉遊焉，與之俱習，即與之俱僕。從其志時遊之，即為志道；從其據時遊之，即為據德；從其依時遊之，即為依仁。此徹上徹下之工夫，千古論學之丹頭也。人游於藝，如魚遊於水。水與魚相化，水即為魚之生機；人與藝相化，藝即為人之靈趣。生機一刻不可相離，靈趣不可一刻不活。謂依仁之後方遊藝者，謬之謬也。嘗聞前輩曰：後面興詩、立禮、成樂，便是遊藝的工夫。正好與此章參看。

用行章

諸生康廷獻曰：「此章前後語氣，不必相關，只兩兩散說為得。」宗建曰：也要想著當時這一會大意。大抵聖賢經世之學，與心性之學，不作兩橛。故以此出處，則舒卷無心，絕不著些毫意見。以此任事，則鋒穎消除，絕不露一毫意氣。若一落意見，一著意氣，便失卻應世大本領、大機局矣。夫子一日向顏子商量用舍，正為他本領上得力，子路卻全不理會。「三軍」一問，色相熾然，故夫子把經世大機局點化之，亦正要他體認到裏面去也。「臨事」二語，此是千古聖人兢兢業業的心腸。

誰人不用而行，又誰人用之而不行？誰人不舍而藏，又誰人舍之而不藏？但於用舍時微留意思，便為用舍所滯。行時止見得有行一邊，藏時止見

得有藏一邊矣。惟聖賢之心，分毫不起，其視用捨真如寒暑之去來，視行藏真如晝夜之夢覺。不特耽戀功名之心不設，即耽戀泉石之心也不起；不特扼腕窮愁之見不生，即擔當世道之見也不著。以道卷舒，脫然無繫，信非孔、顏莫與也。

聞韶章

諸生賈應詔講曰：「語言傳述，畢竟不如耳聆之親，故云『不圖為樂』，有深幸得聞之意。」宗建曰：聖人之心，眾情俱寂，一念澄然。其視水光雲影，鳥語風鳴，無一非其活潑之妙。況乎目接簫韶，其所忻會者，豈猶然在見聞知覺之中，聲塵音響之跡耶？不圖語氣，猶俗言從何處得來，乃讚歎不盡之詞，似不必作比較語。

東坡解曰：「夫子之於樂，習其音，知其數，得其志，知其人。其於文王也，見其穆然而深思，見其高望而遠志，見其黯然而黑，頎然而長。其於舜也可知，故三月不知肉味。」此論深可會。

衛君章

諸生問：子貢之問夷、齊，該直說出避國一事否？宗建曰：吾意正以不直說為佳。試看當時聖賢一問一答，全然不露，兩兩心照，有無限意味。若一句說破，便索然矣。

國人擁輒拒蒯，於道理上儘說得去，卻於本心上畢竟過不去，所謂「於汝安乎」，斷然不能安也。故子貢推究到心上，夫子拈出一仁字，暗暗指出此公案耳。

飯疏章

諸生賈應詔講曰：「聖人之樂，正是其義理之趣，義字要看。」宗建曰：不必如此，一章通要說得虛活，只為人都喜順境、惡逆境，謂必逢時履順，乃可自適。不知性天至樂，正不在此。只如疏水曲肱，樂亦何嘗不在？樂既無所不在，而又何樂乎富？何樂乎貴？又況不義之富貴哉？其於我真如浮云耳。蓋樂可以涉貧賤，亦可以涉富貴。樂在，則富貴是浮，貧賤亦是浮。貧賤與我無關，正不妨於處，則富貴於我何關？必欲得之為快哉。

「如浮雲」，正可想像亦在其中光景。

學易章

諸生問：過為過失，過字否？宗建曰：學不探原，縱依傍道理，終滯格套。其於天地變化之妙，吾心無思無為之體，終不相合，此便是過。夫子真正覺得性體圓融，理事無礙，些毫意思了不可涉，故深有味。於《易》而言之，其在知天耳順之時乎？

顏子不貳過，謂之好學。聖人學《易》，以期無大過，最可參之。

雅言章

諸生講雅字，都謂聖人以常道訓世，故一本於經。宗建曰：理亦是，而未親切。雅訓常字，常常言之也，非平常、經常之謂。凡言不切於日用者，偶言之而可喜，屢舉之而易厭，惟這三書足該人一生。試看人一生，那一處不該著性情，那一處不該著節文，那一處不該著政事，就一時而變態屢生，就一人而機宜各換，其中精微委曲，真正日日言之不盡，日日言之有味，到處不離乎三經，安得不常言之？蓋聖人教人，只是要人有實受用，故雅言全重切於日用意。除卻日用之實，即函關之五千言，西竺之三大藏，其文雖煩，卻只一句可道盡也。

發憤章

諸生問：此章意思何如？宗建曰：只為人看得聖人神奇，故夫子自把好學樣子示人。首須從好學意提起，言吾夫子亦止此平常日用之間，覺得他自有徹底的精神，與世人半上半落者不同。見其常惕勵時，則有憤焉，憤一發，即食亦都忘了。見其常融洽時，則有樂焉，樂之所在，即憂亦都忘了。此種心神一味凝聚在學上，即至老之將至，愈鼓舞愈覺發揚，愈發揚即愈覺欣暢，只管相生做去，沒個歇腳，直把憤與樂結果一生，此其為人，可謂云爾已矣。聖人提出一老字，正見己之憤樂，不間暮年，以自明其好學意。若只泛用循環無息等語發之，似欠精切。「云爾」爾字，正應為人要重發幾句。蓋學之不厭，夫子一生，只以自予，其於顏子之沒，則曰「未聞好學者」，真是舉世無一發憤之人，舉世無一自樂之人，非夫子不能道其終身受用之實也。

好敏章

諸生問：此是夫子實話否？宗建曰：昔羅念庵先生謂世間無現成的良知。近閱《四書箚記》，謂世間無現成的聖人，只有做成的聖人。此等語煞要理

會，只如此章，夫子實實是生知，卻又實實是好古敏求。蓋聖人自有聖人的工夫，但如明眼人修行，步步在亮路上走，不似盲眼人修行，在暗路上走耳。

上句曰「知之者」，下句曰「求之者」，明是相對，兩個之字為是何物？這件東西，要增些子也，無所容其增；要減些子也，無所容其減，靠不得自家聰明，恃不得自家力量，一點一滴，須要與千聖打個對同，方無杜撰，須從此討得題中消息出。

諸生問：象山先生謂《論語》上有無頭柄說話，如「學而時習之」，「知及之」，之字畢竟何所指？宗建曰：若有可指，便有頭柄。有頭柄便是後來義，學窠臼矣。從來聖賢多少銓注，俱是假立名相，從何舉似？必欲舉似者，吾輩紛擾時多，間有一刻靜時，一物不著，卻會惺惺，這是何物？不得已而名之曰心。畢竟此血肉一團，何從惺惺乎？諸君根器不凡，試各就此一刻時認取，當知之字下落也。

無隱章

諸生周光霽曰：「門人以言語求聖人，故夫子拈出行字示之。」宗建曰：夫子只以常行破隱字，不必對言字。蓋二三子終日高探遠索，欲尋覓個夫子，卻不知正在平常處，當面錯過。故一日忽指之曰：「二三子以我為隱乎？」此句不是空談，開口說著此句，正是指點出他向前妄情。「無隱」二語，正把平常行徑示之。後來「是丘」一語，正應著首句，見你從前摸索，疑我為隱者，這不是丘。惟無行不與者，這才是丘。令他當下便見，欲他著察耳。此句不可作「無行」句拖帶語。夫子又特找此一語，以致囑付之意，最有味。吳因之先生云：「《楞嚴》七處徵詰，是破除妄見，故令阿難左摸右索以告之。夫子『是丘』一句，是喚轉路徑，故合下直指真體以示之。自後相師一問，鄉黨一篇，似已尋著夫子。然非真心領會，恐猶然摸象之見也。」

四教章

諸生問：聖人之教，果有科條否？宗建曰：聖人不以玄虛誤世，故俱就其切於身心者提醒夫人。蓋無科條中之科條，二三子傍擬之如此，實非夫子立此為題目也。

見聖章

諸生康廷獻曰：「夫子深憂聖脈之絕，故致思有恆，以留聖脈。」宗建曰：

聖脈到底不絕，陽明先生所謂滿街皆聖人也。夫子此論，見得人有恒心，便人人具有聖胎，人人可做聖人，卻自被習心埋沒，將聖人種子撇向深坑，豈不深可痛惜？全是要人惕然自返之意。夫子發言之旨，全在末節，兩「斯可矣」，正從「難乎」句發脈來。「不得而見」者，非言聖人之難，正深冀聖人而慨然發此也。末只用無恒反照，而有恆所以可取處，已躍然言外。蓋人只把恒人與聖人看做兩橛，不知完得恒人，便是聖人，結果似懸，而根苗無二，思之思之，安得讓過聖人，便謂千古絕德，終不可到乎？三節語氣，有無限深情，一字一棒，莫說得嚼蠟也。

釣弋章

諸生問：不綱不射，還是取之有節否？宗建曰：即此亦是大聖人善說法處。蓋使人盡不綱，而魚之全於淵者多矣；使人盡不射宿，而鳥之全於天者多矣。釣弋之意，亦方便之門也。若止說用之有節，看得聖人太小了。

不知章

諸生問：聖人如何教人從聞見求知？宗建曰：聞見上無知，卻能觸發吾知。若不從聞見上做起功夫，有何著落？惟實實參驗，將此一點靈明充拓開衍，隨擇隨通，隨識隨徹，我之知纔不墮落懸空，纔有實證。不知而作，正犯了自謂上知的病。夫子特特為他下這一劑，使之虛心下氣，做些次根的工夫，庶幾不至退墮。次對生知而言，入門雖殊，總之是一家人，可追隨而上，非有懸絕之等，故曰次也，不是落第二乘話頭。

互鄉章

宗建曰：試看此章，分明是夫子自家畫出毋意、毋必、毋固、毋我影子。聖人心腸，真正如鏡之空，如水之明，物來則照，物去則化，不逆不億，唯有見在一念。

仁遠章

諸生康廷獻問：「以欲證仁，如以波求水否？」宗建曰：波與水無二相，欲與仁無二體。欲仁仁至，此夫子之語當下也。拈出欲字，纔說仁至，是就工夫上點出本體，要人知現在便有下手處。斯字極緊，一念之動，既可證仁，則念念之動，俱可證仁。人斷無無念之時，何不一自醒也？題神甚是活潑，

須得提醒語意,不可死煞講。

知禮章

諸生謂:聖人前後語言,多少照顧,多少妙處。宗建曰:吾意不然。聖人語意,本自圓活,不著沾滯,卻被後人生出意見,瞻前顧後,反覺死殺。只如司敗一問,原自渾然知禮之答,即微夫子自宜如此。後因司敗摘出娶吳一件,禮上說去,不得自索,認以為過。聖人於前後問答,絕無照顧,記者正於此處覷得聖人圓融活潑,故筆以傳後。諸君等意,便似後來君子竄曰矣。

聖仁章

諸生姚繼淶講曰:「夫子不自居聖仁,只以好學示人。」宗建曰:謂以好學示人是也,謂不自居聖仁,卻不然。夫子正要以仁聖引人,如何自家反著推脫?夫子正為人看得仁聖太高,似終不可學者,故接引之曰「若聖與仁,吾豈敢」,謂便到卻此不厭不倦,我可自盡,是人不必生而聖仁,而聖與仁未嘗不可為也。蓋把一段孳孳不已精神點與人看,正欲人體此為入仁入聖之門。若字與抑字相通,首二句雖說不敢,正隱然有自任之意,絕非推脫口氣。

「不厭」「不倦」,把做題目在手裏做不得,諸弟子皆知學夫子之不厭,學夫子之不倦,卻不知夫子之所學為何物,所當有事者為何事,安能真不厭不倦也?公西華想已窺到此際,故曰「正惟弟子不能學也」。此其師弟之間相喻者,固甚微矣。

坦蕩章

諸生講君子,多著形跡上看了,須更深求之。「蕩蕩」正形容坦字,一立涯岸,一有趨避,中間便有許多溪徑,許多荊棘,安得海闊天空,千里一色耶?注中「舒泰」兩字,只對下「戚戚」說耳,未盡「蕩蕩」之義。「戚戚」亦不要看得淺了,凡孤忿慨慷之氣未消,畢竟是戚戚種子也。

泰伯第

三讓章

諸生問:三以天下讓,從來讓商讓周,諸說紛紛,畢竟如何?宗建曰:吾

意甚是明顯，只為人看得死煞耳。泰伯三讓，原無實錄，更說讓天下，益無影響。夫子提破這句，只是從後推原出周之有天下，實泰伯一讓之所貽。假使伯而不逃，有天下者未必非泰伯之子孫，而伯竟以一去而無稱。蓋夫子尚論商、周之際，覺得泰伯當時這去委婉恰好，略無形跡，即人但知其以父子兄弟讓，而其微意所在，有非名言意擬所可測識者，故彷徨追想而深歎之耳。

諸生又問：畢竟泰伯之去為何？曰：泰伯先知之聖，看得世運當有返商為周之日，故超然遠逝，自脫於外。這時不惟凡人不知，即太王、王季，恐未便識到此。夫子要亦隱會這意，故一為拈出，畢竟不欲說破也。剪商不從之說不可泥。

鄒肇敏曰：「泰伯當年只是讓國，自夫子之時觀之，俯仰商、周之際，百千感慨。即如《詩》稱王季友於，卻在王季身上費得許多迴護，而文王服事又經了許多磨折，何如伯之超然一舉，天下二字沾他不上，追王亦追他不著，故夫子云然。蓋歎太王之不得如其子，而王季之不得如其兄也。『無得』二字，意自了了。」

貴道章

諸生孫吾仁講曰：「能貴乎道，則凡事自舉，故不須去照管。」宗建曰：君子無小大，無敢慢，不是不去照管，亦非自然就緒，只是有人去做，不必一一煩屑瑟也。「籩豆」二語，是形容活話，勿泥。

大意為政者自有精神縮結的去處，纔謂之道。道不以煩瑣為能，而以挈領為要，故曰所貴乎道有三。「動容」六句，正是君子以一身樹極，提挈群下之要。假令不此之求，則自此而外，即謂之事而已。既屬之事，則籩豆而已矣。此則有司在，而何煩君子哉？蓋以事字挑出道字，以有司字挑醒君子字，總見君子持世，須得有大綱領做去也。

工夫本領不在容貌詞氣上，三個斯字是他精神結聚處，本領正在這裡。斯字猶即字，全是平時心上做得個把柄在，故能如此。不言而喻，不費照管，自然恰好。蓋遠近不是道，惟有得於道，故能遠能近也。

一動容貌，何等細膩，不涉粗厲，卻就細膩中又端莊而不怠慢，須把兩字相形講，下「遠鄙倍」亦然。六句中須隱隱描寫得可貴，意出乃佳。

若無章

曾子把自家比照到顏子心境上去，覺得其造詣之妙，故追而思之。不是

鋪敘他學問，故講上五句，便要得追思讚歎口氣方是。細看曾子語意，全重在「若無」「若虛」上，但虛無光景，無可模寫，須索從他好問說來，方可想像這段意思，此曾子最善形容處也。「若無」二句承上二句，點破他心事，不作推原口氣，犯而不校，正好想像得他虛無光景出，但語氣不可沾滯耳。

弘毅章

諸生徐肇律講曰：「通章以仁字為主腦。」宗建曰：吾意以士字為主腦。曾子看得世上為士的，只因看得自家小了，便讓過了古來多少聖賢，故特地把士來說得這般鄭重。言士這體段不是小可的，須要弘；士這力量不是半上半落的，須要毅。一口道來，說得他真有戰戰兢兢、臨深履薄之意。通章要重發士字。

「仁以為己任」二句，不可斷以仁字貫到底，末找不可不弘毅意。

興詩章

諸生問：此章還重在人心上否？宗建曰：夫子從詩、禮、樂上拈出人心學，要人把此心放在這三件上，還要見得詩、禮、樂之重。不曰詩可以興，禮可以立，樂可以成，而曰「興於詩，立於禮，成於樂」者，蓋人自有此奮發之心，不容自己，然其得力，則全在於詩。見得人有對詩而不自起者，是自失其興之機者也。下二句亦然。

首須提人之學力，須自興而立而成，然其得力之處各有所藉，往往興則於詩云云。詩、禮、樂不是分截去學，但三者可以並習，而不可以並造，故各就其收效處言之。

周公章

諸生徐肇翔講曰：「居才以心，故才只謂之緒餘。」宗建曰：才為緒餘，自是正論。但此處語氣，直捷言人一驕吝，便殼壞盡一生了，更何有他處可觀其餘？餘字正對驕吝看，如云吾何以觀之哉？縱有別樣，只是枝葉。此意包在「不足觀」內，不必從「其餘」處入一轉折也。

篤信章

諸生康廷獻問：「首二語語氣既平，而血脈一串，畢竟此章大旨如何？」宗建曰：首二語平平看自明。蓋出處去就，這是士人一生的大局段。這局段

須從心性上打合，若不仔細參研，徹底融會，縱饒有識有力，做成豪傑手段，畢竟不是聖賢結果。故夫子說：人須篤信，卻又要好學；人須守死，卻又要善道。有這學術，識見纔不錯了；有這道力，力量纔不偏了。所以或去或就，或出或處之間，恁地果決，卻又恁地斟酌。既非世上一種假局面、假機緣，何以轉動得他？又非世人一種假操持、假作用，僅取躲閃得過。這般人方纔是個真正識力，方纔是個聖賢路上真品。苟一不然，則心無成見，應世顛倒，有道而貧賤，無道而富貴。這種人儘自謂信得過，守得正，卻不知墮落幾千丈矣。這一章總於入世上，勘驗出人心性功夫，只拈學道兩字，何等明快。時解只為把守字對學字，便於首二句費多少調停，何不依本文完完全全，自然渾成也。

鄒肇敏曰：「此章只宜拈一道字作主。學正，學道也。」

巍巍章

諸生孫吾仁曰：「此章還是說舜、禹只盡有天下的事。」宗建曰：此論人多言之，然畢竟注意為妥。注意從性分上說，元不礙舜、禹之盡心也。王摩詰詩云：「曾是巢許淺，始知舜禹深。蒼生詎有物，黃屋如喬林。」有味乎其言之也。

大哉章

諸生孫吾仁曰：「此章須看『為君』一為字，成功、文章皆有為處也。夫子從有為處見他無名。」宗建曰：此論亦是吾意。通章以「大哉」一句起，而其下每句形容其大，曰巍巍則天，曰蕩蕩無能名，曰巍乎成功，煥乎文章，何其大也。本不容分斷，亦無二義。注堯之德，德字統就君德言，如積之心，布之身，潛乎默被於天下，及下成功、文章皆是，不可專指心體，亦不可專就施為上言。蓋成功、文章特就君德中提出兩項，以形容蕩蕩無能名處。

聖人既說個「民無能名」，畢竟成功、文章是有跡可見的。人若執此觀堯，便似有可名了。故須著如此提出道破，正好想像他無能名處，非淺視成功、文章也。

舜武章

諸生問：時解揄揚周才周德，是否？宗建曰：此卻板了。夫子尚論二代之才，而卻又有致慨其遭際不同之意。記者先已窺得此意，故首為立案，拈

出治亂兩字，一為致治，一為戡亂，其時便不同了夫子之意。大意謂唐虞而降，周才特盛，而猶僅止於九人，則人才之難，信非虛矣。而吾猶惜九人所際之時，不能如五臣所際之時也。九人之佐武而稱「亂臣」者，不及佐文而長稱治臣也。試思周之初，不嘗天下有二，而猶然事殷耶？云云。末繳可見人才之生，每視世運，在唐虞以才佐治，在我周以才戡亂，可稱千古兩時。而五人以揖讓際德之隆，九人以征誅通德之變，又可為聖賢致惜。如此方合章旨。

無間章

諸生問：禹德甚盛，如何只說這三項？宗建曰：禹之無間，原說不盡，「菲飲食」三語亦是借案言，只此看來，何等微密，何等恰合，豈不誠無間然哉？注雖云豐儉得宜，卻要從他心上模寫，使心源稍未粹精，則於自奉處忽不覺墮著人心，惹到自身上來，於天地神民之間，又忽不覺微開逗漏，有纖毫未罄者矣，何能妙合若此？夫子勘到大禹當年致治血脈，故有此論。

鄒肇敏曰：「看來此章稱禹，亦只為禹於帝王之交、父子之際，最易生議者。禹直以憂勤一念融徹無痕，玩『菲』『惡』『卑』及『致』『盡』等字，分明過自刻勵，非僅豐儉得宜之謂也。」

子罕第

何執章

諸生張用楫講曰：「聖學無執，夫子只借執字點醒黨人。」宗建曰：此言已是，但說尚未透，只把太宰章參看便明。太宰，聖夫子以多能；黨人，大夫子以博學，俱是學問失本領處。夫子於太宰，則以莊語破之曰：君子不多。於黨人，則以微言謔之曰：吾何執？蓋黨人錯處，全在一博字。若曰大哉，無所成名，即夫子之贊堯，不過如此矣。惟黨人錯認博學是大，故夫子反將博字引歸執字。大意謂人惟無事於博，故空洞之中，得以息心於何有。倘必取期博學，則一能一技，逐件俱要去做，執御也可，執射也可，件件可執，即執盡天下，只如射御一般，吾又何必去取於其間哉？即謂我一執御之人可矣。蓋黨人看得博學恁大，夫子說來，只做得一執御之人，何等渺小。可見一博，則便落方隅，便不得為大。夫子本意，全在語氣之外，正如今人所說

掉語也，似不必將名字牽涉。

絕四章

意、必、固、我，俱是凡心中必不能破之障。記者借凡心比照出聖心，覺得聖人心境一絲不掛，如此空融耳。事前事後，相因之解，朱子恁地體貼，自是實際，卻講者不必沾滯。

在茲章

諸生問：夫子何不說道而曰文？注以文為謙，是否？宗建曰：從來道統，君師操之，自堯、舜以至文、武，那一時統不在上，即叔季陵遲，世道衰替，此統原無不在上也。自後來宋儒直將濂洛接著鄒魯，便以道統專屬之下，然則世界之立，法制之陳，倫理之明，民物之阜，這段放在何處？此論實冤，卻多少生知安行的聖人去也。假如漢之高帝，唐之太宗，如我太祖、成祖，這難道非聖人？難道不是天下道統之主？乃直一切掃卻，曰道專在儒者，何其言之誣也？故使夫子若直以道統歸己，便似乎僭其自居，於文正是謙詞，卻亦是實話。

夫子明明覷著天意，生已扶持一世文教，以補作君作師之任，故跡雖周流，而其一生現身局面已自了了。曉得刪述序贊是己責任，千古以來，定然少不得此一人出世也。

無知章

諸生問：此章諸說紛紛，意旨畢竟如何？宗建曰：只因天下只著自己聰明見解，便把一團空洞的道理都兜攬到自己身上去了，卻不知尋索自心，本無起知之處。洞觀道體，原自虛空，我從何處躲身，知從何處附麗，彼我之間，一片俱是圓融無礙、鏡空水止光景。我只從中一為叩擊，本自完全，本自恰好，何等了當，卻欲取天下之公藏，作自己的家珍，何不一自照之也？「空空」二字，只是想像道理空空，似不著夫子與鄙夫上。

鳳鳥章

諸生問：注云羲文之瑞不至，則夫子之文章終已。然則夫子真冀見此瑞乎？宗建曰：若真冀鳳圖之至，是癡人前語夢矣。夫子只是想見往聖當時預先有此休和之兆，設使今日吾道將興，亦當有如鳳之至，如圖之出，為吾先

兆者，而今皆杳然，以是知其終無由興耳。

鄒肇敏曰：「『吾已矣夫』，亦非絕望語。」

子見章

諸生問：昔人云齊衰、服冕二章，一部論語只恁地看，這是何意？宗建曰：嘗讀《維摩詰經》，維摩詰受供瓔珞，分作二分，持一分施會中最下乞人，持一分奉難勝如來，皆大菩薩平等心也。聖人於此三種，絕不起一分別念頭，必作必趨，等於大悲。聖人之心，於此正可想見。家安期曾拈出此論，甚為灑然。

喟然章

諸生問：顏子是望道未見之意否？宗建曰：書中沒緊要字面，切莫放過。諸君只看開口說個「喟然歎」，為何下這三字？當時記者會得顏子欲從末由這般景況，故以此擬其神情，絕有可想。凡人到心力莫庸處，始發之歎。「喟然」二字，正欲從末由之真景象也。通章總是歎夫子之道無可著力，仰之、鑽之、瞻之，即是後節「從之」；彌高、彌堅、在前、在後，即是後節「末由」。前節是總喝起語。「循循」二節，非有二截。大意謂由吾今日之光景，追思夫子當時之指點，吾夫子亦既如此善誘，我亦既如此竭才，那時道本昭昭在前，苟可用力，當必有從之無難者。然而竟阻之於「從之」「末由」，則是彌高、彌堅、在前、在後者，果無窮盡，果無方體也。聖道亦妙矣哉。語氣要說得活動。

仰鑽瞻視，只是形容之語，不可著用力字眼，謂吾嘗仰之等語。

學道須從篤實工夫做起。蓋求道於玄虛，則茫無所入；求道於篤實，則卓如在前。千古聖學丹頭只在此處，到得後來，覺得博約工夫又無可著此竿頭進步地也。「博我」「約我」，二「我」字要點。

鄒肇敏曰：「我字似亦不必重。」

「如有所立卓」句，亦是為下二語張本。此是活語，莫認煞看。

出則章

宗建曰：事愈卑而意愈切，此語非朱子不能體貼到此。天下本無卑近神奇，操以聖人之心，處處俱覺難滿。諸君莫看這四事容易，若只粗求安穩，儘可自遣；若要細細說去，縱饒十年蒲團，恐不能盡得。諸君凡看此等書句，

切勿便把來撇過，聖賢心腸正要在此等處討出。

川上章

諸生問：川上一指，還是流行不息之意否？宗建曰：此處不如點逝字為得眼。宇宙之內，那一件不逝？那一刻不逝？昔賢所謂「藏舟於壑」，「交臂恒謝」，楞嚴所云「沉思諦觀，剎那剎那，念念之間，不得停住」，盡天下之境，長往而不還，而特不得其聯者也。常人戀景著物，但知來而不知往。夫子拈一逝字，舉宇宙無窮機括，盡在一水上點出矣。

眼中看著是水，口中說著是水，意中所指，卻不止是水。蓋逝字包得甚廣，斯字卻似指水耳。注中欲學者時時省察，實是夫子發言之旨。

鄒肇敏曰：「聖人身心器眇一逝也，偶於川上現之。學者須於此體會，不然，恐便隨他去」。

為山章

諸生問：兩吾字重否？宗建曰：吾字自重，卻要看得活動。這是聖人鼓舞其詞，以戒人之止心，勵人之進心。故兩「一簣」字，要看「吾往」「吾止」，一是譴責深罪他，一是鼓舞引掖他。語意只謂止則便是我自家不是，進則便是我自家本事，亦何樂而自止，何憚而不自進哉？全是言當進不當止。此意起處，須要提得醒，與「為仁由己」話頭不同。

法語章

諸生孫吾仁講曰：「『從』與『說』也，還是個好機括。說了不繹，從了不改，可惜了這『從』與『說』，故說『末如之何』。」宗建曰：此語亦好，但玩「能」無語氣，還是說從悅不難，只是要能改能繹。若人既從說了，全不自家體貼，這人更沒還復，再不可救正了。「末如之何」，不重我言之窮，全重彼不可救，正挽回意。

縕袍章

諸生朱廷祚問曰：「惡衣惡食，安飽懷居，夫子為何屢屢把來動人？」宗建曰：此等處切要自家體認，這是切肌日用之事，炎涼甘苦之際，忍耐不過，口頭超脫，都用不著，全要他心上略無牽掛，屹然不動，方是定力，方不是沾泥帶絮的心腸，方能做斬釘截鐵的工夫。「不忮」二語，正是引掖他

運用進去，終身之誦，卻便錯認為護持之境矣。故夫子只得仍將前意說明，與他忽予忽奪之間，深於摩頂，痛於棒喝矣。諸君今日不從此斬截，一起手時，墮在濃華窟裏，縱饒修飾名義，只在世味中討得個結果，斷斷不可與入道也。

知者章

諸生陳嘉禾問：「此三語與自道章語意同否？」宗建曰：此章意卻是要勉人進修，三句須要體貼發言口氣。惑與憂、懼，這三種妄情，隨念而起，便似根本之障，卻不知心體上原不曾夾帶此三種來。若從心體一照，本境現前，諸情自歇。你只看知者何曾得有惑，仁者何曾得有憂，勇者何曾得有懼？人不自去參證，只說外累難除，真辜負此一片好田地矣。

共學章

諸生孫吾仁講曰：「此章不是平敘人等級，還是要人學問做到極頂。假如人纔『可與共學』，便『未可與適道』了，是共學未便是究竟。纔『可與適道』，便『未可與立』了，是適道未便是究竟。至於可與立矣，於道似有定力矣，卻終『未可與權』，是能立亦未便是究竟也。可見善學者進一步更當進一步，猛勵以漸至其極可耳。」宗建曰：此論曾見一前輩言之，甚覺明醒。但學者功候淺深生熟，自不可強，須要以序而入。若未能立而求行，究竟終無實際。龍溪先生談之甚確矣。

諸生又問：權字如何？宗建曰：經乃有定之權，權乃無定之經。先輩此兩語甚確，蓋推移變化之妙，不離乎經，而守經者或未便悟到耳。

鄒肇敏曰：「吳巒稗云：此章味『可與』者，可與共為此事。注最得旨，猶云應以某身得度，即現某身而為說法。妙！妙！」

唐棣章

諸生孫吾仁講曰：「詩人之言思，言情也，故遠；夫子之言思，言性也，故曰不遠。」宗建曰：此語甚確。「何遠」一言，原指本體言，你只不思耳。這個東西，何曾得遠來？微微指點，煞有意味，不必添一轉語曰「思則不遠」。人心本體，即不思，亦自不遠也。只要翻弄不遠意，使玲瓏明白，而其所以不遠，則勿道破，令人深思而自得之，方妙。

鄉黨第

鄉黨篇

諸生問：《鄉黨》一篇，龍溪先生謂只記得夫子皮膚影像，恐還落在第二頭否？宗建曰：莫錯會了此言，諸君試略參之。常人穿衣吃飯，聖人也穿衣吃飯。家常日用，本無奇特，只因常人每事忽略，不肯把自家真正精神去運用，故啟口動步，便成乖謬。聖人的精神處處周匝，處處活潑，從心所欲，自然中矩，實不曾於常人之外增得些毫。楊復所先生所謂別人吃飯，俱從背脊裏過；聖人吃飯，粒粒要在肚子裏過也。學人正在此處，全要想出聖人一段天機，這處還可著得意擬否？還可略不容心否？若必認是聖人，天縱帶來，任教四肢閒懶，百事孟浪，滅性踰閒，而輒藉口箕踞偃臥，自謂高達，真聖賢之罪人矣。諸君急著眼看，若不自知分曉，便終日讀誦性天，怎見得不是皮膚？諸君莫粗認此篇，當知有聖人骨髓相遇也。

看《鄉黨》一篇，須要勘得聖人大頭領處出來，纔見得記者自是解人，纔見得聖人處處呈出本相。無行不與，天何言哉？這段消息，正可於此參出。若拈著一相，隨擬一法，正是盲人摸象，癡兒認指，真象真月，當面蹉過久矣。

色斯章

宗建曰：終《鄉黨》一篇，而拈一時字，宛是將聖人精神畫出。孟子一生讚歎夫子，只一時字，而記者已先得之於家常日用之間，以此作一大結，且得謂非傳神手筆，只得謂皮膚影像耶？

論語商卷下

先進第

先進章

野人、君子，只從他外貌上摸擬。「先進」一段，質樸之意，真似個野人；「後進」一段，嫻習之文，真似個君子。此兩語形容，正可想見古今人不同意味。夫子之意，渾涵不露，若著煞時言，貶駁後進，便失當時語氣。

助我章

「非助我」，「無不悅」，合成一語，方盡形容。以上句想像下句，非以下句回護上句也。無疑問正在「非助我」內，二句原是首尾相足之詞。若上句只空說個「助」，反把無所疑問放在下句內說，則起便無下落矣。

閔子章

夫子覺得閔子平日實實有一段真正精神，往來家庭之間，深有味乎其孝，故不禁歎息。首句正要講，不可只作提起語。「人不間」一語，只就此把來作一案證，言即此便可見他孝了，非以下句為上句之實也。

請車章

禮所隆殺，係名與分。回惟弗仕，故諷以「從大夫後」之微詞耳。知大夫不可舍車，則知士庶不可用槨矣。世儒猥襲稱家有無之說，奚惑乎桓槨晉隧之

—195—

紛紛也？往見前輩一文，以此意結，極是。

鬼神章

　　人鬼原是一道，生死本是一條，夫子不以正言告之，而以反語醒之，使之恍然尋其本元，而悟其來路。所謂不語之告，無言之傳，口氣須要引而不發，不可以傍局語盡說破，須得微微指點之意方妙。

屢空章

　　諸生姚繼淶問：「此章語意若何？」宗建曰：顏子一起進門，便從淡漠而入，故能聰明不事，意見俱消，任他外境蕭條，只似不相干涉一般。「屢空」二字最有可想，蓋不言其安貧若何，而只一點出其貧景若此。這段光景何等翛然，夫子正要把此來做子貢丹頭，點化他貨殖習心耳。「億則屢中」，億字雖是病根，夫子意中自要破除子貢這病，卻此語氣還是說他好處，言由此而進於道，這一種蕭條無纍之景，豈不自在，而何用此營營為也？「屢中」雖就知見上說，卻正照著「屢空」二字。賜試把這種聰明一回，想到屢空光景，縱饒過人聰慧，也須冷然消歇。蓋當端木知慧熾然之日，特地把個第一冷淡的人下他一劑也。

善人章

　　諸生朱廷祚問：「入室還須靠踐迹否？近來時文都如此做。」宗建曰：子張因夫子再三致意善人，故特來質問，是有欣仰善人之意，故夫子卻揚而抑之。曰「不踐迹」者，言這一種人生來血脈甚真，絕不依牆傍壁，從人腳下死討生涯，卻也未能一往入神，便到深微田地，從他不踐不入處，絕可想出他這道理，此非聖人不能形容善人入骨也。迹是古人死格子，聖賢學問豈在格子上摸擬？若靠著迹，終不能入室矣。「不踐迹」下，不必如注中又添一轉語。

斯行章

　　凡行著不得一分退怯，卻又著不得一分馳驟，故聖人曰敏行，曰過行，只論人制行之精神，非廢卻行中之節次。夫子於此進退兩法，進之者固進之於行，退之者亦是進之於行也。

　　子路兼人之勇，更無人攔擋得他，何等果決，卻只知向前，絕不知有個斟

酌商量，說「父兄在」，默默令他自去消化。蓋子路平素行事，盡有不照著夫子處，則有父兄二字，甚有味也。

知爾章

諸生徐肇律問：「這一章從來講者紛紛，畢竟有何實義？」宗建曰：從古聖賢用世，俱不取辦臨時，須是平日各自有些本錢，方好上路。漆雕開曰：「吾斯之未能信。」斯是恁麼道理。夫子曰：「則何以哉？」以是恁麼抱負。正此閒居無事之日，正好急急商量，實實勾當。勾當得定，方是現成手段。的的確確，挈得到底，作用出來，皆有成就。夫子之期月、三年，孟子之五年、七年，聖賢有這般學術，直下承當，便敢定這般期限。非若後世臨軍學劍，因病檢方，閒時閒去，卻待忙時纔忙也。三子強兵富國，盡有本錢，卻只本領上少些頭惱。故夫子不去抹殺，亦復不置讚賞，其意微矣。

諸生又問：曾點之與，又復如何？宗建曰：從來心性功名，不作兩截。世有大經濟者，須從心性上討得生活，方能用世出世，無所不超。昔賢以唐虞揖讓，齊之杯酒，湯、武征誅，等之奕棋，這是何等意況？須要知得此理，處處周圓，自跬步而九州，瞬息而終身，小而一起一息，一言一動，以至天高地下，魚游鳥飛，草生木長，帝禪王傳，莫非此理貫徹圓通，何待安排？何煩假借？今日不消，借之明日；此事不消，移之彼事，元無成見可以預參，亦無死局可以先定，曾點此時實實見得到此，故其靜動之際，從容如此。其所言志，則止舉現在，只說眼前，任他才名搶攘，製作紛紜，總來只各做得一件，卻不如三三兩兩，弄水乘風，這般意趣，領會得遠，包括得全。古來豪傑人多，只為知此意者絕少，所以把個渾淪世界弄得多少不清不靜，把個現成萬物弄得多少不安不閒，總有經略，於唐虞三代，恁地懸絕。今只勘曾點數言，直恁自在，略無意必，這便是千古聖賢實實受用風光，便是千古聖賢實實經綸手段，此正心性功名，打做一團妙用。夫子正為及門諸子，猛思用世，卻未了得此趣，亦竟有懷莫語，而點之言志，忽爾觸之，故不覺為之興歎耳。凡人搔著癢處，不覺手舞足跳，不能自己，喟然之與，亦搔著夫子癢處也。

諸生又問：曾皙後一段意味又若何？宗建曰：喟然之歎，已稱莫逆，卻亦未曾討得聖人意中事出，故曾皙之後，雖問三子，實是微窺聖意。迨至夫子說出為國以禮，分明將自家一副致治手段說出與他，令世有知夫予者，挾此以往，唐虞景象，宛然在眼。這種經綸，便是性分實際，才力意見一毫湊

泊不上，此正喟然一歎大本領處。曾點解得此意，卻疑求、赤三子於此意味尚未領會，故以為邦微問，而夫子卻兩許之，正謂二子于謙讓之意尚有可想，不重許其有才，許其有才而尚知以讓出之，不至全無機括耳。玩此一段商量，語味悠遠，座中之瑟，雩上之風，至今恍然不散也。

拈禮字為通篇點睛。

顏淵第

克復章

諸生問：此章大旨，諸講紛紜，畢竟若何？宗建曰：人見孔、顏授受，便說得十分深遠，卻不知此章宗旨簡要直捷。夫子只把當下一提，顏子便覺通身是汗。顏子已曾先下注腳，只是「約我以禮」一句，便已了當。蓋顏子是十分聰明、十分力量的人，不怕他不空廓，不憂他不廣大，只恐他向空廓廣大處求，少個把柄耳，故夫子直下一語曰「克己復禮為仁」。言為仁更不必遠求，只就你當身，把這己私克去，復還天理，這便是仁了。此極其簡捷之語也。下三句亦只形容其工夫之簡捷。一日克復，天下歸仁，機鋒迅速，絕無停待。這個去處，不由著我，更由著誰？「由己」二語，緊緊頂上，所以形狀直捷簡便之極，非怕顏子推幹，又著此句叮囑也。顏子請問其目，即把當身呈出，討個印證。夫子亦只就他當身指出四相，言你只拂去非禮，便即是禮。禮原非有實相可以舉似，所謂「有去翳法，無予明法」也。視聽言動，正是天下一體通塞之關，非種躲根，全在此處。就此斬斷，自然觸處融通。一身非小，宇宙已備。然則為仁不信乎簡要直捷，一無他求者哉？故顏子曰：「回雖不敏，請事斯語。」只就此腳頭踏處，便是下手之時。所謂「欲罷不能，如有卓爾」，即在此一時立證矣。章內「克己」「由己」兩個己字，切勿要打葛藤。時文中形骸之己化，而為性命之己理，雖不錯，夫子意中卻無暇說到此處，蓋夫子不憂顏子不能剖判也。

鄒肇敏曰：「『一日克己』二句原不重，只申明克復為仁耳。由己不由人，非謂人不能從旁助，正謂人不能從中制，所以無難決機於一日也。」

諸生問：只說禮，不說理，如何？宗建曰：仁字原無名相，頭頭皆是。聖人用功，須有下落，無分動靜，無分有無，離此顯然條理，說恁麼不睹不聞。只如今日與諸君一會，目前秩然有節，條然有理，只這處俱是我本性流

行，便謂之禮，便謂之仁。只想此一刻何等融洽，便要分別，亦覺無處分別，這卻不是天下歸仁。設離卻此時，我念一動，此秩然條然者撇向何處？渾是一副血氣用事，手足之間，便不相知，又何論天下耶？諸君試從此認禮，覺得十分親切，莫更向虛處尋求，墮入寂窟也。

出門章

諸生徐揚講曰：「仲弓是個簡靜的人，故夫子便就他簡處指之，只此便是為仁。」宗建曰：此卻未然。夫子此論，正是極精密、極周匝的工夫。「出門」「使民」，只是拈出話頭，說一「出門」，無時不該了；說一「使民」，無事不該了。聖人語氣甚活，正不必添出未出門、未使民蛇足，此兩語便已貫徹動靜而言之。卻又下二語者，又把人念頭流行處提出，言此心一無走作，隨他念頭四起，只不容私意主張這種心境，打做一片，在邦在家，自覺無怨。須知怨根消處，正顯得我全體圓融，方見得我工夫不漏，到此纔是為仁。「無怨」也原是傚驗，只聖人說此二語，不重在有效，正歸在自己工夫耳。蓋顏子超會之極，故語之以簡約；仲弓簡靜之根，故示之以精密，其發言各自有宗旨也。

鄒肇敏曰：「人亦有言，顏子之請事，拈花之笑也；仲弓之請事，頂門之針也，將無同。」

訒言章

只想首句「仁者」二字，便有下落，司馬牛卻不理會到此。「為之難」者，非慎重圖難之謂也。仁人之心，如人飲水，冷暖自知，一一當做的事，實實體貼於心。行過一步，纔是一步；做得一尺，又有一尺。這裡真正有許多難處，全是描寫出他心上一種深知苦辣意思。注中「事不苟」句似未盡，且似落下一層了。

內省章

諸生問「不疚」之義。宗建曰：要看得細。「不疚」從他心苗隱微處勘。世上儘有事，可對大廷質聖賢，卻自家查來，覺自有過不得去處。凡事須是仔細省察，心上打得過，方能不憂不懼。靠著仁義道德，只討個題目做去，未便能不憂懼也。

兄弟章

諸生問：子夏還是要司馬牛以敬恭化向離否？宗建曰：此論袁了凡先生曾言之，據吾意卻不必。蓋牛處人倫無可奈何之地，只有自修一著，故子夏把大段道理告之。凡人貴有兄弟者，吾友彼恭，一體聯屬，故謂之「有兄弟」。今使君子敬恭自盡，酬對之間，處處聯若一體，真正四海之內無非兄弟。此子夏實實有見之言，亦非為是不得已之辭也。

世間一切暌隔之樊，皆從怠忽而起。怠忽一起，看得人不在心上，則人之交於我者，自覺禮意不浹，即交盡天下，終覺為孤。子夏欲從其與人處言之，卻自根上說來，故先言敬字，二句串說，全要照顧著「四海」二句意發脈。

明遠章

諸生講明則自遠，下段即頂上段說來。宗建曰：明與遠雖無兩層，然兩對須作兩番呼喚，方盡神情。蓋子張之求在遠，而夫子卻以近處之蔽破之，故特地設此反覆叮嚀之語。上段是實落說，下段則就上文而形容之，注解極得。吳因之先生謂遠非旁燭遠到之謂，乃精微深邃之謂。是從心境上模寫，全要看注不蔽於近句。不蔽於近，何以為遠？大凡遠處易看，惟近處每看不破。且如天地鬼神，往古來今，雖甚幽渺寥廓，然於我初無情識所牽，愛憎所動，故聰明可用，而探索可窮。惟耳目見聞之近，毀譽是非之間，以情觸情，以識投識，聰明有所不能用，察識有所不及施，這等去處，必非揣摩物情可得。全是胸中原無情根，始能使情中之影一下銷鎔；胸中原無識種，始能使識上之緣拈搭不上。此其心境之精瑩了徹，視夫探頤索隱、鉤深致遠之明，何可同日而語？故曰「可謂遠也已矣」。如鏡之明者，不必往燭萬形，而其能不昏翳處，卻便是遠也。此章若不善看，將率天下都在照上用功，不在磨鏡上用功，謂能疑為明，何啻千里。

足食章

諸生講足食、足兵、民信，三者平重，總見是為政的大段，不必泥「之矣」兩字。宗建曰：亦要看本文語氣，要想為政者實實下手次第。畢竟為政要從足食做起，次者及兵，兩者交足，然後能使民信，此非兵、食先而信反後也。上之教信，未嘗不在議食、議兵之時；而民之信上，大約必在食足、兵足之後。若一手不把兵、食調停，卻便教以孝弟忠信，民未有能信者也。

蓋語經常則施為自有窾綮，推權變則根本獨在真心，此王道之所以別於霸功，儒者之作用所以超出富強萬倍也。子貢是個通達國體的人，特設為二問，討出信不可去一段，以立萬世為政者之命脈。

鄒肇敏曰：「『之矣』二字，最可玩味。蓋曰足食，則食固已足矣；曰足兵，則兵固已足矣。止曰信民，焉知民之已信乎？未信耶？必起而視其民，亦既信之矣，然後可為政。如他日以近悅遠來言政，語意亦如此。其教信工夫，自是有素，然此處口氣不重。」

質文章

諸生問：子貢之言，畢竟有病否？宗建曰：須要曉得文不是個虛文，世界全靠著這文扶持。從來聖賢無掃除文物之論，夫子之從周，亦正從其鬱鬱之文。試想「鬱鬱」兩字，生趣躍然，只為後人生趣蕭索，壞了此文，罪固不在文也。棘子成亦只把文認做虛文，故欲去之。子貢卻謂質文相離不得，譬如皮之有毛，一毛孔中具有生意，其潤澤處正顯得質地之美。今若把文一起撇下，這質便是枯槁之質，虎、豹、犬、羊等之一鞟，鞟則有何分辨哉？夫至君子一無辨於小人，將世教於此盡壞，而又何能以質挽回世道耶？此論甚確，有何病痛？

前句「君子」二字重看，有移風易俗之責者。下面君子小人無辨，正與前君子相照，前後語氣兩相呼應，須得圓醒方妙。

盍徹章

諸生問：盍徹之論，雖是至理，卻似遠於經濟否？宗建曰：用徹之時，人無獨富，亦無獨貧。一年之入，常足以備幾年之用。故雖遇饑荒，不憂窘匱，徹所以為恒足之法。盍徹之旨，正欲哀公通上下而計之，不求為偏足，而求為共足；不圖為一人之用，而圖為一國之用。一徹之中，有多少均調劑量之義，此實實救貧國之良策也。公卻不喻此意，故復深言一體之意動之，使公恍然而悟君民原是一體，貧富不容偏分。將上與下，自有交通均適之成式在，又何忍復奪貧以益富也。當時公室四分，季氏專富，這等去處，儘好裁量。有子之意，其深遠矣。

崇德章

諸生問：「主忠信，徙義」，功夫如何著力？宗建曰：「主忠信，徙義」，

原是一套。崇德工夫全在徙義，但根基須從實地做起，故以「主忠信」先之。大意謂德自有變化推移之妙，與日俱新，而特不可以偽心造也；德自有增修培益之功，隨時並運，而特不可以虛念入也。其「主忠信，徙義」乎？蓋以平日近裏之功，點化子張好高之癖，使知天下無離日用之高明也。

愛惡之不能生死人也，惑易明也；愛惡之不能無欲生欲死也，惑難解也。辨惑全要從愛惡源頭上辨。太虛空中忽然生出愛惡兩條，這是惑之種子。

成人章

有一君子，便長養出許多君子，抹殺了許多小人，此世之所以賴有君子也。有一小人，便長養出許多小人，抹殺了許多君子，此世之所以不宜有小人也。

患盜章

諸生只講上廉，則民自感化，故不為盜。宗建曰：此言尚未著痛癢，此須要想個著落。大率民之多盜，多由不足；民之多貧，又多由上之過取。一有貪官，而民之騷然不能安其故業者多矣，安得無盜耶？只一不欲，留了地方多少元氣，保全了地方多少人家。水寬則魚長，官清則民安。不欲一法，纔見得真是止盜良方，莫迂闊視之也。

欲善章

諸生蔡奕璠曰：「康子以殺心為道場，夫子卻以菩提心為道場。」宗建曰：此語甚有味。此章「子為政」句，要重看欲字。如饑食渴飲，無時放下，是就他心苗真切處說。欲善而民善，其機甚捷，全在「為政」兩字上描寫來。下三句正見為政者之易於鼓人。醍醐云「君子之德」句，重下二句串說，轉在「君子之德」上講。

聞達章

諸生問：通章意旨若何？宗建曰：聖門辨誠偽，莫詳於此章。須要說得明目張膽，是一是兩，剖判得聞達相反透徹，不得入一旁雜泛語。「夫達也者」、「夫聞也者」兩句，喝起直恁明醒，要著眼看。「夫達」一段，俱要將本章意旨貼看。「質直好義」句，是說出他樸實不炫耀；「察言觀色」二句，說出他收斂不放肆。注中「所行合宜」，與別處因時制宜不同。真正闇修之士，只就素位中所當做的去做，絕不奇奇怪怪，丟起本等，另做一樣驚世駭俗之

事，此正是他闇修下手處也。觀察不是窺人喜怒，全是說他自忖自疑，小心謹畏。聖人特下此句，為「慮以下人」張本，絕不重自考之意。下人者，收斂退抑，不為軒昂恢大樣子，與無忌憚相反，非與驕傲相反。若以謙恭解之，便非本旨矣。「夫聞」一段，語語與上相反，俱是名窟中活計，此即末世虛講心性之士也。「質直」一句，語氣大意，謂一生樸直，不事粉飾，而至於所行，只一味求合於宜。質直本是好義本領，非於質直外濟以圓融也。質對粉飾看，直對矯偽看。真心只一條路，更無委曲；若偽心，便有千蹊萬徑矣。

鄒肇敏曰：「『夫達也者』句，直貫到兩『必達』。『夫聞也者』句，直貫到兩『必聞』。惟必達，故謂之達；惟必聞，故謂之聞，語意無停住處。」

諸生問：一邊說義，一邊說仁，此是何意？宗建曰：此極有斟酌。義則方整，仁卻圓融。好義則一味自完本等；取仁則一味聯屬人情。好義則每事恰宜，人心自服，刻刻打從兢業中來；取仁則門風廣大，人亦樂趨，卻只是在體面上做。要知聞達兩種，俱是要做聖賢的人。但其發脈一差，故一邊俱向正龍正穴，一邊只向假沙假水走耳。

先勞章

諸子徐揚問：「子路有勇之士，先勞似非其所難。」宗建曰：先勞中有許多婉曲難盡去處，正為子路只一味任才使氣，未免在條章約束上責人處過多，而於自責處略了，故須從自身上做起。

子路只看得先勞易了，故「請教」。「無倦」二字，正破他易視之心，非慮其中畫而言也。

仲弓章

「焉知賢才」一問，當下便引賢才為一體，此真「若己有之，其心好之」之真心也。夫子卻告以「舉爾所知」者，言你只自盡你心，不憂人不能盡心，正所以實其一體之視，而破其耳目之藩也。舉所知中有多少難盡處，只此處壅蔽悉開，舉一人與舉千萬人，同是這副心腸，何憂不盡知耶？仲弓之問，喚不得小，夫子亦不只教他與人公共，教他自家盡心。若一起手，便把賢才看做公共的物，舉賢力量必不完全，反為人開一推干門戶矣。

正名章

子路意以輒承祖命而立，於理上原說得去，於名亦不甚不正，故以子為

-203-

迂。「奚其正」者，言胡不以濟時行道為急，而乃欲理會到此也。子路看得名是虛的，夫子卻步步說到實事上去，恁地緊切，除卻正名，別無濟時行道。禮樂刑罰，皆政之極大處。子路謂為政不必正名，故夫子全謂正名有關於為政。看他一步緊一步說向為政上去，見得正名緊關全要，發此意以反迂字之意。

學稼章

老農老圃，分明見得不是君子之所託業，其悟樊遲者至矣。然樊遲胸中畢竟有個癖在，故又特為點出「小人」兩字，以破其學問種子。下節全要把大人經世大學意說得透徹，時文只講上下感應話頭，顧奴失郎矣。

鄒肇敏曰：「此正可與許行並耕章參看。學稼圃，小人之事也。大人事在經世，要自有禮義，信之當好，足以綰攝四方者。不此之務，而稼是問乎？講「焉用稼」句，有謂四方皆至，則代耕有人，云云。便覺太滯。」

子荊章

諸生問：公子荊得力全在恬淡。宗建曰：恬澹不是輕易到得，須要用意掃除。只看子荊三個苟字，心中有多少譬喻，多少斟酌。在今人只一味向前，故無滿足之日。若能回頭一轉，當下便已滿足。世界缺陷，全是自心缺陷。人於世味上苟且一分，於正經處便能整齊一分。故苟之一字，在情慾上極用得著。今人卻把苟字放在人倫綱紀去處，小小財利便護若頭目，極力盡心，至無可奈何而後已。諸君試各反之，切莫錯用此苟字也。

《顏氏家訓》曰：「欲不可縱，志不可滿。」惟在少欲知足為立涯限耳。夫子取子荊，只重有節上。

用我章

諸生講曰：世都疑夫子之學一時不效，故自家說出期效。宗建曰：此卻未盡余意。當時沮溺丈人輩，看得天下滔滔，必無可轉，故寧其身棄置不用。此雖是他高尚幽憤，卻亦是他手段不濟。譬如有負危病者，中醫望之卻走；有良醫者，獨自坐定，與他下方，約定他幾時能飲，幾時能起，幾時全然無恙，全是其術高也。夫子此言，實實見得當世時局盡可挽回，故斟酌於期月、三年之間，定個程期。此雖其技癢之言，然非只以此解當年累世之嘲也。夫子意重「三年」句。

善人章

諸生講聖人慾以善化人，無取於旦夕之效，故因古語而讚歎之。宗建曰：善人百年，「勝殘去殺」，自然要講。但細看書中意，猶云得見善人者斯可也。時至春秋，專尚殘酷，一片俱是殺業世界。夫子慘然有痛於心，故慨然遐想古人之言，謂不必聖王制世，便得善人，亦可以勝殘去殺，此一字一滴淚也。「誠哉」一句，全要體貼此意，說得懇惻。若只著讚歎口氣，恐猶未盡。

直躬章

諸生謂：天理只在人情中，父子相隱，人情如此，卻是天理，故為直。宗建曰：此論未透貼，合人情正與直字相反。若以合人情為直，則微生乞醯，夫子何以不謂之直？直者，率其最初第一念而出之者也。纔落第二念，早已有轉折矣。若父子相隱，卒然夢魂之中，亦自如此，不必著擬議而後隱也，故曰「直在其中」。注「不求為直」四字，說得直捷醒快。

行己章

子貢於為使自其所長，故夫子從根本上說起，意重行己，然語意仍自平平說去。大意謂人能行己有恥，卻又使命不辱，則其才華與根本相合，定非止縱橫通達之局而已，故可謂士。

鄒肇敏曰：「不辱使命甚難。春秋如子產之博洽，叔向之通敏，穆叔之介烈，或庶幾焉。戰國而下，則蘇武、富弼其選矣。」

斗筲亦是有用之器，只是沒大幹用。言今之為政者，其才華伎倆非不小小可觀，卻於大頭惱處不曾會得，如何可筭得士？是致惜之詞，非直詈口氣也。

狂狷章

諸生謂道脈託於中行，夫子之思狂狷，正是欲進之於中行。宗建曰：如此說亦不礙理，卻看得狂狷淺了。吾意夫子此論，直是剖判出千古任道的派，非不得已而思其次也。千古道派，除卻狂狷兩條，更無站腳處。中行學問須是養成，不是一起便到得，故從來聖人俱是狂狷做的。不得中行者，言中行不易得，非謂時代之降，無中行也。夫子以狂狷兩路收盡世間有道種子，又以狂狷兩路絕盡世間假冒種子。所謂「與之」者，言以千斤擔子交付之也。這擔子非狂者擔當不成，非狷者撐扶不住。蓋斯道的派，斷斷不在世間窠臼

之中，拘拘名義之套也。

荊川謂：「狷者氣魄大，矯世獨立，更不畏人非笑。若謹厚之士，拘拘讕讕，多是畏人非笑。」今人所謂狷者，大率多是謹厚一輩人，不惟中行假冒，並狂狷亦假冒去矣。

南人章

起就方言點醒，卻又拈出聖訓，俱要得慨然發想，惕然儆動，人意恍在言外方妙。一無可作，自進於羞，正以此點動人良心。末句與「弗思耳」口氣彷彿，要說得醒發，不得煞講。

和同章

諸生問：和同之義何如？宗建曰：朱子以同寅協恭、無乖爭忌剋之意解和，以阿黨朋比解同，兩者相似而相反，故夫子直究其情狀而言之，不得專祖晏子之說。和與同關著世運大局面，故特為人拈出。

鄒肇敏曰：「晏子所言和同，就處事邊較多；夫子所言和同，就與人邊較多。言與人，則事在其中矣。」

如晏子之和，則和字當作去聲看。

皆好章

諸生講兩個「未可」語氣微婉，「皆好」「皆惡」，未必無人，卻遽定不得。宗建曰：「皆好」「皆惡」中，斷無人品未可，還是斷然不可，蓋由子貢第一問，則假中行出世；由子貢第二問，則假豪傑出世。從氣類上仔細剖判，方纔有個真正人品出來。

易事章

易事而難說，全要說得語氣活動，從易中影出難來，難中影出易來，有相形互見之妙，不比別處兩開口氣。

驕泰章

諸生問驕泰之意。宗建曰：和、同、周、比，從處人言；驕、泰，就處己言。驕、泰俱有充然自足之意，卻細看自不同。此小人亦自立門牆之人，凡居之不疑，逍遙自適，俱是驕一分攝。

切偲章

切切、偲偲、怡怡，如是想像出一段中和的意象來告之。下二語卻又實體貼兩項來，須索要切偲怡怡也。切偲以盡委曲，怡怡以致浹洽。「切切、偲偲、怡怡」一句，要實實摹寫，講不得只落如字虛摹之套。

鄒肇敏曰：「此章語氣，上虛下實，與『能行五者』同一章法。蓋既告以五者，雖子張不問，亦必點出恭寬信敏惠來。此處『切切偲偲』二句，止是發端，原非了語。後二句方是實說，注中恐混於所施，較多一轉。」

即戎章

諸生問：戰者，危事也。言兵者率謂付之嚴明之將，夫子卻思善人，似與戎事相左。宗建曰：此意正是本旨，全要發揮。世未有不結士心而能得士力，不固元氣而神氣肅者。以善人而教民，纔是堂堂正正之教，不是苛刻詭秘之術，庶可以即戎，不至陷人死地耳，亦可以有斟酌慎重之意。

憲問第

問恥章

諸生沈金鑑講云：「兩語平說，總是進憲以真實有為意思。」宗建曰：雖只此意，卻也要說得醒快。原憲是個狷介的人，豈憂他慕祿？但憲看得恥字狹小，只一潔修便了。夫子卻看得恥字廣大，言人非只食祿為可恥也，正惟食祿而有媿於祿者，方為可恥。假如邦有道，正該用世，卻只食些祿，全無撐持；邦無道，須思濟時，卻只食些祿，全無挽回，這纔是恥。若只把一不食祿躲閃過了一生，安見其能免恥耶？蓋恥在俗情中者易見，恥在名節中者難知。原憲之潔修，只好免得庸眾人的恥，夫子卻進之以聖賢豪傑之大恥也。須知有道而為巢、許，無道而為沮、溺，皆躲不過一恥字。夫子此言，真令千古清流一輩人無處跕腳矣。

克伐章

諸生沈金鑑講：「可以為難，不是抹殺原憲，亦是引進他仁，則吾不知。要他轉向本領上去，須說得渾融。」宗建曰：此論極是。不行功力儘難，原憲打從此處用功，亦未便能得。在憲正有志去此四情，常恐不能，故想像而商於

夫子曰：如能克、伐、怨、欲不行，這也就可為仁了。此正其難詞也。夫子亦實實覺得此種功夫多少苦難，故曰「可以為難矣」。不曰未仁而曰仁，則吾不知，其詞甚微，只言工夫當不得本體也。諸友試拈一克字自反，誰是去得這字者？只略有爭名競氣之心，便涉於克。從來賢人即去此一字者，亦覺甚少，如何容易說得？余嘗譬之，克、伐四者不行，正如韓淮陰背水之戰，漢高祖垓下之追，殺得外寇蕩然，海內便得廓清。卻又須定都關中，制禮約法，方纔稱得治平。然這番廝殺，正是第一緊功。今乃先去掃之，曰無主腦工夫，豈不冤殺第一功臣耶？

危行章

問諸生：有道、無道如何說？諸生不對。宗建曰：有道、無道，不要將治亂二字混看過了。從來世界靠著道脈主持，治統、道統不分兩截。所云有道之世者，元氣流貫，門戶不生，世間只在這條路上，故只須直任本性而出之。危者，四虛無倚，不依名、不傍節之謂也。若無道之世，蹊徑紛岐，意見各別，世間邪路上走的多，當這時節，須索善行其用，方於世道有可挽回。故危行如常，而言上須遜，蓋委曲以伸吾之直。此處無道，一秘妙訣也。

德仁章

此章還為尚言勇者而發，語氣重下二句，必不必要體。

羿奡章

諸生蔡奕璠講曰：「不說羿、奡篡弒，而言『善射』『蕩舟』；不說禹、稷有大功德，而言『躬稼』，閒閒拈出兩重公案，極有氣焰的恁地扯淡，極勞苦的到底顯榮。可見成敗利鈍，一毫不由人安排，所可安排者，唯有反身修德而已。此已是將世間禍福一筆掃除了。夫子不答，南宮适出，兩人相視，莫逆於心，其默慨者深矣。末卻說出『尚德』二語，全把此意點醒世上這種爭權競力之人，絕無傷時尊己話頭。」宗建曰：說得極醒。凡看這等書意，先要在字句之外，體貼聖賢一番情神，自然意味不同。

君子章

諸生胡公陶講此章，還側重小人一邊。宗建曰：語氣合該如此，但此處君子、小人不在人品上說。就以心言，人縱有兢業之心，猶不能無出入，一

涉放肆，良心都喪盡矣。不是絕小人要得儆動人意，見君子尚須常提醒，何可一墮足於小人耶？

愛勞章

此立忠愛之準，以教天下之為父與臣者，非徒發慈父藎臣之意念而已。忠愛二字，要說得活。言果若真正愛，決不容不勞其子；果若真正忠，決不容不誨其君。要見得不勞非愛，不誨非忠，此是聖人本意。

子產章

惠人，闞其心也。彼哉，不是我路上人也。不必拈出注中二意，只用空講。欲明管仲，卻取駢邑一事為言。此等去處，不只功名之士所可得者。東坡曰：「管仲北伐山戎、南服強楚易，而服伯氏之心難。」古今惟管仲之於伯氏，孔明之於李平、廖立，此非德之至者，何以能服人心至此？故夫子深有味乎其為人而言之。

無怨章

諸生講「無怨」「無驕」，此較量人學問，不要在人情上比較。宗建曰：夫子正要在人情上勘驗人實學。口頭道學易講，一到飢寒切身所在，幾人能牢把得定？故言無怨之難，不若無驕尚易。此聖人體貼經歷實話，人須從這等處打掃，方有根基也。

成人章

諸生胡公定講曰：「子路兼人，故夫子開口便連舉四子。言人而兼此數人，尚未可語成人，須是文之以禮樂，蓋破其兼人種子而引之中和。末節又提出今人，正是不足之意，始終要他歸到禮樂也。」宗建曰：此論甚合。任憑人有才情力量，如不歸到中和，究竟不成勾當。譬如人造房一般，梁柱門戶，件件都有，而卻又都要安頓恰好，方纔文理可觀，合來方成得個房子。夫子所謂「文之以禮樂」者，就日用變化處，想出一段渾成融洽景象。蓋化才能為德性，鎔伎倆為精神，真丹一點，百藥皆金。張子韶所謂「當知禮樂非文具，乃是其間造化名者」是也。「今人」一節，有不勝今人之感，故慨然復申言之。「見利」三句，俱要照今字說。言今人不能而彼獨能之，似亦可以為成人，正欲子路不以今人自限而進之禮樂也。今字不對古字說。

管仲章

諸生謂：夫子只許管仲有仁者之功，原不說到心上。宗建曰：子路、子貢正要從心上敲推管仲，夫子卻只在事蹟上論，如何破得二子之疑？人未有澤被天下，功施後世，而猶可謂其心未仁者。夫子明許其仁，而朱子必云不得為仁人，是舉世終無一仁者也，亦太刻矣。如其仁者，正言仲有這等事業，揆之本心，絜之天理，正合不死，豈有傷於仁乎？子路重在「不死」，看得管仲是子糾一人的；子貢重在「相桓」，看得管仲是齊國一國的。夫子卻說「九合諸侯」，「一匡天下」，是把管仲做個天下的人。為一人、一國之人，則當為一人、一國之用；為天下之人，則當為天下之用。此是聖賢看人分別處。

正敘處只在「一匡天下」句，下二句又承上「一匡」意，而益致鋪張之詞。「匹夫匹婦」一節，正見仲之身關係甚大。當初正宜留下這身，做出許多事業，為何沒些要緊死了？此就其功業而從旁說他不必死，不是推仲之心事。

同升章

衛人諡文子，曾無有人議及此事，故夫子特為拈出這重公案，言只此一事，便可以為文了。須就其心腸光明上描寫，不必牽扯光耀國家等語。

勿欺章

諸生問：勿欺似亦非子路所難，夫子卻告之以此，何也？宗建曰：須勘欺字。毋自欺，從誠意來。欺非狂妄之謂，自心上見得不十分完全，即所持名節終是邊見，凡落意氣者皆欺也。人臣事君，誰肯自認做欺？只不知不覺，不免欺。此從來忠臣義士所難全，而名節意氣所不到者也，故須勿欺。

上達章

君子、小人何以高明污下，恁地懸絕？全在達處分別。君子循理只管上，小人循欲只管下，兩邊各無住腳處，畢竟注意為妥。

伯玉章

伯玉使人於夫子，便見得聖賢自有一段心相通處在也。夫子問以「何為」，夫子正欲於形跡之外考其心。使者「寡過未能」之語，不言其行事，而言其心境，其窺於伯玉者微，而呈於夫子者盡矣。故其出而曰「使乎使乎」，恍若面質伯玉之心於當下也。通篇要寫得聖賢相契光景，意出方妙。「欲寡」一語，

亦要得從旁描寫口氣不得，只跐實講。

出位章

諸生問：位字何所指？宗建曰：此位字如「不踰矩」，矩字要看得活，隨時隨處，自有隨感而應之妙。因乎當然，順乎固然，略不增添些子者，所謂位也。此位非有名象可指，舉心動念，當下即寂，所謂「不出其位」也。必欲舉個位字，飲茶吃飯，隨柳旁花，處處是位，於此豈得漠然無念？只是不去加著他想耳。

無能章

諸生問：「無能」還是虛無冥漠之意否？宗建曰：人心中原著不得智、仁、勇名目，但聖人此處不是描寫虛空，實是不覺得有智、仁、勇在己，所謂「聖不自聖」者此也。此處與《中庸》君子之道四話頭不同，此全是自忘其能，望道未見，須隱隱照著下文「自道」意講。「不憂」三句，不是紀君子之道，正要想像出無能自道光景。

自道，言夫子自家形容合得如此。子貢窺見夫子純一不已，無繹亦保之妙，有相忘於地位之所至者。

先覺章

論理即「不逆」「不億」，可為先覺源頭。但夫子語氣，只一直說下「是賢乎」不是，贊詞正對著世上逆億一種人說，言必如是而後為賢，要寫自然之明為可貴意。

覺字與「逆」「億」二字，正緊緊相對。覺如覺痛、覺癢、覺饑、覺寒，皆感而自應，觸而自知，初不由念慮，不經思索者也。曰覺正是「不逆」「不億」處。君子於詐者、不信者，未嘗億之、逆之也，第覺之耳。若說未嘗逆、億，卻又先覺，便是兩層。覺則未有不先者。氣至而應，月暈則風，礎潤則雨，禎祥蚤見，祆孽先萌，先覺之義明矣。此心之覺，自神自明，不慮而知，不學而能，以此意於「是賢」內發二比。

報怨章

諸生講「以直報怨」，都祖高文襄說。宗建曰：此處還重相忘意講。若父母兄弟之仇，主於必報，自然曉得，何必一一照顧。或人意雖長厚，卻反覺有

一怨字未消，一報字未化，故子曰「以直報怨」，正抹倒他怨字與報字。聖人報怨報德，如造化因物付物，服牛乘馬，栽培傾覆，豈有量度計較於其間哉？

莫知章

諸生蔡奕璠問：「子雲不怨不尤而莫知一歎，卻似怨尤之意宛然在口，何也？」宗建曰：此問極妙。「莫我知」者，非言人不我知也，言反觀之，我何處可以當人之知，其終莫得而知我夫？蓋分明以闇然之旨打醒子貢，所謂「龍德而隱」，「遯世不見，知而不悔」者，此句正好想像不怨不尤光景。子貢「何為」一問，依舊向知見上尋去，故夫子為仔細開示曰：人惟看得己與世間有涉，故俯仰於天人之間，不求天鑒，即求人與，似乎必須有知。一不如意，怨尤輒生。若以我自視，我與天何與，而至怨乎天？我與人何涉，而至尤乎人？只有一味循循下學，而從此上達，我自盡我本等，我自做我工夫，夫亦何所關涉而致來知乎？必欲求知，知我者，其天乎？曰：知我其天，非真有天可知，亦只發其莫知之意而已。夫子語意，總是說潛修之事，無所與於人而人不知；非謂平常之事，無以異於人而人不知也，不可把驚世話頭纏擾。向來講者，於「不怨」「不尤」二句，覺無著落。如前說來，覺此兩語不是虛說，正是說出「莫知」意思。吳因之先生云：「下學上達，這等修為，須是冥冥之中，不落見聞，不涉耳目的，方能知我，正是莫知之意，所以急急提轉子貢也。」

避世章

此夫子慨然有感之言。避世不為，而展轉於避地、避色、避言之間，其亦賢者之深心也夫。

擊磬章

諸生徐揚問：「荷蕢實能知夫子有心否？」宗建曰：夫子有心於世，已被荷蕢覷出，卻其所以有心大頭腦處理會不到，故復譏以「鄙哉」。「有心哉」「鄙哉」「果哉」，三起語相照應。文章之妙，作此全題，須看此機局。

修己章

諸生徐肇律問：「此章還重敬字否？」宗建曰：此章還重己字，夫子特提「修己」兩字括盡。君子以敬者，言修己全以敬也。此是告以一了百了工

夫，只要把此己整頓得好，但此處未便要著與世相通話頭。「以安人」「以安百姓」，言「以安人」為修己，「以安百姓」為修己，與「以敬」以字無異。這樣修己，蓋合天地萬物，以成其為修者也。若云修己，則自足以安百姓，便有兩層了。夫既合百姓以成其為修，則雖堯、舜，亦豈謂敬修己至，而於己之分量無歉乎？「猶病」一語，正打醒「而已乎」三字。

安人、安百姓，不重人與百姓上，只要顯得此己之量無所不該，發出「修己以敬」一句裏面意耳。

衛靈第

問陳章

諸生問：「俎豆」一對，著甚關係，還只是抹殺他問陳之心否？宗建曰：靈公一生錯處俱在禮教上，故對以俎豆，正是夫子救時手段，欲使靈公深思而自悟之耳。若只主修文不修武話頭，便是後儒迂遠腐論矣。他時子路之問，子曰「正名」，要見衛國到底受病只在禮節去處。倘靈公當時能悟俎豆之語，何至有衛輒後來父子相爭之禍耶？

學識章

諸生問曾子、子貢分別之旨。宗建曰：曾子從心上用功，學有本領，故乘其悟而直提之；子貢從聰明上用事，學少源頭，故因其可悟而撥清之。一則原無病痛，只須直授真丹；一則病根正在，必須先下一針，使病去而後訣可傳耳。

知德章

諸生許士冕講曰：「子路蔽處在知，故復向知處提之。」宗建曰：然亦須體貼德字，實實有所得於己，而深知其味，方為知德。如實實有本錢在身者，能籌筭其多寡，計較其盈虛也。德乃不加不損之本體，此正生人實實受用處。知此，則一切窮通之味，自然黏搭不上。由字要得提醒意。

無為章

諸生講此章，全重「恭己」字。惟敬乃能無為，兢兢業業，是大舜一生得力處也。宗建曰：此論亦是，但看書須玩味語氣，若不管語氣，一味說理，

失卻本旨矣。先須從他虛字眼處想像來。舜之無為，全在盛德感通之妙，上紹堯得人二意，只是其盛德之遭逢，非專靠此能無為也。紹堯二意，就在「其舜也與」內。「夫何為哉」，只就上意喚起。下文「恭己」句，非無為之實，亦非無為之象，惟敬德之容為可見，益以見其無為也。細玩語氣，上二句便說盡了，下二句不過申說上意。蓋尚論之餘，不勝欣慕之至，故深著其無為，以致歎羨之意云耳。

無為者，運用處無作為之跡可見，猶云「無斧鑿痕」是也。

鄒肇敏曰：「考之《虞書》，舜有為之跡備矣，此何以更稱無為？蓋有為皆其歷試及居攝時事，而允陟元后之後，則真可謂無為也。若以行所無事為無為，古聖王皆然，何獨稱舜？」

問行章

上節只論得個可行道理，下乃示以下手用工夫處。「參倚」二句，不是存誠之豫，亦不重無間斷意，全是反子張虛浮務外之失，而告以真切懇至之功。只是精神流注，志意凝聚，任憑走到那裡，都恍然有見之意。一立一輿，只拈出一項，以該其餘，自未言未行，以至方言方行，無不在其中矣，不可認煞講。

所謂參前者，切近於立處也；倚衡者，切近於在輿處也。子張務外，好為高遠，全不知己身上切近工夫，故教以所言所行，須有根據，步步着實，身在此，念頭便須在此，到處皆近於身，舉目可見，方是敬信的足色。不然，信口說過，隨事答應，終不免虛偽而已。訓詁於參倚，只解得看見意，尚覺未盡。

史魚章

諸生沈金鑒曰：「此是兩大夫合傳，夫子有味於其人而述之，寄慨殊深，非只贊兩人也。」宗建曰：此言甚得夫子懷想之思，總是讚歎口氣，非有優劣。兩大夫之處，有道無道，大率相同。而魚之道峻，玉之道圓，一稟之夙性，一得之涵養，均於世道大有挽回。見處世者，當酌二子而出之，不宜墮於時格也。

與言章

只重用言上，須先提「與言」者，當因人而施意。「知者」二句，著一

亦字，是形容智者隨其語默，無往不可之意，要翻弄得醒。「知者」二字要重看。

事賢章

諸生沈金鑒問：「為何事賢友仁，便可當得為仁？」宗建曰：人之情慾，譬如瑕纇一般。瑕纇非利器不去，情慾非仁賢不銷。人只捺下這心，終日與仁賢相處，只就這副心腸，還容得有別念夾帶否？自然不知不覺，情刊欲化，本心現前矣，故曰「為仁」。

為邦章

諸生問：為治窾綮儘多，如何只把這幾件說？宗建曰：善制治者，須要看大氣運所在。從古聖人立國，只就氣運轉關去處略一提撥，便覺世風丕變。辟之善醫人者，不斤斤於膚色皮理之間，只把緊關竅穴之處略一投針，自覺元氣周回，百病可起。此等機括，非聖賢神通妙手不能理會。夫子此番，每事各舉其一，略為指點大意，四海大業，觸類可通。若只執定數件，謂治已盡於此，是向癡人前語夢矣。

躬自章

玩此章語氣，卻是斟酌處世之道，不重在修己。「躬自厚而薄責」句，須貫串相形說。下言我只一味自厚，而卻又不以責己者責人，如此則人不病其難容，不苦於不堪，自然可遠怨矣。注中身益修意，只帶說，不與人易從並重。時文只一言在修身上說，似失話頭。

義質章

諸生問：此章還重義字否？宗建曰：此章全是想像君子應用之妙，四句相連疊說，正是敘他好處，故末以「君子哉」一句深致讚美之詞，首尾二「君子」正相呼應。講中要得此意，時文只拈義字，撇卻君子，不免離宗。

矜群章

諸生問：時文多云惟矜自不爭，惟群自不黨，且云不爭是其群，不黨是其矜，何意？宗建曰：此是學究巢臼，且未嘗體貼語意也。此章口氣，全要看兩而字。吳因之先生曰：「天下只有兩種人，一邊立異，一邊尚同，皆由識見不

高，力量不大。惟君子方能以一副中和精神，主張世道，能矜卻能不爭，能群卻能不黨。此君子持己與人之妙，全要得口氣。」余有拙文刊刻，頗得此旨。

一言章

子貢欲向終身求一字之訣，夫子只向他本身指以安穩良方，此身除卻恕之一字，無安頓處。不欲勿施，此正告以行之之法也。人莫近於己身，莫約於己身之反求。只向己身求痛癢，覺得天下之痛癢皆通；只向己身觀分量，覺得天下之分量畢顯。此身不能一日與人無交，即此恕不能一日與身相隔，真正有頃刻離之不得，終身行之不盡者。此一字真足受用一生。

鄒肇敏曰：「行之謂行，此一言也。有就行世講者，雖不甚錯，卻把之字丟空了。如兄說，何等真切。」

毀譽章

「誰毀誰譽」者，果於誰而毀？於誰而譽也？「之於人」三字，正與下「斯民也」相通。聖人正要把自己之心還諸天下，人之公心絕不自留一見，故拈一誰字，見非己所可得而與也。「所以直道而行」，「所以」二字，從他本性上說，須知民自三代至今，無有一人不直者，但須從其根原上看耳。拈出一民字，煞有意味。直道多不出之士大夫，而多出之不知不識之百姓，百姓正於本源上不曾沾染耳。

鄒肇敏曰：「直道而行，若就民心說，則『之所以』三字似未緊切，看來還當就治民者言。」

他處「所以」二字相連，此則「之所」二字相連，以字屬下。

眾惡章

「眾惡」「眾好」，大概亦可觀。人但少不得一察，以見聖人仔細斟酌之意。兩必字不要太說煞了。

鄒肇敏曰：「必字根眾字來，不是說惟『眾惡』『眾好』所以必察，正謂雖『眾惡』『眾好』，必不可廢察也。」

弘道章

兩語一正一反，下語直喚醒上語耳。人字莫認作太高，「弘道」莫只看得迂闊了。試想吾人隨時隨地，那一處不是道之流行，那一刻不是道之鼓舞，皆

是弘道作用，故曰「人能弘道」，實是合智愚賢不肖之人而點動之也。若以人字專歸聖賢，以弘字只說位育參贊等話，則聖人此語死煞無味，此題亦無生活日子矣。

謀道章

諸生問：此章注中似多轉折欠醒否？宗建曰：此章專為分心利祿者說。首句直說君子用功大旨，然非得一轉語，則其指不醒，故又轉出下文一段講。首一句須帶云：君子即謀道，而祿亦未始不寓也；即不謀食，而食亦非謀之可得也。試觀耕非謀餒，而不有餒時乎？即學不謀祿，而不有時祿乎？然則分心利祿者，又何用此營營也？君子所以只一味憂道不憂貧，憂貧是謀食根苗。語雖三轉，只是一意。

當仁章

千古來積怯，只是讓過前人去了。「不讓」兩字，喚醒世人退託之心。吳因之先生云：「讓不是謙遜。讓者，膽怯之意，怕自家氣魄小，力量弱。此事非關小可，還讓大力量的去做，此謂之讓。」

詞達章

諸生問：達字只是明白意思否？宗建曰：千古來文人完全得一個達字者，其實不多。達字勿容易看過了。真正文章，大之紹述聖賢，小之宣寫政事，一經一緯，各有所主，此詞之意也。果能將此意暢達得出，則一言一字俱是真正性命、真正經濟，於此之外，豈能更有所添加？故曰「而已矣」。若說只取一個達意，則膚淺之意，亦何足達？縱達得，何與於辭耶？故講達字，不可帶輕忽話頭。

鄒肇敏曰：「辭字稍斷，言所貴於辭者，惟其達而已矣。如時文俱作辭，既達則可已矣，便落下一層，此處差毫釐而謬尋丈。」

注中意字覺贅。

師冕章

道非有名可示，非有法可取，舉足動步，日由其中，明眼暗眼，共此一路。聖人日行其道，實不知其為道也。師冕之見，一被子張喝出，便以為相師之道，若當階及席時，知其為道而擬之，則破碎甚矣。記此者似已悟得無

行不與之意，故其描寫恍然，煞有餘味。

舉此一事，要見目前到處皆是道場，諸君只坐下，莫生揀擇，莫生疑惑，莫向聖賢緒論中討生活也。

季氏第

顓臾章

通章語分兩截。「夫顓臾」節，是夫子責備季孫本意，下因說出季孫本謀，故詳論其貪人之非，以恐動之，始終欲禁其輕伐也。提出「先王」，是把天下大名分所在，壓倒他「邦域之中」。「社稷之臣」，又就魯一國說。三句以「先王」句為主。

「周任」一節，只就二子所處而泛言其道之當盡如此，為下文不得辭其責張本。至下節，方承上明指二子言之。且字謂二臣欲與不欲，吾未暇論，姑且就爾。所云不欲者，斯言亦已過矣。

「均無貧」三句，只要發均、和、安最緊關的意思。蓋無貧無寡，以至於無傾，此國家久安長治之福，而要非可以不均不和致也。惟均則無貧，云云。末繳安得不患不均？安得不患不和？

「無傾」句極重，正為後蕭牆之變張本，要隱隱關切下意看，故此處「無傾」全是無內變意，與別處言傾覆者不同。「夫如是」三字要極醒，惟內治之不可不預如是。「故遠人不服」，知有文德之修而已，知有安之之道而已，必不勤兵於遠。此節只是足上重修內治之意。「邦分崩」句，不與上句平對，語脈緊連。「謀動干戈」句，蓋指出蕭牆之變所由根也。

誠知天下之大分，誅伐無容下操，在由、求固宜有救正之言，且酌國家之遠猷，干戈豈容外動，在由、求尤當有憂危之警。通章要得切責二子意。

陽貨第

陽貨章

諸生徐肇律講曰：「陽貨以世法逼迫聖人，夫子只以道法應之，恁地自在。」宗建曰：非也。貨之矙亡饋豚，是把正經禮法來束聖人，而夫子卻只遊戲三昧，偏不執著死法應他。他饋禮便答其禮，他矙亡亦時其亡，偶遇諸

途，隨口答應，全似沒甚要緊一般。即陽貨一片機心，已不覺忽然銷歇。識此意者，圓融無礙，真應世之神龍也。若後世賢者，一遇姦邪，執定死法，多少苦心，只討得個不自在，往往反為邪人所破，亦不善學聖人者矣。

性習章

諸生問：性一也，何云近？又何以云氣質之性？宗建曰：此章話頭，自因有相遠者說來。人只認遠者是性，故夫子指說性何嘗不近，其相遠者習耳。相近，政如孟子「好惡與人相近」一般。此處論性，是從人習中拈出，故說個近。近字從遠字生出，時文煞說相合，既少活動，而注中添出「氣質」二字，何不即說習字為直捷也？

鄒肇敏曰：「性善及無善、無不善之說，源於相近；性可為善、可為不善之說，源於習相遠；有性善、有性不善之說，源於上智下愚不移，要皆不失為正論，而夫子圓通矣。」

不移章

諸生問：習則何以不能移？宗建曰：結習錮者，亦有不能頓移。世間此兩種甚少，恐人又不警醒，故特下此二語針之。此二種人，一生只在結習中走，故不肯轉移。除此習氣，無不可移。誰人不能上智，誰人肯做下愚，奈何不於習慎之意全重，人皆可移上。

武城章

往說此章，俱在句字中看去，不知子游與夫子相遇莫逆，各具深情。始也夫子聞治而喜，設為感慨之言；既也子游聞言而亦覺自喜，遂有學道之論。師弟兩人，同此意味。後卻又提破二語者，一則鼓舞子游，使其竿頭更進；一則點醒諸門人，使其言下有會耳。學道從平日調養，言君子學道纔能愛人，小人學道纔能易使，正見不可不學道。須玩二則字，要得子游引述口氣。

公山章

夫子一生用世機括，正好在公山、佛肸兩章參得。其欲往者，非真欲往，特無聊之思耳，此卻不好說得。其寄言於東周，特因子路不悅，而為此慨然興寄之言，非真解說欲往之意也。即「堅白」二語，亦只就子路不善不入之說答他，其實欲往之心，原不在此。「匏瓜」一節，不必有所起，不必有所指。夫

子一生行徑，知之者希，夫亦慨然有無窮之感也夫。

能行章

子張堂堂氣習，只在仁中討得些虛光景，搭得些虛界子，卻不習實實下手加功。故此處論仁，不可只說個存心，全是出身加民，真正能以全副精神行徹底的作用，方纔叫得為仁。別處論仁，是要斂將進去；此處論仁，是要做將出來。其能做出去處，正是真心含蓄處也。時文只以與世流通話頭講於天下，卻輕過「能行」二字，失之矣。「恭則不侮」五句，正發能行於天下之意，與邦家無怨不同。前是使之自考，此則欲使之勉厲，自期必要造到這地位也。蓋好為苟難之人，初冒頭儘做得闊大，到後多沒結束，故必舉成效以為能行之實。

六言章

諸生問：「六蔽」全從六個好字上來，性理上著不得分毫健羨也。此意是否？宗建曰：論理亦是。但此處蔽字，原與言字相對。六言者，六個話頭也。這六件把做話頭拈弄不得，須是參研自心，使我靈明迸露，到處逢源。遇著慈祥處，即謂之仁；遇著朗照處，即謂之智。以至信、直、勇、剛，亦復如是。故君子終身有六德之用，而實未嘗有六言之名。若只羨慕六個話頭，有一話頭，即有一番情見為之湊泊，即有一番影似為之障礙。纔開門戶，即是牆垣，所謂六蔽也。夫子劈頭一語，直是提出子路於萬嶂之中，向後一一剖出病症，使他自返。病雖有六，良藥只在學字。一味既投，百病皆失。非有學以治愚，復有學以治蕩也。

讀此一章，須知千古聖賢偶提一字，只是設教影子。後來大儒談敬、談仁、談良知，亦是這般意思。到後學人卻終日執此做過話頭，其入粗者，只向口耳中打過，而其入深者，且舉一生精力盡擲之虛光景影似之中，真可惜也。

周南章

宇宙萬化，起於閨門。只看二南所詠，只是家室平常之事，而由邇達遠，無所不化，實在於此。夫子實實覺得其中機括難泯，故直為伯魚提出下二語，特地喚醒不可不為之意。要把面牆句看得口氣鄭重，聖人訓子懇切意思，便自躍然。

色厲章

諸生問：色厲內荏，這種人是個大奸否？宗建曰：非也。天下大豪傑不易得，即大奸雄亦不易得。這一種人外貌虛張，心內怕怯，夫子比之小人中之穿窬，蓋不惟不足以當豪傑，抑亦不足以當大奸。此鄙忽之辭，不要太形容得他鄭重了。

道聽章

道聽途說，只是形容他入耳出口，略無停蓄的景象，莫認實說。

鄙夫章

鄙夫儘有小才小謹之可取，初無大奸大惡之可疾。君子或嘗忽而容之，夫子卻直勘出他徹底去處，故曰必不可與事君。孝廉吳師純曰：「江河雖深，苟有至止，亦復可與。料量患失一念，無所不至，窮形極想，出人意表，何可與事君？如弒父與君，亦不從也。是有所不至的一句，斷得他定，雖非大臣，故自可與。若無所不至，人情世法，都料不過，測不著，勘不定，如何共事得？」

無言章

諸生問：此章書意若何？宗建曰：此章書意，亦須從言語外想像始得。欲無言者，欲人求之言外也。不言何述一問，儘有悟頭，除卻言語，從何處討消息？非子貢之機鋒，未敢便開此口也。「天何言哉」一答，略一指出無言光景，使子貢恍然求之言外，只好作個影子，渾渾指點，著不得分析解說之語。嘗見講義，謂夫子以顯然可見者示子貢，使之述道於行生，其言死煞無味。夫四時萬物，從何可述？若認著行生，與認著言語一般執著，其去「欲無言」之旨遠矣。注中意反不甚錯，但稍滯耳。

孺悲章

諸生以不屑教誨意盡此一章。宗建曰：此語尚非此章本意。記者覺得孺悲一人似宜見也，而忽然辭疾，既辭疾矣，而忽復取瑟而歌，此其變化不拘之妙，有非測識所可及者。諸弟子日陶鎔於夫子，而莫知其自偶，因此一事，故從旁想像而言之，煞有深味。不屑一語，似墮窠臼。

宰我章

諸生問：宰我身遊聖門，何故有此一問？夫子又何不極斥其禮壞樂崩之言？宗建曰：宰我一問，非真忍於忘親也，只謂罔極之報，原不在於三年，衣蔬食稻，初無益於死者，而徒使禮樂廢墜，有乖於人道，故酌量情理而欲節之。卻不知孝子之於親，每事惟恐其不足，故雖明知無益於親，而為此無可奈何之計，聊以自盡其心耳。今乃計時論序，為之斟酌其中焉，將此心放頓何處耶？此心既失，又豈復有禮樂耶？故夫子不暇辟其禮壞樂崩之語，亦不與細論三年期月之是非，只反覆就他本心不能自安處挑責之，到末後纔點出「子生三年」一語，以見先王制喪初意。使宰我聞之，惻然其不寧，慘然其欲淚，當自覺其本心難遏者，本心之外，何禮可論？何樂可談？禮壞樂崩之謬，不必攻而自破矣。此聖人之善於以仁牖人也。

有惡章

聖賢之惡，只是合得天下人的公惡。由夫子一惡，俱是太和元氣，凡後世之徑行執己，不近人情之事，皆聖人所必絕也，此亦天下人所共欲絕也。由子貢一惡，俱是正大心腸，凡後世之逞機用察，不由本心之事，皆賢人所必絕也，此亦天下人所共欲絕也。

微子第

微子章

先敘三人，須想著下仁字。「微子去之」，而微子之隱心，至今無有人測之者也。即有測之者，而或以為微子僅自擇其當為之事，不必與二子同也。如此照下，虛寫三人方妙。此處論仁，重在愛之理。先輩有云：愛之理，即薰然天地生物之心。皋陶、稷、契處明聖之朝，志同道合，此愛得以自遂，宣豁而條達，及於天下。微、箕、比干遭君臣之不幸，此愛不得以自遂，不勝其愛君憂國切至之誠，不得已而各得所以自處之義。

士師章

諸生問：下惠不去之意若何？宗建曰：惠之不去，惠自有不妨於黜者。此意卻難與或人言之，故只就所云去者而以「直道」「枉道」商之，不過無

聊之辭耳。須說得有風致，方妙。

接輿章

諸生問：接輿諸章何意？宗建曰：記者覺得當此世亂末流之日，而有此數人接踵而起，雖較之夫子濟渡一世之懷，廣狹不等，而其一種高風恬致，蕭脫世外之品，亦自有不可泯者，故詳次論之。此實接輿諸人列傳也。夫子於此諸人，倦倦接引，低回不忍捨去，亦自覺得諸人別自有味，諸弟子亦實有感歎之懷。若時講只用貶誚，則失當初意遠矣。

逸民章

諸生問：此章大意若何？宗建曰：從來聖賢各出手眼，各自成一持世分量。如夷、齊之門風既成，千古獨創，而惠、連又卻有一般局面，仲、逸又卻有一般行徑，彼此不相蹈襲，不求為同，而同謂之逸。即我夫子繼數君子而起，而其應世之跡，又特覺有異焉者。倘亦逸民之外，自有此一種圓融不滯之妙用，誠非諸君子可得而同者也。此論者，敘述之章旨也。

敘次逸民而自附於末，大意以若我似亦今世之逸民也，而覺於諸君子有異焉。惟是世運之內，原無可主，吾身之內，原無可執，亦自覺其無可無不可耳。蓋逸民有心避世，而聖人無意終藏，其不以逸自竟者，夫亦有感乎其言之也。

惠、連似和而縱，仲、逸似縱而僻，而夫子謂其中倫、中慮、中清、中權，所以發潛德之光，而取人於議論形跡之外者。

子張第

執德章

諸生問「執德」「信道」之義。宗建曰：執德欲弘者，眼中著不得一毫金屑也；信道欲篤者，心中著不得一毫魔氣也。苟非弘，則執且為方隅意見，而無關性命；非篤，則信且為空華影像，而難語修持。這實係道脈之偏全，學術之真偽，故急為提破。末二句，只為這一種未弘未篤之人，偏要以主張一世自任，故曰「焉能為有」，無以掃破其習。學者讀此兩句，真可自省。

問交章

諸生問：子張之意旨，畢竟覺似聖人胸襟，子夏似太狹。宗建曰：未便分得是非。子夏習聞「毋友不如己」之訓而為言，子張習聞「愛眾親仁」之語以立論，其意旨均不謬。而拒字微涉有意，「矜」「容」兩字又非所以概論，於問交合而劑之，而友道庶乎平耳。諸士還宜帶著子夏一邊意走，方不致於失足，毋便高談一體也。

致遠章

「致遠恐泥」只為他源頭上未得融通，所以未免拘礙。若能從心性映徹，如撒銀之珠，無處不圓，入大入小，各不相礙，何至有泥？雖小道該得實廣。申、韓之智術，管、商之作用，皆小道也。

日知章

此處好學，重在此心無一間歇上。既日日求知，而又累月無忘，須用形容互講，則下文好學語氣方醒。

學人須想所忘所能，這是何物？日知無忘，如何下手？雖有聰明之人，終日在知解上盤桓，情識上照管，縱然播弄得極精彩，極玄妙，於學問本領全無交涉。所知所忘，只在吾尋常日用之間認取體貼，舉眼動步，皆足證心，他人夢境，便是君子覺場。此之學問，方是血脈不斷，方是真正精神。

博學章

子夏一生從學問得力，故欲人向實落處求仁，即學問思辨這幾樣功夫。若把心思意念放在上，著實去做，便可幾於仁了。博字、篤字、切近字極重。從事於此，則吾之心思毫不令他狹隘，毫不令他浮泛，毫不令他玄遠。這心在那裡去，只好恰恰在腔子裏，仁豈有不存者？此四字全是這段心在那裡運用，正是仁。凡言在其中，皆求此得彼之詞。此四事只是為學工夫，未是為仁，而仁卻已在其中，須得語氣猶朱子云「讀書亦所以操心」，話頭四事平重。

致道章

學以致道，意旨重在學上。人若不能實學，縱駕說玄妙，總之無益。只是搭得些虛架子，弄得些虛光景，於道毫無涉也。

此題須得口氣，首先從成事致道提起，便易明白，如云百工何以成事？居肆以成其事者也。君子何以致道？學以致其道者也。如此，則兩以字方得恰好。偶與同年鄒肇敏講此，肇敏云：「時講撇下了『百工』『君子』兩字，便失語氣。」此言甚醒，因遂補此。

鄒肇敏曰：「此章口氣，一直說下，原不須二說。言百工以事為職者也，則居肆以成其事，蓋肆中之所課，無非事也。君子以道為事者也，則學焉以致其道，蓋學中之所課，無非道也。」

致與「致中和」之致同義。蘇子以「致人而不致於人」作解，頗精，然非子夏語意。

大德章

諸生胡鍾麟問：「子夏為何設此不完全語？」宗建曰：子夏謹守之士，非謂小德真可出入語氣，只謂人能立其大者，即小德未盡合猶可耳。下句正形容大德不可踰閑。

門人章

子游意專提本，卻認本末做兩段事，不知大學、小學可分先後，而不可分本末。子夏以始卒二字換他本末二字，便妥。子夏意不過謂教固有序，須先教以近者、小者，而後使漸通於遠者、大者，固不可以高遠者誣之也。若精粗上下貫徹，須是聖人，豈可概責門人小子？末句重惟字，指出聖人，反照學者耳。子夏語得本末一貫道理，故其論更高。

「君子之道，孰先傳」三句，是論一貫道理如此。

宮牆章

此不重譽子貢，重毀仲尼，故子貢宮牆之論，倒重夫子一邊。宮牆以下，只就宮牆說，並無一句實語，而高下已判然。